글 로 벌 시 대 의

전략적 협상

THE FIRST MOVE

A Negotiator's Companion

글 · 로 · 벌 · 시 · 대 · 의

전략적 협상

알랭 랑뻬르(Alain Lempereur)
오우레리앙 꼴송(Aurélien Colson)
미셸 뻬까(Michele Pekar)
지음

—

박명섭
옮김

아카데미프레스

역자 서문

이 책은 2010년에 출간된 *The First Move: A Negotiator's Companion*(저자: Alain LEMPEREUR & Aurélien COLSON, 편집자: Michele PEKAR)을 완역한 책이다.

이 책은 세 가지 기본 확신에 입각해 저술되었다. 첫째, 협상은 우리의 개인 생활과 전문분야에 있어서 절대적으로 필요한 요소이다. 둘째, 협상력의 습득은 개인과 사회집단의 조화를 위한 핵심요소이다. 끝으로, 비록 타고난 협상자가 될 수는 없지만 배우면 될 수가 있다. 즉 협상은 학습이 가능하다.

그리고 이 책은 직업에 상관없이, 협상과 무관하지 않은 우리 모두를 위해 저술되었다. 사회적 협상, 법적 협상, 비즈니스 협상, 외교 협상 등 특정한 협상에 한정하지 않고, 일반 협상론을 다루고 있다. 협상의 타입은 여러 가지지만, 일반 공통점이 차이점보다 훨씬 많다. 두 회사 간의 비즈니스 협상이든, 시당국과 지역주민 간의 새 도로 건설에 대한 협상이든, 부부 사이의 이혼문제이든 모두 준비를 위한 형식은 동일하고(제2장), 파이의 확대와 분배를 둘러싼 긴장은 어느 협상에서나 모두 발생한다(제4장). 발생하는 커뮤니케이션 문제도 유사하다.

이 책은 개론서처럼 보이지만, 실용성을 지향하고 있으며 문제에 대해 구체적인 해결책을 제시한다. 개념을 설명하는 사례를 다수 제시하고 있다.

제1장에선 협상을 하기 전에 스스로의 질문이 얼마나 중요한지를 밝힌다. 판단이나 행동을 앞세우지 않는 것이 중요하다는 점을 강조하기 위해 열 가지의 함정에 빠지지 않도록 주의를 환기한다.

제2장에선 상대를 만나기 전의 협상 준비가 얼마나 중요한지 살펴본다. 협상은 첫째가 예측이고, 행동이 그 다음이다. 준비가 안 된 협상은 실패의 출발이다. 효과적인 준비를 갖추기 위해서 세 가지의 중요한 문제를 고찰한다. 누구와 협상을 하는가, 즉 사람의 차원. 무엇에 관해 협상을 하는가, 즉 과제의 차원. 어떻게 협상을 하는가, 즉 프로세스의 차원이 그것이다. 협상 준비의 열 가지 원칙과 이 책에서 활용되는 여러 콘셉트를 제시한다.

제3장에선 협상 과정에서 명백한 것에 앞서서 중요하게 다뤄야 하는 방법론의 핵심을 다룬다.

협상에 있어서 또 하나의 본능적인 반응은 자신만이 많은 몫을 차지하고 상대에겐 적게 주려고 하는 것이다. 하지만 몫(파이)을 나누기 전에, 몫을 가급적 증대하기 위한 공동의 노력이 중요하다.

제4장에선 이 점을 설명하기 위한 상호 정보 교환과 강경한 협상 태도에 대한 효과적인 대응법을 생각해 본다.

명쾌하고 효율적인 커뮤니케이션으로 협상을 시작하기 위해선 두 가지 기술을 습득하는 것이 필요하다. 즉 말하기 전에 듣기, 이것이 제5장의 주제이다.

가치를 분배하기 전에 가치를 창출하기 위해선 일정한 논리적 지성이 필요하지만, 어려운 협상을 마스터하기 위해선 관계성의 지성도 갖추어야 한다. 눈앞의 문제를 처리하기 위해 감정을 적절히 처리하고 달래서 진정시키는 것이 중요하다. 제6장에선 협상 시에 흔히 볼 수 있는 곤란한 공세적인 행동을 검토하고, 이에 대처하기 위한 건설적인 대응책을 제안한다.

제7장에선 협상이 더한층 복잡해지는 세 가지 경우를 예시한다. 즉 당사자 대신 대리인이 행하는 협상, 다자간의 협상, 다문화간의 협상, 여기서 무엇보다 중요한 것은, 행동하기 전에 자신의 독자적인 방법을 연마하는 일이다. 당사자가 많아지고 다문화 환경이 되면, 자연적인 생존 반응으로 본능적인 행동을 하게 된다.

제8장은 이 책의 결론으로, 협상의 최종 단계인 대담을 끝내기 전에 합의를 공식화하는 것을 다룬다. 이 최종 단계는 제1장에서 제7장까지에서 다룬 내용과 상관관계가 있다.

협상이라는 것은 누구나 매일 생활에서 어떤 방식으로든 접근하는 프로세스임에도 불구하고 대부분의 사람들에겐 이것이 무엇인지 정확한 개념 정리조차 제대로 되어 있지 않은 것이 사실이다. 이론 위주로 구성된 기존의 협상책과 달리 독자의 눈높이에서 집필된 이 책을 통해 독자들은 쉽게 이 분야를 이해하고 접근할 수 있으며, 협상에 관한 기본 개념 정리를 확실히 할 수 있으며, 협상을 업무로 활용할 때에도 전문적인 도움을 받을 수 있을 것이다.

마지막으로 이 책의 출간에 도움을 준 맨체스터 대학 유학 준비중인 성균관대학교 대학원 무역학과의 이재호 조교와 아카데미프레스의 홍진기 사장을 비롯한 편집부 여러분께 감사의 뜻을 전한다.

2015년 5월 16일

광안대교를 바라보며 역자 씀

차례

THE FIRST MOVE 서론

낡은 대응법에 의존하기 전에 새로운 방법을 시도한다

적절한 협상행동을 배양하는 방법

이 책의 주제인 협상론은 세 가지 기본 확신에 입각해 저술되었다. 첫째, 협상은 우리의 개인 생활과 전문 분야에 있어서 절대적으로 필요한 요소이다. 둘째, 협상력의 습득은 개인과 사회집단의 조화를 위한 핵심요소이다. 끝으로, 비록 타고난 협상자가 될 수는 없지만 배우면 될 수가 있다. 즉 협상은 학습이 가능하다.

협상은 모든 곳에서 이루어지고 있다

이 같은 사실은 "정식 협상" 말고 "협상적 상황"을 고려해 보면 더한층 분명하다. 이 책에서는 이 두 경우를 다 같이 협상으로 다루고자 한다.

- 정식 협상이란 각 참여자 자신이 협상하고 있는 것을 인식하고 있는 경우이다. 즉 상거래, 예산절충, 노사관계, 외교 및 사회관계, 부동산, 고용, 임금 등과 관련한 거래들이다.
- 협상적 상황이란 정식 협상보다 빈번하게 일어나는데 당사자가

협상을 하고 있는 것을 의식하지 않더라도 협상의 형태가 되는 경우이다. 당사자가 자신의 이익을 변호한다든가, 원하는 해결을 위해 논의하기도 한다. 말하자면, 당사자는 의사결정을 위한 협상 과정에 참여하는 것이다.

정식적이든 암묵적이든 협상은 여러 가지 수준에서 이루어진다. 인정하지 않는 사람도 있지만 누구 할 것 없이 먼저 자신과 협상한다. 우리는 끊임없이 상반되는 동기를 처리하게 되고, 앞으로 나아가기 위해 끊임없이 그것들을 수용, 처리하지 않으면 안 된다. 예컨대, 시간을 어떻게 보낼지 자신과 협상한다. 가족과 시간을 함께 하는 동시에 성공한 전문직을 가지고 취미를 위한 시간도 더 갖고 싶어 한다. 복장을 갖추어 입을 때도 협상이 이루어진다. 다양한 의복 중에서 하나를 골라 입어야 하는 선택, 편한 옷이라든가 선물받은 것을 입고 상대를 기쁘게 해야 하는 문제도 고려해야 한다. 이러한 내면적 협상은 우리에게 "소크라테스 데몬(Socrates' demon)"이라고 불리는 선택의 자유를 취할 수 있도록 허용한다. 무수히 많은 새로운 조합을 상상하는 이러한 능력은 우리의 본질적 자유를 조성한다.

친구나 가족과도 협상한다. 어떤 결정을 위해선 룰을 미리 정해 두는 것이 도움이 된다. 젊은 부부는 매년 겨울 휴가를 교대로 각자의 부모님 집에서 보내기로 정할 수 있다. 이외에 다른 많은 경우에 사례적 접근법(case-by-case approach)이 사용된다. 휴가지도 협상의 대상이다. 아이들이 좋아하는 바다로 가야 하나, 신선한 공기를 찾아 산으로 가야 하나, 아니면 오랜만에 조부모님 집에 가야 하나, 또는 "오늘 밤엔 무슨 영화가 좋겠는가" 등 일상적인 결정에도 협상이 따른다.

하지만 협상이 필수불가결한 곳은 전문 분야와 정치 분야다.

- 기업에선 이해관계자와 경영진 간이라든가 임원과 사원 간에 법적 협상이 자주 발생한다.
- 정식 협상 이외에 승진, 업무 배분 및 분담, 부서배치 변경 등 협상적 상황이 부단히 발생한다.
- 협상은 수많은 업무의 중심을 차지하고 있다. 구매담당자는 납품업자로부터 최저가격으로 매입하기 위해, 스포츠 에이전트는 팀, 스폰서, 플레이어와의 계약을 위해, 컨설턴트는 구조조정을 위한 정보를 기업의 임원으로부터 얻기 위해 협상에 임한다. 이와 같은 예를 열거하려면 끝이 없다.
- 협상은 정치 분야에서도 빈번하게 이루어지는데, 지방, 국가, 지역, 국제 수준에서 볼 수 있다.

이처럼 복잡 다양한 협상은 2자간 협상에서 다자간 협상까지, 그룹 내로부터 나아가 복수 그룹 간에서 발생한다. 이 모든 조합관계에도 협상에 있어서 중요한 차이가 있다. 계약적 협상에선 거래를 통해 공식 합의를, 대립협상이나 위기협상에선 분쟁해결을 통해 다양한 약속을 수반한 해결책을 추구한다.

- 잘못 처리된 거래와 계약은 대립을 야기한다. 거버넌스와 일상의 경영에서 발생할 수 있는 잠재적 마찰을 고려하지 않고 전략적 제휴를 체결한 두 회사의 경우를 예로 들어 보자. 대립을 해결하는 기술이 현장에 도입되지 않으면 이 같은 마찰은 제휴관계를 파탄에 이르게 할지 모른다.
- 역으로, 학습된 협상 프로세스 덕분에 해결된 분쟁은 성공적인 계약형 협상, 즉 합의를 위한 길을 열 수 있다.

오늘의 세계에선 우수한 협상 기술이 불가결하다

우리 사회는 위로부터 하달되는 규범이 대부분의 업무처리를 결정하는 수직형 구조로부터 이해관계자 자신들이 자체의 규범을 만들어 협상에 의한 의사결정 프로세스를 요구하는 수평형 사회로 변화해 왔다. 오늘날은 상대와 대립하는 것이 아니라 상대와 공생하는 것이 중요하게 되었으며, 적대관계를 동반자로 바꾸는 것이 중요하다. 우수한 협상력은 수많은 상황에서 차이를 나타낼 뿐 아니라, 협상의 역할을 돋보이게 한다.

- 오늘날의 성공한 매니저는 리더인 동시에 팀의 한 구성원이다. 회사의 도전과제를 알고 팀과 의사결정을 추진하며 종업원과 노동조합 대표와 긴밀히 제휴한다. 고객과 참된 파트너가 되는 거래처와 공정한 관계를 맺고, 이해관계자의 제안을 통합할 때는 설명해 줄 책임이 있다. 요컨대, 모든 관계자의 이익을 존중하는 자세가 경영자로서의 평판과 직결된다.
- 존경의 대상이 되는 정치 지도자는 선거구민과 기타 인사와 꾸준한 협의와 대화를 바탕으로 성심껏 개혁에 이바지하는 사람이다. 협상 프로세스를 이끌 줄 알며 적절한 성과를 달성하는 방법도 알고 있다. 다양한 사람들과의 부단한 협상뿐만 아니라, 공공의 이익과 여론 형성을 위해 실질적인 협상도 한다.
- 변호사도 협상을 한다. 오늘날의 변호사는 단순히 재판관의 판결을 기다리는 대리인이 아니라 의뢰인의 조언자로서의 역할을 한다. 의뢰인과 신뢰관계를 형성하고 장기적 시야를 가지고 계약 내

용을 면밀히 검토한다. 분쟁이 발생하면 소송이라는 불확실한 길로 가지 않고, 협상에 의한 해결을 도모한다.

이 같은 상이한 여러 전문분야의 양상에 따라 리더십의 새로운 타입이 나타난다. 새 리더십은 어떻게 해야 하느냐(know-how)뿐만 아니라, 어떻게 존재해야 하느냐(knowing-how-to be)를 알고 있는 것에 기초를 두고 있다. 오늘날의 리더는 직능과 관련된 전통적, 기술적 기술 이외에, 지속적인 파트너십과 매니지먼트의 관건인 대인 기술이 필요하다. 이 자질들은 특수한 기술에 의해 강화되며, 이 기술은 유효한 습관을 촉진하고, 이 유효한 습관은 참된 제2의 천성을 창출하게 된다. 이는 계급적 사회가 보다 통합된 사회로 나아가는 데 기여한다.

- 이 책에서 살펴보고자 하는 새 기법은 문제가 계약형이건 분쟁형이건 상관하지 않는 문제의 해결방법이다. 협상자는 문제 해결의 프로세스에서 서로 유리한 해결책을 구축하기 위해 관련자 모두의 다양한 동기를 탐색한다. 어려운 매듭을 풀기 위해 정당화 기준을 활용한다. 그들(협상자)은 이해당사자 모두가 프로세스에 참여하는 것이 필요하다고 본다. 효율적인 정보 교환과 각자의 권한에 주목한다. 적대시했던 사람을 포함해, 모두에게 적극적으로 귀를 기울인다. 마지막엔, 몇 가지 가능한 시나리오를 상정해 보고, 함께 가치 창출에 충분한 시간을 보내고 난 후 합의안을 책정한다.
- 새 타입의 리더십은 여러 가지 자질을 요한다. 즉 건설적 정신, 협조성, 공존자세, 상상력과 창조력, 형식의 유연성과 내용의 견실

성, 겸손과 봉사심, 정서적 지성과 관계적 지성, 공감력과 주장력, 정당성을 추구하는 냉철과 인내력, 권한의 공유, 최대한의 투명성, 의사결정 프로세스에서의 영향, 최대한의 합의 조율, 결정 사항에 대한 설명책임과 대응책임 등이다.

- 이 같은 협상의 기술과 수법은 더욱더 균형 잡힌 사회를 목표로 하는 것이다. 참된 변화는 강요된 혁명이 아니라 협상에 의한 진화를 통해서 가능하다. 여기서 성숙한 사회를 실현하기 위한 수단을 제안하고자 한다. 즉 정부와 시민, 정부와 기업, 정부와 NGO, 시민과 시민, 그리고 경영자와 노동자 간에 유익하고 더 폭넓은 논의를 모색하는 일이다. 요컨대 보다 많은 다수가 참여하는 개방 사회를 향해 전진하는 일이다.

따라서 우수한 리더는 우수한 협상자이다. 새로운 합의를 마무리하고 혁신적 계획을 실행하고 대립을 관리 해결하고 조직의 자원을 증대하고 비용을 절감하고, 내외 환경을 개선하는 사람이 리더다. 이 같은 훌륭한 협상자 · 리더는 오늘의 조직들에 불가결할 뿐 아니라, 전체 사회의 진화를 위해서도 더한층 필요한 존재다. 하지만 이 우수한 협상자 · 리더는 저절로 만들어지지 않는다.

우수한 협상력은 타고나지 않는다
하지만 길러질 수 있다

협상은 배우는 기술이다. 협상력은 타고난 지식도, 암기 가능한 이론도 아니다. 협상은 몇몇 학문 영역(조직사회학, 역사, 정치학, 철학,

전략론, 게임이론, 경영학, 심리학)에 의해 밝혀진 방법론의 복합체이고, 현실 세계에서 검증되고 있다. 협상력을 습득하려면 두 가지 주요 기본이 필요하다. 하나는 실무 경험이고, 다른 하나는 독서, 해석, 훈련으로 습득한 협상 방법론의 지식이다.

이런 점과 관련해 이 책에서 연구자, 교육자, 협상 실무자로서의 우리의 경험을 공유하고 싶다. 우리는 4대륙 50개국을 넘는 지역에서 현재 또는 미래의 기업 및 정치, 조직의 지도자 수천 명을 지도해 왔다. 연수시마다 우리는 참가자들의 협상경험에서 배우고, 서로 다른 방법론에 직면해 보고, 가장 적절한 이론을 판별할 수 있었다. 이 책에서 논의하는 구상과 방법은 이들 참가자의 검증을 통해 유효성이 확인됐다. 이 책은 우리의 독자적 연구와 경험 그리고 협상론에 관한 최근 연구물에서 얻은 종합적 지식을 바탕으로 하면서, 고대로부터 오늘에 이르기까지 고전적인 유럽의 이론가와 실무자들에게서 얻은 교훈도 담고 있다.

따라서 이 책은 직업이 무엇이든 협상과 무관하지 않은 우리 모두를 위해 저술됐다. 사회적 협상, 법적 협상, 상업협상, 외교협상 등 특정한 협상에 한정하지 않고, 일반 협상론으로 봐주면 좋겠다. 협상의 타입은 여러 가지지만, 일반 공통점이 차이점보다 훨씬 많다. 두 회사 간의 비즈니스 협상이든, 시당국과 지역주민 간의 새 도로 건설에 대한 협상이든, 부부 사이의 이혼문제이든 준비를 위한 형식은 동일하고(제2장), 파이의 확대와 분배를 둘러싼 긴장은 어느 협상에서나 모두 발생한다(제4장). 발생하는 커뮤니케이션 문제도 유사하다.

이 책은 개론서처럼 보이지만, 실용성을 지향하고 있으며 문제에 대해 구체적 해결책을 제시한다. 개념을 설명하는 사례를 다수 제시하고 있다. 우리의 접근법은 실용적이지만, 상대방과 우리의 관계라든가 리스크와 시간에 대한 대처 행동과 관련해 복잡한 문제가 발생하기 마련이다. 독자도 독자적 협상 상황, 스타일과 도전과제에 따라 접근법을 조정해 가는 것이 좋다. 이 책은 단순한 협상론이라기보다 독자가 자신의 개인적 협상기법을 구축하는 데 도움을 받기 위해 관련 이론에서 도출한 개념과 틀의 집합체로 활용하면 좋겠다.

협상 전에 할 일과 후에 할 일을 명확히 한다

협상에선 전과 후를 구별하는 것이 중요하다. 바꾸어 말하면, 명백한 일에 앞서 중요한 일을 잊지 않고 먼저 해야 한다. 그런데도 반사적으로 그 반대로 한다. 이 차이를 명심하는 것이 협상을 성공시키는 열쇠다.

제1장에선 협상을 하기 전에 스스로의 질문이 얼마나 중요한지를 밝힌다. 판단이나 행동을 앞세우지 않는 것이 중요하다는 점을 강조하기 위해 열 가지 함정에 빠지지 않도록 주의를 환기한다. 후반부에선 이들 함정에 대한 해결책을 제시한다.

제2장에선 상대를 만나기 전의 협상 준비가 얼마나 중요한지 살펴본다. 협상은 첫째가 예측이고, 행동이 그 다음이다. 준비가 안 된 협상은 실패의 신호탄이다. 효과적인 준비를 갖추기 위해서 세 가지 중요한 문제를 고찰하고자 한다. 누구와 협상을 하는가, 즉 사람의 차원. 무엇에 관해 협상하는가, 즉 과제의 차원. 어떻게 협상을 하는가, 즉 프로세스의 차원이 그것이다. 협상 준비의 열 가지 원칙과 이 책에서 활용되는 여러 콘셉트를 제시하고자 한다.

협상 과정에서 명백한 것에 앞서서 중요하게 다뤄야 하는 것이 방법론인데 제3장에선 그 핵심을 다룬다. 명백한 것이란 눈 앞의 문제를 다루면서 자신의 이익을 주장하고, 자신에게 유리한 해결책을 제시하고, 많은 배분을 요구해 합의를 체결하고자 하는 것을 말한다. 하지만 협상의 명백한 대상을 처리하기 전에, 요긴한 일은 먼저 사람을 고려하는 일이다. 즉 인간관계를 구축하고 프로세스를 짜야 한다. 이 세 가지 차원—사람, 프로세스, 과제—을 용의주도하게 차례로 이어가는 것이 모든 협상을 성공시키는 열쇠다. 또한 자신의 이익을 주장하기 전에 상대의 말을 경청하고, 상대의 이익을 이해하고, 적정한 해결책을 선별하기에 앞서 몇 가지 안을 검토하고, 마지막에 합의안이 자신의 권한 범위 내에 있음을 확인하고 난 후에 완결해야 한다.

협상에 있어서 또 하나의 본능적 반응은 자신만이 많은 몫을 차지하고 상대에겐 적게 주려고 하는 점이다. 하지만 몫(파이)을 나누기 전에 중요한 것은 몫을 가급적 증대하기 위한 공동의 노력이다. 제4장에서는 이 점을 설명하기 위한 상호 정보 교환과 강경한 협상 태도에 대한 효과적인 대응법을 생각해 본다.

명쾌하고 효율적인 커뮤니케이션으로 협상을 시작하기 위해선 두 가지 기술을 습득하는 것이 필요하다. 즉 말하기 전에 듣기, 이것이 제5장의 주제다. 설득력은 말 속에 있기 때문에 협상자는 말에 좌우된다. 하지만 상대를 이해하고 있음을 보여 주지 않고, 어떻게 상대를 자신 있게 납득시킬 수 있을까. 모두가 듣고 말도 하지만, 잘 듣고 잘 말하는 방법을 알고 있을까.

가치를 분배하기 전에 가치를 창출하기 위해선 일정한 논리적 지성이 필요하지만, 어려운 협상을 마스터하기 위해선 관계성의 지성도 갖추어야 한다. 눈앞의 문제를 처리하기 위해 감정을 적절히 처리하고 달래서 진정시키는 것이 중요하다. 제6장에선 협상시에 흔히 볼 수 있는 공세적인 곤란한 행동을 검토하고, 이에 대처하기 위한 건설적인 대응책을 제안한다.

제7장에선 협상이 더한층 복잡해지는 세 가지 경우를 예시한다. 즉 당사자 대신 대리인이 행하는 협상, 다자간의 협상, 다문화간의 협상, 여기서 무엇보다 중요한 것은 행동하기 전에 자신의 독자적인 방법을 연마하는 것이다. 당사자가 많아지고 다문화 환경이 되면, 자연적인 생존 반응으로 본능적인 행동을 하게 된다. 따라서 제1장에서 설명한 것처럼 함정에 빠지지 않도록 자신을 지키고, 준비를 잘 갖추어 효과적인 협상을 순서에 따라 진행하면서 커뮤니케이션과 대인관계와 관련된 난관을 계속적으로 해결하는 것이 중요하다.

제8장은 이 책의 결론으로, 협상의 최종 단계인 대담을 끝내기 전에 합의를 공식화하는 것을 다룬다. 이 최종 단계는 제1장에서 제7장까지에서 다룬 내용과 상관관계가 있다. 좋은 분위기로 마음이 가벼워지고 다른 용무를 시작하고 싶은 마음이 생기면, 마지막 세부적인 사항을 다루지 않고 서둘러 협상을 끝내 버리는 경우가 흔하다. 그렇게 되지 않도록, 합의 사항을 빠짐없이 꼼꼼히 체크하고, 각 당사자의 책임을 명시하고 있는 실행계획을 작성하고, 합의안이 쌍방 당사자의 권한 범위 내에 있음을 확인함과 동시에 관련자 모두의 권리와 의무를 하나하나 열거해야 한다.

여러분의 일독을 권한다. 협상을 즐기자.

1

THE FIRST MOVE

협상 "전"에 자신에게 질문한다

직감적인 접근을 넘어서는 방법

운전 교육을 받지 않고 차를 운전한다는 것은 일반 상식에 어긋나는 일이다. 요리책을 보지 않고 멋진 요리를 만들 수 없으며, 가이드북을 보지 않거나 여행해 본 사람의 조언을 듣지 않고 먼 나라로 여행을 떠나지는 않을 것이다. 그럼에도 불구하고 거의 모든 사람이 협상에 있어서는 협상 관련 강의를 듣거나 책을 읽거나 전문가의 자문을 받지 않고 협상을 한다. 우리는 마찰이 빈번히 발생하는 세계에 살면서도, 이들 마찰이 어떻게 해서 발생하고 어떻게 해서 수습되는지도 알지 못하면서 그저 대립과 충돌을 해결하고 싶어 한다.

협상은 가장 빈번하게 실행되는 직감적인 행위다. 자신이 최선이라고 생각하는 바에 따라 즉흥적으로 협상하는 것이 일반적인 경향이다. 협상은 직감에 좌우되는 사회적 활동이며 이에 따라 파괴적인 결과도 많이 양산한다. 과거 여러 해의 관찰에 의하면 직감적인 행동이 얼마나 많은 손해를 끼쳤는지 알 수 있다. 일일이 열거하지 않더라도 불행한 결과를 초래한 사례는 수없이 많으며, 몇 가지를 들면 다음과 같다.

습관대로 협상을 하면 인간관계에 긴장을 일으키고, 거래 비용을 높이고, 발전을 저해하고, 협상 프로세스의 동력을 잃으며, 자원을 낭비하고, 계획이 파탄하고, 협상자에 대한 평판이 떨어지고, 앞으로의 거래를 저해하고, 마찰이 증대하고, 인정받기 어렵거나 시행하기에는 더

한층 어려운 합의에 서명을 하고, 전반적으로 시간을 낭비한다. 열거하려면 끝이 없다. 오로지 직감에 의한 협상은 이런 부정적인 결과를 야기할 위험이 있다. 모두 자신의 직감적인 관행을 검토하고 따져 보고 필요에 따라 고쳐야 한다.

협상에 앞서서 꼭 필요한 것이 자신에게 질문을 던져 보는 것이다. 자신에 대해 반성하고, 자신의 협상 관행에 대해서도 반성하고 의심을 가진다면 자신의 기술을 좀 더 잘 체크하고 개선시킬 수 있다. 데카르트는 《방법서설》에서 다음과 같이 말하고 있다. 의심 즉 질문한다는 것은 전부터 의식 속에 녹아있었을지도 모르는 모든 틀린 생각을 찾아내어[1] 단단한 바탕을 구축하는 일이다. 개인적 협상법을 구축하는 출발점은 바로 여기에 있다.

바로 이 건설적인 의심을 제1장에서 고찰하고자 한다. 부주의한 사람들이 직감적인 협상 관행을 통해 빠지기 쉬운 10개의 함정을 제시하여, 잠재적인 직감형 협상자가 어떠한 모습인지 알아본다. 제1장의 목적은 적절한 협상 방법의 개요를 제시하는 것이다. 따라서 여기선 함정의 사례와 대안 행동에 관해서 간략한 서술로 그치고, 협상 행동에 대해선 다른 장에서 상술한다.

직감의 함정 1: 학습 사이클의 결여

제1의 함정은 뒤따르는 모든 함정과 연관된다. 미숙한 협상자에게 흔한 것이 "페이지 넘기기"만 하는 태도다. 전날의 협상을 반성도 하지

---

1. René Descartes, *Discours de la méthode pour bien conduite sa raison, et chercher la vérité dans les sciences* (Paris: Vrin, Reedition, 1637), p. 84.

않은 채 전혀 관계없는 협상으로 성급하게 진행한다. 이 경우, 대개 협상이 서투르고 결과가 비생산적이다. 근본원인은 인간적인 기본 마음가짐에 있다. 누구든 실패한 일을 곰곰이 생각하는 걸 좋아하지 않는다. 그런데 잘되고 성공한 협상에서도 같은 행동을 볼 수 있다. 흔한 반응은 "모든 일이 잘 됐으면, 일을 반성해 무슨 소용이 있느냐" 하는 태도다. 이런 태도는 협상 기술의 습득이 실무 경험을 통해서만 가능하다는 그릇된 생각에 기인한다. 확실히 경험은 숙달을 위해선 불가결하지만 조건이 있다. 경험은 반성적인 분석을 거칠 때 비로소 가치를 발휘한다. 반성하지 않으면, 성공의 열쇠를 잃어 실수를 되풀이한다. 결국 늘 같은 행동을 반복해서 잘못하는데, 마치 악사가 어떤 곡을 연주할 때 늘 동일한 곳에서 틀리는 것과 같다.

우수한 운동선수는 이 점을 잘 이해하고 있으며, 경기 후에는 녹화한 비디오를 슬로모션으로 보고 비판하고 검토한다. 때로는 연습도 녹화해 시합일 전에 기술과 전술을 분석한다. 이렇게 함으로써 두 가지 형태의 정보를 얻는다. 첫째, 자신의 강점을 알아 다음 경기의 기초로 삼는다. 둘째, 자신의 약점을 확인하고 개선점을 알게 돼 연습의 우선순위로 삼는다. 경험을 분석하는 이 과정은 전투기 조종사도 똑같이 적용하고 있다. 전투기 조종사는 다음 작전 준비시에 지난번의 작전 행동을 검토해 매회 자신의 전과를 개선해 나간다. 협상자도 이런 좋은 습관을 익혀야 한다.

한 번의 협상 경험에서 얻은 교훈은 전체 프로세스의 일부에 불과하다. 매 협상이 끝난 후 다음 협상을 개선하기 위해, 다음과 같은 질문을 생각해 볼 시간을 가져 보는 것이 어떨까.

- 협상 전반에 관해 무엇을 배웠는가?
- 협상자로서의 자신에 관해 무엇을 배웠는가?
- 내가 계속 해야 할 일은 무엇이며 그 이유는 무엇인가?(나의 강점은 무엇이며 활용할 수 있는 점은 무엇인가?)
- 내가 바꾸어야 할 점은 무엇이며 그 이유와 방법은 무엇인가?(나의 약점은 무엇이며 개선할 점은 무엇인가?)
- 다음 협상에서의 개선을 위한 나의 개인적 목표는 무엇인가?

이 질문에 대한 회답을 파일에 기록해 두고 협상 때마다 갱신해 항해일지처럼 작성하는 것도 좋은 방법이다. 이렇게 함으로써 다음 협상을 위한 준비를 갖추게 돼, 다시 반성할 시간을 갖고 새로운 대비를 행한다. 또한 계속되는 자신의 협상을 바르게 전망할 수 있게 되며 습득한 교훈을 앞으로의 협상에 유익하게 활용할 수 있을 것이다. 우수한 학습사이클을 충실하게 하는 데 무엇이 필요한지, 몇 가지 예를 들어 보자.

- 자신이 직접 참여하는 실제 협상을 주의 깊게 관찰한다. 남들의 행동을 연구함으로써 많은 것을 얻을 수 있다. 모범적 관행을 인정하는 긍정적 입장과 불만스러운 관행을 배제하는 비판적 입장의 두 측면에서 상황을 검토해 분석적 사고태도를 기른다.
- 보도와 영화에 나오는 협상도 상세하게 분석한다.
- 자신의 협상법을 확정하고 쇄신할 결의를 가지고 협상 관련 문헌과 논문을 읽는다.
- 협상의 관점에서 전문분야의 상황이나 개인적 상황에 접근하면, 이 책이 제시하는 툴을 더 쉽게 알게 된다.

경험과 분석을 꾸준히 활용함으로써 협상자는 비생산적 반응을 버리고 보다 효과적 방법을 써서 자신의 스타일을 확립할 수 있다.

직감의 함정 2: 입장중심주의

입장중심주의는 내 입장에 동의하라든가, 해결책은 하나밖에 없다, 내 안뿐이다 또는 협상의 여지는 없다라는 말로 요약할 수 있다. 직감적 협상자는 상대가 지쳐서 양보할 수밖에 없도록 가능한 한 자신의 입장을 고집한다. 하지만 결과는 바라는 대로 되지 않고, 대개 다음 중 하나이든가, 몇 가지가 결합된 것으로 되고 만다.

- 쌍방의 비용이 증대되고 협상은 교착된다.
- 당사자는 자신의 입장을 고수하기 위해 자원을 더 많이 투입하면서 여타 프로젝트에 손해를 끼친다.
- 쌍방의 관계가 악화된다.
- 상대가 협상 테이블을 떠난다.
- 일방이 양보하지만, 앞으로의 거래를 끊는다. 또는 일방이 양보해 체면을 잃었다고 느끼면서 장차 보복할 것을 결심한다.

입장중심주의는 협상을 힘든 홍정으로 빠트리고 만다. 쌍방은 출발시부터 극단적인 입장을 취하고, 그걸 최대한 오랫동안 주장하고, 양보를 거부한다. 그리고 아주 조금만 물러설 뿐, 마치 양보가 자신의 평판에 위협이 되는 것처럼 생각하면서 행동을 최소화한다. 이 접근법의 효율성은 사실상 제로다.

입장중심주의의 함정은 협상자의 이익, 또는 이보다 더 좋은 것으로, 협상자의 마음속 깊은 곳에 있는 동기에 대해 협상함으로써 회피할 수 있다.[2] 제2장에선 이를 더 상세히 다룬다. 여기선 입장중심주의와 동기를 기본으로 하는 협상의 차이를 다음의 사례로 설명한다.

마다가스카르의 관목

어느 날 마다가스카르 정부에 스위스의 한 다국적 계약회사의 대표자가 방문을 했다. 이 회사는 마다가스카르에만 있는 희소 관목을 원료로 한 신약 생산의 준비를 하고 있으며, 관목이 재배되는 토지의 점유권을 받는 조건으로 투자와 일자리 창출을 제의했다. 마다가스카르 정부로서는 이 관목이 이용가치가 없었으므로 좋은 기회가 될 것 같았다. 이야기가 시작됐을 때, 한 미국의 다국적 화장품회사도 마다가스카르 정부에 회담을 요청했다. 이 회사는 같은 관목을 원료로 하는 새 화장품을 판매할 준비를 하고 있으며, 같은 조건(동 토지에 대한 100% 점유권)으로 유사한 제안을 했다. 일방에게 점유권을 부여하고 다른 쪽을 마음 상하게 하지 않으려는 딜레마로 마다가스카르 정부는 쌍방 대표자가 만나 해결책을 협상할 것을 제안했다. 그러나 강력한 입장중심주의에 빠져, 이들은 이 토지의 완전한 점유를 계속 요구했다. 문제의 해결을 위해 쌍방은 입찰 안을 마련하게 됐는데, 이 시점에서 협상은 정상적으로 진행됐다. 그런데 바로 이 때, 협상의 초점이 입장에서 동기로 바뀌었다. 이 관목의 구체적 차용에 대한 질문이 나왔을 때, 약품과 화장품의 생산은 모두 관목에 있는 활성분자를 필요로 하지만, 찾고 있는 성분은 다르다는 점을 알게 됐다. 두 회사가 관목 전부를 원하는 입장 때문에 충돌했지만 참된 동기는 특정 성분의 사용에 있었다. 다행히 각 기업이 구하려는 것은 관목의 다른 부분에서 채취되는 것이었다. 한쪽은 잎이고 다른 쪽은 뿌리 부분이었다. 입장중심의 대응은 특정 성분을 입수한다는 참된 동기를 알아내는 데 방해가 된 셈이다. 하지만 반대로, 더욱 확실하게 쌍방의 동기를 인식하게 되자, 두 회사는 각각의 제품을 실현할 수 있는 해결책을 찾게 되고, 마다가스카르 정부도 최초 제안의 두 배의 이익을 얻게 되었다.

—

2. Roger Fisher and William Ury, *Getting to Yes: Negotiating Agreement Without Giving In*, ed. Bruce Patton (London: Penguin, 1981, 1991), p. 41–57.

직감의 함정 3: 경합형 접근법

경합형 접근법은 입장중심주의와 겹쳐 하나가 되는 경우가 많다. 내 입장이 통하지 않으면 안 된다. 그러기 위해선 상대를 이겨야 한다. 이 시나리오엔 상대에 대한 불신이 전제되어 있다. 이 접근법에선 모든 거래를 제로섬 게임이라고 생각한다. 모든 협상은 승자와 패자로 나뉘는 대결이라고 간주하는 군대식 사고다. 상대는 적이고, 이기기 위해선 무엇이든 해야 한다. 비즈니스는 비즈니스이기 때문에 모든 전술은 정당화된다. 어떤 협조든 그것은 연약함이라고, 심지어 배신이라고 규탄을 받기도 한다.

하지만 이 접근법을 좋아하는 직감적 협상자가 많다는 사실에 주목해야 한다. 이런 생각하에 협상을 하면, 파트너십을 향한 길을 개척하기는커녕, 불쾌한 분위기라든가 다양한 방해, 그리고 긴장 및 마찰의 씨를 뿌리게 된다. 가치의 창출은 크게 위축될 뿐 아니라 전무한 상태에까지 이른다. 어찌어찌하여 합의가 이루어진다 하더라도, 큰 압력을 받아 나온 합의이므로 당사자는 지나치게 양보했으니 다음에 도로 빼앗지 않으면 안 되겠다고 다짐을 한다.

경합형 접근법은 협조를 중심으로 하는 접근법을 기조로 내세움으로써 회피할 수 있다.[3] 제3~6장에서 이를 설명한다. 신뢰의 구축, 자신의 동기뿐 아니라 상대의 동기에 대한 배려, 말하기보다 경청 우선, 균형 잡힌 정보 교환, 지속적 책무의 제시, 자기억제, 이것들이 협조중심적 접근의 관건이다.

우리가 단순히 협조라 하지 않고 협조중심이라고 하는 이유는 무엇

---

3. Chistophe Dupont, *La négociation – Conduite, théorie, applications* (Paris: Dalloz, 1994).

일까. 협상은 직감적으로 승자와 패자가 있는 경합적 관점을 통해 이해되고 있지만, 한편으로 협상론은 협조적 접근법을 제창한 하버드대학의 피셔와 유리에 의한 벨벳혁명을 경험했다. 피셔와 유리는 주장들 간의 분쟁을, 당사자들 간의 평화적 관계를 추구하는 보다 균형 잡힌 접근으로 전환하고 이성적 방법을 사용해 객관적 기준에 따른 해결책을 찾도록 권장했다. 최종 결과는 서로가 만족하는 합의인데, 윈·윈이라는 표현이 일반화돼 있다.

이 이론은 일반적으로 원칙 입각 협상이라고 칭해져 협상에 대한 생각이나 접근에 있어서 하나의 전환점을 이룩했다. 그러나 모든 이론처럼, 여기에도 한계가 있다.[4] 실제는 그리 쉽게 이론대로 되지 않는다. 하지만 원칙 입각 협상이 이상적이라고만 단정 짓는 건 잘못이다. 이 이론이 제시하는 여러 가지 구상은, 특히 협상의 준비단계에 관련해선 적절하고 또한 실용적이다. 어쩌면 원칙 입각 협상은 너무 낙관적인 자세일 수도 있다. 원칙을 따르는 협상자가 원칙을 따르지 않는 상대를 대면했을 때의 좌절과 환멸을 상상해 보라.

우리의 연구 내용은 피셔와 유리의 생각을 많이 수용하고 있지만, 더 현실주의적 문헌을 참고해 윈-윈 이론의 결점을 다소 보완하고자 한다. 예컨대 피셔·유리 방법론에선 파이 문제는 부분적으로만 해결돼 있다. 파이를 크게 만드는 데 성공하더라도, 협상 끝에 가선 그 파이를 다시 잘라야 할 필요가 있다. 파이를 나누는 어려움을 외면하지 않고 이 문제를 인식하고 정면으로 대응하고자 하는 점에 있어서, 이

---

4. Robert Mnookin, Scott Peppet and Andrew Tulumello, *Beyond Winning. Negotiating to Create Value in Deals and Disputes* (Cambridge: Harvard University Press, 2000), and Aurélien Colson, Quelques limites à la négociation gagnant-gagnant, *Personnel*, 438, March-April, 2003, p. 50–53.

책의 접근은 협조중심형이다. 사실, 윈·윈 이론의 성과는 모두 따를 만하다. 동시에 최종 결과가 항상 이득의 사실상의 균형을 가져오고, 관계자 전원의 동기를 충족시키고, 모든 긴장을 해소하지 못하는 것도 사실이다.

직감의 함정 4: 절충형 접근법

피셔와 유리의 방법론이 협상의 이론과 실천에 혁명을 가져왔다고 한다면, 그것은 최고의 협상자가 경합적 책략을 구사한다는 미신을 뒤흔들었을 뿐 아니라, 타협과 기브 엔드 테이크의 메리트에 대해 의문을 가져왔기 때문이다. 이기고 지는 접근법, 대부분 함께 쓰러지는 이 협상은 바람직하지는 않지만, 흔한 기브 엔드 테이크 방법에도 결점이 있다. 이 후자의 주요 결점은 각자가 상대에게 양보하고 중간에서 타협해 대립을 피한다는 점을 전제로 한다는 것인데, 결과적으로 가치 창출의 기회를 잃고 만다[그림 1-1].

절충형 접근법의 함정을 피하려면 문제 해결에 집중해야 한다. 문제 해결 접근법이란, 자신의 이득을 상대의 손해로써 얻을 수 있으며, 상대의 이득을 자신의 손해로 얻을 수 있다고 하는 단순한 사고를 넘어, 가치의 창출을 통해 쌍방이 최대한의 만족을 얻을 수 있게 하는 방법이다. 이 방법은 회유나 유화(상대에게 굴복한다)가 아니고, 경합(자신

[그림 1-1] 절충형 접근법에 의한 협상

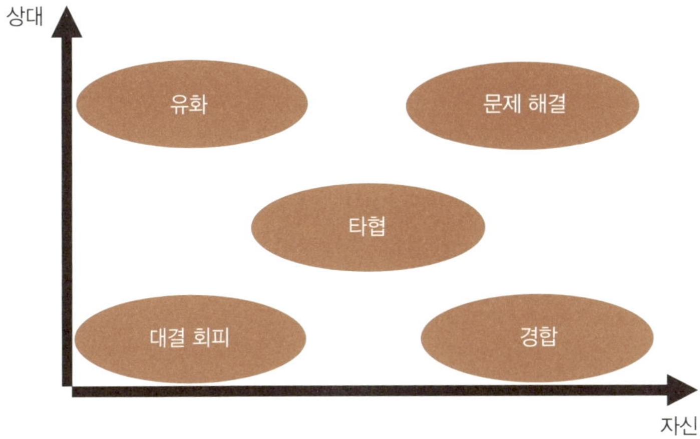

[그림 1-2] 문제 해결형 접근법에 의한 협상

의 요구를 모두 얻고, 상대에겐 아무것도 주지 않는다)도 아니고, 양보나 타협(자신이 약간 양보하고 상대도 약간 양보한다)도 아니고, 또 대결의 회피나 제로섬(어느 쪽도 얻는 게 없다)도 아니다[그림 1-2].

그래프 우측 상단 부분에 있는 최적의 포인트에 도달하기가 어렵다는 걸 인정하는 것이 중요하다. 성공하려면 우수한 협상 기술, 순조로운 상황과 의욕적 상대 등이 잘 경합해야 할 필요가 있다. 그러나 양보에 의한 타협적 접근법에서 벗어나 우측 상단 방향으로 이동하는 것은 가능하다.

당사자 모두의 동기를 잘 이해하고 창의적인 선택지를 활용한 가치의 창출이 필요하다. 원칙 입각형 협상에 관련한 사례를 들어 이 방법을 설명해 보자.[5]

---

5. Roger Fisher and William Ury, *Getting to Yes: Negotiating Agreement Without Giving In*, ed. Bruce Patton (Boston: Houghton Mifflin Company, 1981, 1991), p. 41–42.

캠프 데이비드 합의

1978년 이스라엘과 이집트가 평화 협상을 위해 만나 쌍방이 시나이 반도의 통치권을 요구했다. 이스라엘은 안보 목적으로, 이집트는 역사의 정당성이 동기였다. 어느 절충안에도 국경의 확정이 포함돼 있었지만, 그것은 어느 쪽도 수용할 수 없었다. 결국, 이스라엘의 안전을 보장하는 몇몇 광역 비무장 지역을 이집트가 지정하고, 이를 실행하는 한 이집트가 시나이 반도의 완전 통치권을 가진다는 안이 합의됐다.

한 국가에 완전한 통치권을 인정하고 다른 쪽 국가에 안전보장을 인정해 줌으로써 협상에 변화를 가져왔다. 이 사례는 협상에선 어중간한 해결안에 반대하는 것도 필요하다는 점을 말해 준다. 절충형 협상이 만족스럽지 않은 과정이 되는 경우가 적지 않다. 식전의 샴페인과 식후의 커피가 방의 온도에 맞추어 나오는 저녁식사와 같은 것이다. 캠프 데이비드 합의는 입장중심주의도 타협주의도 극복하고 있다. 입장에 의한 협상(시나이 반도의 유지냐, 회복이냐)이나 절충형 협상은 실패했지만, 근본적 동기(통치권/안전보장)를 진지하게 다룬 성공한 협상이다.

직감의 함정 5: 사람과 문제의 혼동

모든 협상에는 최소한 두 사람이 문제나 일련의 협의사항을 논의하기 위해 관계를 맺고 이 관계를 깊게 할 필요가 있다. 많은 협상자들이 무의식적으로 문제의 본질과 인간관계를 혼동해, 내용에 대한 의문과 사람에 대한 의문이 뒤섞이게 된다.

- 협상자는 인간관계를 위해 문제와 관련해 크게 양보하는 유혹에 빠지는 경우가 있다. 동료들과 좋은 인간관계를 유지하기를 원하는 선임 컨설턴트를 예로 들어 보자. 그는 담당 업무의 할당을 객관적 기준(컨설턴트의 기술과 업무의 관계, 업무량, 규모의 경제성을 실현할 수 있는지에 대한 관심 등)에 의거하지 않고 동료들의 의견과 바람에 따라 결정한다. 때에 따라서, 관계를 내세워 그는 잠재적 위협을 주는 자리에 서게 된다. "이것을 해주세요. 우린 오랫동안 아는 사이가 아닌가요."라든가 "들어봐요. 우린 친구가 아닌가요. 이걸 못한다고 하지 말아요."
- 현안을 위해 인간관계를 희생할 수 있는 경우도 있다. 직감형 협상자는 눈앞의 현안에 대해 양보를 얻고 싶은 나머지, 상대에게 압력을 가하고 인간관계를 손상할 수도 있다. "울퉁불퉁한 길을 염려하지 말라. 결과만 얻으면 그만이다." 이런 자세는 잘못된 것일 뿐 아니라 다음에 논의하는 단기 지향 함정의 좋은 일례다.

때로는 이 두 타입의 태도가 겹쳐 널리 퍼지는 비생산적인 협상 전술을 초래한다. 즉, 강철 장갑 속에 들어 있는 벨벳 손이다. 직감형 협상자는 협의사항의 결실을 쟁취하는 길이 이 방법밖에 없다고 믿기 때문에, 상대에 대해 자발적으로 공격적이고 강경해진다. 그러나 그런 태도가 주는 폐해적인 결과를 필연적으로 알게 되므로, 그러다 보면 이를 시정하기 위해 문제에 대해 유연해진다.

협상이 대립의 해소를 목적으로 하는 경우, 사안과 인간관계 간의 혼동은 더한층 두드러지게 나타난다. 직감형 협상자는 눈앞에 있는 상대와 함께 문제를 해결해야 한다는 걸 잊어버리고, 역으로 자신이 문제와 혼동하고 있는 사람을 공격한다. 제6장에선 이런 상황에서 감정적 긴장을 통제하는 일련의 접근법을 제시한다.

문제의 내용과 인간관계를 혼동하는 함정은, 사람에게는 부드럽게 접근하고, 문제에 대해선 진지하게 대응함으로써 회피할 수 있다.[6] 강철의 손을 벨벳 장갑에 넣는 일이다.

직감의 함정 6: 단기 지향

직감형 협상자는 눈앞의 일에 집중하느라 장기적 일을 그르친다. 협상자는 장래의 일을 염두에 두어야 하고, 이 지구촌에서 두 사람은 언젠가 다시 만나게 될 것이라고 상정하는 게 현명할 것이다. 다음 실화를 생각해 보자.

외교관의 아파트

젊은 캐나다인 외교관이 첫 임무로 파리에 파견돼, 얼마 전에 국외 근무로 떠난 프랑스인 외교관이 소유한 아파트를 임대했다. 보증금(데포짓)으로 2개월분을 지불하고 입주했다. 3년 후 이 캐나다 외교관은 귀국하게 됐다. 그는 아파트를 매우 깨끗하게 사용했으므로 최후 2개월 임대료의 지불을 주저했다. 결국, 보증금으로서 같은 금액을 이미 소유자에게 지불한 바 있고, 캐나다의 새 아파트를 위한 보증금의 돈도 필요했다. 부동산 소유자는 대개 이런 행위를 좋아하지 않는다. 최종적으로 그는 계약에 따르기로 결심하고 최후 2개월의 임대료를 지불했다. 물론 보증금은 4개월 후에 돌아왔다. 25년 후 이 외교관은 이스라엘 주재 캐나다 대사로 임명됐다. 텔아비브에 도착한 후, 각국 대사들을 만나기 위해 각국 대사관을 순회했다. 프랑스 대사관에 도착했을 때, 이 프랑스 대사는 어디서 본 듯한 얼굴이었다. 실은, 이 프랑스 대사는 그가 옛날 파리에서 임대했던 그 아파트의 주인이었다.

—

6. Idem.

단기 지향의 함정을 피하려면, 협상이란 무기한으로 계속하는 것이라고 생각해야 한다. 가까운 장래에 이익이 보이지 않을 것 같아도 교류엔 끝이 없다고 생각해야 한다. 실제로 상대한 이를 다시 만나거나, 아니면 적어도 그를 아는 사람을 만날 확률이 높다. 이 가능성을 생각하면 경쟁적이거나 부당한 행동으로 자신의 평판을 위태롭게 하지 말아야 하고 신중한 자세를 취해야 한다고 말할 수 있다. 프랑스 시인 루이 아라공은 "미래를 잊지 말아라."라고 말하고 있다. 우디 앨런은 "미래가 귀찮은 문제가 되는 건, 우리가 그것을 살아가야 하는 운명이라는 사실이다."라고 말한다. 프랑스 국왕 루이 14세의 노련한 외교관이자 최초의 위대한 협상 이론가의 한 사람인 깔리에르는 다음과 같이 저술하고 있다.

> "협상가가 명심해야 하는 것은 일생에 있어서 몇 가지의 문제를 처리한다는 사실이다. 그러므로 유형의 자산처럼 취급해야 하는 좋은 평판을 구축하는 것은 자신의 이익이며, 이 평판은 장래의 성공을 실현하는 데 관건이 된다."[7]

직감의 함정 7: "유일"의 덫

앞에서 설명한 모든 함정을 피할 수는 있지만, 당면한 문제의 해결책은 하나밖에 없다고 믿는 것이 일반적이다. 그것도 거의 틀림없이 "내

---

7. François de Callières, *De la Manière de négocier avec les souverains*, ed. Alain Lempereur (Geneva: Droz, 2002), p. 86.

방식의 해결책"이다. 하지만 다양한 해결책을 발견할 수 있게 해주며, 난관은 장애물이 아니라 기회라고 생각하는 접근 방식을 선택한다면 가능한 해결책은 얼마든지 있다. 이 시점에서 중요한 것은 열린 마음을 지니고 신뢰를 조성하는 일이다. 이를 실천하는 최상의 방법은 브레인스토밍(회의에서 여러 사람의 지혜를 모아 해결책을 마련하는 방식)을 통해 가능한 한 많은 해결책을 고안하는 것이다. 역설적이지만, 가능성이 있는 해결책이 많이 발견될수록, 최상의 해결책을 찾는 일은 쉬워진다.

이것밖에 없다고 하는 "유일 해결책"의 함정은 가능한 한 많은 해결책을 발견하기 위한 브레인스토밍 법칙으로 회피할 수 있다. 협상 중엔 입장중심주의를 피하고 동기에 집중하면서도, 동기를 충족하는 방법에 대해서 유연성을 유지해야 한다. 협상자의 최악의 행동은 제 나름의 확신 속에 갇혀서, 자신이 생각한 안이나 테이블에 제출된 최초의 안이 유일한 최선의 해결책이라고 확신하는 것이다. 협상자의 목표는 단지 합의에 도달하는 것이 아니고, 가능한 모든 해결책 중에서 최선의 합의를 확정하는 것임을 잊어서는 안 된다.

직감의 함정 8: 독단적 해결

직감형 협상자가 취하는 또 한 가지 반사행동이자, "유일의 덫"(이것밖에 없다고 하는 주장이나 자세)에 해당하는 공통 현상은, 자신은 옳으며 이를 증명하기 위해 논쟁을 할 필요가 없다는 확신을 갖는 일이다. 이런 자세는 자신이 상대보다 더 많은 권한을 갖고 있을 때 더 유해하다. 예컨대 자신이 상사이면 조속히 결정하기 위해 자신의 의향을 밀어붙이려는 유혹이 생긴다. 그러나 그렇게 하면 권한의 남용이고 전횡이라고 비난받을 위험도 있다. 큰 권한을 행사한다고 해서 자신의 행위에 대해 책임이 없는 게 아니다. 실은 그 반대다. 권한이 클수록 자신의 행위의 합리성과 정당성에 대한 책임이 커진다.

권한의 수준이 같은 경우에도 직감형 협상자는 상대가 알고 있다고 무의식적으로 가정한 나머지, 자신의 행위의 합리성이나 정당성에 대해 설명을 생략하기도 한다. 이는 현실을 정확하게 이해하지 못한 결과다. 누구나 자신의 관점에 따라 세계를 해석하므로 상대도 자신과 같은 관점을 갖고 있다고 생각하는 건 오산이다. 비전을 공유하고 있다는 전제하에 행동을 할수록, 자신을 실패로 내몰게 된다.

독단적인 느낌을 피하려면 해결책을 제안하기 전에 정당성을 설명해야 한다. 해결책을 말하기 전에 그 배후에 있는 원칙과 주장에 대해 명확히 하는 게 필요하다. 미리 명확한 정당화 기준을 내놓는 것은 제시하는 해결안의 주춧돌이 되고, 사후에 설명을 보태는 것보다 훨씬 효과적이다. 해결안을 제의받은 상대가 바위와 같은 자세를 취하고 사후에 어떠한 설명을 하더라도 고려하지 않게 되는 건 자연스런 반응이라는 점에 유의해야 한다. 협상자가 자신이 주장하는 이유와 기준에 대해 명확할수록 논의가 원칙에 초점을 맞춰 이루어지고, 의제의 분쟁도 피하게 될 것이다.

직감의 함정 9: 자기 과신

경험에 의하면, 협상자는 자신의 능력과 합리성은 과대평가하고 상대의 능력과 합리성은 낮게 평가하고 싶어 한다. 네덜란드 철학자 스피

노자는 우리의 주관적 경향을 논하는 자리에서, 우리는 좋은 해결안을 구하기보다, 바로 자신이 원하는 해결안을 좋은 것이라고 말한다고 했다. 자신의 선의와 합리성을 내밀면서 상대에겐 그것을 거부한다. 이런 직감적 치우침은 불성실의 온상이 되는데, 불행하게도 협상에선 다반사다. 이를테면,

- 나는 온갖 노력을 하지만, 상대는 아무 일도 하지 않는다.
- 나는 합의를 하고 싶으나, 내겐 권한이 없다. 하지만 상대는 권한이 있지만 행사하지 않는다.
- 나는 선의를 가졌는데 상대는 잘못 알고 있다.
- 내 제안이 수락 안 되는 것은 상대가 내용을 이해하지 못하기 때문이다. 내가 상대의 제안을 수용하지 않는 것은 내용이 나쁘기 때문이다.
- 내가 화를 내고 있는 것은 상대가 너무 극단적이기 때문이다. 상대가 화를 낸다면 자제심이 없기 때문이다.

이처럼 인식이 어긋나면 협상 행동을 해석할 때 불건전한 불협화음이 발생한다. 동일한 태도도 사람에 따라 완전히 거꾸로 해석되기도 한다[표 1-1 참조].

사르트르는 "타인이 곧 지옥이다."라고 말했다. 자신의 선의를 확신하고 있는 협상자는 상대와 협상할 때, 상대방으로부터 발생할 수 있는 최악의 경우를 예상해야 한다는 점을 습관적으로 당연하게 여긴다. 이렇게 되면, 협상은 차의 운전과 같다. 사고가 나면, 상대를 비난하기는 아주 쉽고 자신을 변호할 이유를 찾는다. 이것을 키스 올레드[8]는 원고의 편향과 피고의 편향의 일반적인 결합이라고 말했다.

[표 1-1] 자기에 대한 과대평가 및 상대에 대한 저평가

	자기에 대한 과대평가	상대에 대한 저평가
1	나는 흔들리지 않는다. 상대의 전술로부터 자신을 지켜야 한다.	상대는 완고하다. 상대는 늘 요구를 과장한다.
2	나는 민감하다. 나는 정확을 기하는 능력이 있다.	상대는 세밀한 일을 싫어한다. 상대는 나를 괴롭히기 위해 일을 복잡하게 만든다.
3	나에겐 직관력이 있다. 나는 자신의 감각을 신뢰할 수 있다.	상대는 매우 둔하다. 상대는 직관적인 실수를 많이 한다.
4	나는 명확하고 개방적이다. 나는 정보를 널리 공개한다.	상대는 정보를 감춘다. 상대는 의도적으로 중요한 정보를 감춘다.
5	나는 공평하다. 나는 공평성만을 위해 노력한다.	상대는 본인 몫 이상을 원한다. 상대는 공평한 합의를 거부한다.
6	나는 모호함과 불안을 느낀다. 상대는 나를 속이려고 하는 것 같다.	상대는 푸념쟁이다. 상대는 늘 불평을 한다.
7	나는 신중하다. 나는 좋은 합의를 향해 나아가고 싶다.	상대는 지나치게 절차에 매달린다. 상대는 지연 전술을 구사한다.
8	나는 현명하다. 나는 전술을 사용하고 예측한다.	상대는 사기꾼이다. 상대는 늘 나를 함정에 빠뜨리려고 한다.
9	나는 우호적이다. 나의 자세는 유연하다.	상대는 위선자다. 상대는 거짓 양보를 제시한다.
10	나는 실리적이다. 변화가 있으면, 나는 새로운 상황에 적응한다.	상대는 신용이 없다. 상대는 늘 한 말을 취소한다.

---

8. Keith G. Allred, Relationship Dynamics in Disputes: Replacing Contention with Cooperation, in *The Handbook of Dispute Resolution*, by Michael L. Moffitt and Robert C. Bordone (eds), San Francisco: Jossey-Bass, 2005), p. 83–98.

이런 불균형한 관점을 가지고 협상에 임하면 협상은 난관에 부딪치게 된다. 그런 상황에선 직관형 협상자는 아래와 같은 명백한 전제에 따라 경쟁적이고 기만적인 행동을 한다.

- 상대는 내 속임수를 눈치 채지 못할 것이다.
- 눈치 채더라도 내게 대항하지 않을 것이다.
- 어쨌든 복수하지 않을 것이다.
- 끝에 가선, 잊을 것이다.

문제는 상대 협상자는 자신이 생각하는 것처럼 그렇게 어리석지 않다는 점이다. 자신처럼, 속임수에 넘어가기를 좋아하는 사람은 없다.

자기 과대평가와 상대에 대한 저평가라는 함정을 피하려면, 자기 스스로 반성하는 태도를 길러, 의심스러울 때도 상대를 호의적으로 이해하고, 궁극적으로는 자신의 듣는 기술과 말하는 기술을 연마해야 한다. 제5장에선 인식의 불균형과 차이를 극복하는 방법을, 제6장에선 이러한 파괴적인 행동의 저변에 깔려 있는 감정적 긴장을 억제하기 위한 툴을 제공한다.

직감의 함정 10: 협상마니아

"모든 것은 협상가능하다."라는 표현은 협상이 유일한 의사결정 도구임을 의미한다. 하지만 이는 직감형 협상자가 자주 보여 주는 결점을 안고 있다. 무엇이 협상가능하고, 무엇이 협상불가능한가를 분별하는 능력을 갖는 것은 대단히 중요하다. 협상마니아가 어려운 결정의 실행을 지연시키는 연막이 되는 경우가 자주 있다. 때로는 그걸 구실로 해서 당사자가 책임을 지거나 행동을 취하기를 거절하기도 한다.

협상마니아의 함정을 피하려면, 협상이 최선의 행동방침임을 확인하기 위해 상황을 주의 깊게 검토해야 한다. 예를 몇 가지 들어 본다.

- 취해야 할 적절한 행동이 어떠한 것인지 밝혀 주는 확립된 법규나 전례가 없다. 이런 상황에선 협상이 유익하다. 하지만 민주 선거의 결과나 공포된 법률의 시행은 협상 대상이 아니다.
- 서로 다른 당사자가 상호의존 관계에 있으므로 일방적 결정은 권할 바도 아니고 가능하지도 않으므로, 협상이 유익하다.
- 절박한 긴급성이 있을 경우 협상에 의한 해결은 처음부터 배제된다. 산불이 나면 소방원은 즉각 행동해야 한다. 여기선 협상의 여지가 없다. 그러나 눈앞의 문제가 산불의 예방이라면, 상이한 당사자 간(소방원, 공직자, 산림관리자, 지역민 등)의 협상이 최상의 방법이다.
- 효율성을 위해서는 상이한 당사자의 역할과 책임이 협상 프로세스에 많은 도움이 된다. 그렇지만 어떤 경영 결정은 CEO가 경영진과 철저하게 협의하지 않고 하는 경우도 있는 것 같다. 그것이 효율성을 보장한다. 협상(전략, 사명, 자원 등에 대한 논의)에는 때가 있으며 의사결정과 실행을 해야 할 때도 있다.

이런 다양한 기준에 보태어 윤리적 고려를 할 때가 됐다. 예컨대, 제2차 세계대전 중 처칠과 그 후 연합군도 히틀러와는 협상을 하지 않기로 결단했다. 이 방침은 전쟁이 선포되어 나치 정권이 전면 항복할 때까지 계속됐다. 이는 극단적인 사례이지만 또 다른 상황에서는 "인질을 잡고 있는 자와는 절대로 협상하지 않는다."라는 자신의 판단을 재고해 보는 것도 중요하다. 그런 판단도 수정될 수 있기 때문이다. 인명이 위험한 상태이고 무장 공격을 준비할 시간을 벌기 위해서라도 인질을 잡고 있는 자와 협상할 책임이 있다.

협상은 여러 가지의 의사결정 양식 가운데 하나다. 협상만이 의사결정의 유일한 수단이 아니다. 충분한 고려 없이 맹목적으로 협상에 의존하는 건 이치에 맞지 않다. 이 장을 마무리함에 있어서, "우리는 자신의 관행을 재검토해야 한다."고 강조하고 싶다. 다음 장에선 앞에서 논한 함정들을 회피하고 효율적인 협상법을 구축하는 방도를 자세히 살펴본다.

THE FIRST MOVE 2

협상하기 "전"에 준비한다

프로세스 · 문제 · 사람에 대한 계획 수립

협상에서 준비를 강조하는 건 무엇 때문인가? 준비의 질이 협상의 성패를 결정하는 경우가 많기 때문이다. 로저 피셔는 협상을 성공시키는 세 가지 열쇠를 "준비, 준비, 준비"라고 했다. 이 경구 이상의 진실이 없으며, 모든 사례가 이를 증명하고 있다.

준비는 예측력을 높인다. 협상자는 상대에게 물을 질문과 제시할 최적의 회답을 예측한다. 자신의 주장이 가장 명쾌하고 가장 정당성이 있고, 그리고 가장 설득력이 있는지 테스트한다. 전술적 성격을 지닌 이런 예측뿐만 아니라 로지스틱스 측면의 준비도 있어야 한다. 실제 협상은 보통 전력투구해야 하는 활동이기 때문에, 정보 탐색과 분석, 대체안의 모색, 제3자와의 상담 같은 협상 자체에 도움이 되는 작업을 동시에 할 수 없다.

프로세스를 방해하지 않고 예측한다. 협상을 "입장중심주의"에 몰아넣는 식으로 준비를 해서는 안 된다. 준비는 상대 협상자가 없는 가운데 실무상의 가설을 세우는 것이지, 상대에게 밀어붙일 입장을 생각해내는 일이 아니다. 준비란 협상 현장의 변화하는 현실에 대응해 "충격"을 피하기 위한 일이다. 점진적인 적응을 촉진하는 것이 바람직한 준비이지, 협상자에게 확실성에 대한 환상을 주어선 결코 안 된다. 최고의 준비라고 하더라도 계속해서 반성하는 것이 필요하다.

준비가 중요하지만, 어떻게 할 것인가? 이 장에선 신뢰할 수 있는 준비 방법을 소개한다. 피셔와 에르텔의 연구[1]에 따르면 그 효용성은 아래와 같다.

- 협상의 배경과 목적(판매와 조달, 사회적 마찰의 관리 등)이 무엇이든, 준비는 유익하다.
- 어떠한 복잡성(단일 문제와 관련해 2자간의 협상부터 복수의 과제와 관련한 다자간의 협상까지)이든, 준비는 필요하다.
- 준비에 소요되는 시간이 얼마이든(협상의 중요성에 따라 한 시간이든 수개월이든), 결과가 나온다.
- 준비에는 한 사람 혹은 여러 사람이 관여한다. 두 사람(권한을 검토하는 대리인과 본인)이든, 그룹(협상 팀)이든 협상 상대까지도 동원 대상이 된다.
- 상대 협상자가 동일한 방법을 취하면 협상이 순조롭게 진행되고 효율이 오른다.

요컨대, 이 같은 준비 방법은 모든 협상의 세 가지 중요한 측면을 보완하게 된다.

- 누가 협상하는가? 사람의 측면이다. 협상하기 위해선 (적어도) 두 사람이 있어야 한다. 관계와 감정이 중요한 역할을 한다.
- 무엇을 협상하는가? 문제의 측면이다. 협상의 본 대상인 과제와 내용이다.

---

1. Roger Fisher and Danny Ertel. *Getting Ready to Negotiate* (New York: Penguin, 1995).

- 어떻게 협상하는가? 프로세스의 측면이다. 회의의 구체적인 구성과 진행의 관리다.

세 가지 측면에는 10개의 요소가 있다[표 2-1].

이 장에선 두 가공회사 ESN과 CGA 간의 협상을 예로 들어 준비의 10요소를 설명하고자 한다.[2]

[표 2-1] 준비를 위한 10요소

측면	요소
사람	1. 대인관계 2. 종적 관계: 지령 3. 이해관계자의 배치도(map)
문제	4. 동기 5. 협상에 의한 해결책 6. 정당화 기준 7. 협상 이외의 해결책
프로세스	8. 조직 9. 커뮤니케이션 10. 로지스틱스

CGA-ESN 사례연구 (1): 두 회사의 마찰

보험회사 CGA는 고정비의 삭감을 위해, IT부문을 폐쇄하고 외부조달로 바꾸는 구조조정 계획을 결정했다. 하지만 사원과 노동조합의 반발로 인해 제2계획이 채택되었다. 그 결과 IT부장은 자신의 IT회사를 설립해 현재의 소속 사원을 모두 채용하기로 동의했다. 그 새 회사 ESN은 CGA의 IT설비와 업무를 인계받게 됐다. 매상이 회복되고 ESN은 2년간 살아남을 수 있었다. 그 사이

---

2. 이 사례는 줄리언 파브르와 공동으로 저술되었음.

CGA로부터 오는 주문에만 의존한 채, 신규 고객은 개척하지 않았다. 당초의 계약이 끝난 3년째도 CGA는 ESN에 발주를 계속하고 있었으나, ESN의 요금이 너무 높다고 클레임을 제기했다. CGA는 ESN과의 계약 중단을 언급하면서, 다른 경쟁 회사에 오퍼를 구하기 시작했다. ESN은 재무 건전성도 확립돼 있지 않아, CGA가 발주를 중단하면 파산에 직면하고 68명의 사원이 실업의 위기에 빠진다. 두 회사 내의 긴장은 높다. CGA의 노동조합은 종전의 IT부문의 사원들과 연대해 ESN과의 관계를 유지하도록 경영진에게 압력을 넣고 있다. 쌍방의 대표자가 위기를 회피하는 방안을 협상한다.

"사람"의 측면: 관계의 3요소

협상자 간의 인간관계

협상하고 합의를 이끌어 내기 위해선 (적어도) 두 사람이 있어야 한다. 상대는 나를 무시할 수 없고, 나도 상대를 무시할 수 없다. 양자는 상호의존 관계에 있으며, 협력하지 않고 과제를 해결할 수 없다. 긍정적인 표현으로 말하면, "우리는 함께 문제를 해결하기 위해 서로를 필요로 한다."이다. 협상을 원활하게 진행시키는 데는 대인관계의 기술이 불가결하다.

그러므로 협상이 시작하기 전에 기존 인간관계의 특성을 생각해 볼 필요가 있다. 기존의 관계를 진단 · 평가하고, 결속을 강화하기 위해 관계 개선의 가능성을 모색할 필요가 있다. 생각해야 할 몇 가지 물음이 있다.

- 협상 개시 전 상대와의 관계는 어떠한가? 기존의 관계가 있다면, 지나온 관계에 있어서 (기억할 수 있는) 긍정적인 시기, (재발을

피하거나 억제하기 위해 기억할 수 있는) 부정적인 시기에 어떤 일이 있었는가?

- (서로 모르는 협상자와의 경우) 사전의 관계가 없는 초면의 상대를 대할 때, 상대에 대해 어떤 인상을 갖고 있는가? 상대는 나에 대해 어떠한 인상을 갖고 있는가?
- 이미 관계가 있는 경우, 어떻게 하면 강화할 수 있는가? 그 반대의 경우, 신규의 관계는 어떻게 하면 적절한 출발의 첫걸음을 내디딜 수 있는가?

목표는 실무 관계를 확립하여 지속하는 일이다. 협상의 전제조건으로서 신뢰관계나 우호관계까지 꼭 요구되는 것은 아니며, 그건 어려운 경우가 많다. 신뢰가 협상가의 업무를 촉진하는 것은 확실하지만, 신뢰관계에만 의존하지 않고 다른 카드를 사용하여 협상을 계속해 나가는 것도 가능하다.

CGA-ESN 사례연구 (2)

이 예는 사전의 관계가 존재하는 경우다. 협상하는 양 당사자는 CGA에서 좋은 관계를 공유해 왔으며, 서로 알고 있다. 하지만 지난 수개월 그 좋은 관계는 나빠졌다. CGA 대표자는 요금이 너무 높다고 ESN에 서신을 보냈지만, 그것이 무시당했다고 생각하고 있으며 상대가 CGA의 노동조합과 결탁하고 있다고 의심하고 있다. 한편, ESN 사장은 사태를 신의 위반으로 보고 배신당했다고 생각했다. 양자는 회담에서 먼저 오해를 풀고 이전의 좋은 관계 아래서 협상을 이루어 나가도록 노력을 기울여야 할 것이다.

종적 관계: 지령의 문제점

특히 전문분야에서는 남을 대리한 협상자가 협상하는 일이 많다. 협상자는 대개 본인의 대리인이다. 예컨대, 변호사(대리인)가 고객(본인)을 대신해서, 문제의 해결을 협상한다. 전권대사가 정부를 대표해 양국 협정을 협상한다. 회사의 CEO가 이사회를 대표해 상대와 M&A 협상을 한다.

어느 경우든, 일정한 형태로 본인이 대리인에게 협상의 지령을 내린다. 이상적으로는, 그 지령에 대리인이 지켜야 할 모든 지시 내용이 결집되어 있다. 이 지시는 달성해야 할 목표와 사용해야 할 방법을 말하고 있으며, 따라서 이 지령은 목표 및 방법에 대한 준수의무를 묶은 것이다. 본인이 세운 목표는 대리인인 협상자의 기본 동기와 일치할 수도 있지만, 반드시 그렇지는 않다. 그래서 본인과 대리인 간에 긴장이 생기는데[3], 이 문제는 제7장에서 검토한다. 종적 관계와 연관되는 준비를 위해선 협상자는 상부에서 내려올지도 모르는 각각의 지령도 고려하지 않으면 안 된다.

CGA-ESN 사례연구 (3)

CGA의 대표자는 CEO의 대리로 협상에 나선다. CEO는 힘을 과시하지 말 것과 회담 후에 회의록을 제출할 것을 지시했다. 한편, ESN의 CEO는 몸소 협상에 참석하지만, 회사 주주의 대리인이기도 하기 때문에 협상의 결과를 주주들에게 정당화해야 할 의무가 있다.

---

3. Robert Mnookin, Scott Peppet and Andrew Tulumello, *Beyond Winning. Negotiating to Create Value in Deals and Disputes* (Cambridge: Harvard University Press, 2000), p. 69–91.

이해관계자들의 배치도(map)

여러 협상자가 협상에 참여하면 다자간 협상이라 한다. 이 유형의 협상은 제7장에서 논한다. 협상 테이블엔 두 협상자만 있지만 배후에는 다른 복수의 역할자들이 존재하고 있는 게 대부분의 협상의 실태다. 이들은 협상 현장에 나타나지 않고 떨어져, 협상 전이나, 중간, 협상 후 프로세스를 간섭한다. 그러므로 이들이 어떠한 사람인지 확인하고, 그들과의 관계를 조금이나마 안정적으로 확보하는 게 도움이 된다.[4]

- 상하관계: 계층관계로서 종적 관계와 지휘 계통이 있다.
- 영향관계: 비즈니스에선 계층관계에 있지 않은 사람에게 정보나 편의 제공을 구하는 게 보통이다. 여기선 강제력이나 권한은 쓸모가 없으므로 설득이란 수단이 필요하다. 깔리에르[5]의 말에 따르면, "우아한 매너의 기술"이다.
- 적대관계: 서로 다투는 사람과의 긴장관계를 말한다. 이 관계는 호의적이지 않고, 상하관계의 권한을 상대에게 발휘할 수 없으므로 교류가 중간에 끊어진다.
- 서로 모르는 상황: 즉 관계가 존재하지 않는 경우인데, 앞에서 언급한 시나리오 중 한 방향으로 기울게 된다.

---

4. Lawrence Susskind and Patrick Field, *Dealing with an Angry Public: A Mutual Gains Approach to Resolving Disputes* (New York: The Free Press, 1996).
5. François de Callières, *De la Manière de négocier avec les souverains*, ed. Alain Lempereur (Geneva: Droz, 2002).

CGA-ESN의 사례연구 (4)

협상 현장엔 CGA 대표자와 ESN 대표자 두 명뿐이다. 하지만 이 협상에 이해관계가 있거나 논의의 전개와 상황에 영향력을 행사하는 사람의 수는 훨씬 많다[그림 2-1].

CGA 사내의 IT서비스 품질에 책임이 있는 여러 명의 관리자가 협상자에게 연이어 메시지를 보냈다. 노동조합은 종전의 동료인 ESN 사원과 단합하여 ESN과의 거래 종결에 반대 의사를 표명했다. CGA는 합병을 추진하고 있는 다른 보험회사 AGA에 대해 비용 삭감 능력을 입증해야 한다. ESN이 파산하면, CGA는 그 책임을 세상으로부터 추궁받아 기업 이미지가 떨어질 것임을 스스로 잘 알고 있다.

ESN 측의 사원들은 파산의 위협을 받고 가족들은 동요하고 있다. 멀리 떨어진 곳에선, ESN의 경합 상대들이 강 건너 불구경하듯이 CGA가 ESN과의 관계를 정리하는 걸 지지하고 있다.

그 밖에도 다른 역할자들이 있다. 공공기관은 실업의 증가를 우려하면서 노동법에 위반되는 실업급여 증대나 다른 조치를 피하고 싶어 한다. 지방 언론계는 정보를 얻고 싶어 하고 있다.

이들 다양한 이해관계자들을, 중요한 협상에 앞서서 반드시 상관관계 배치도에 넣어서 도식화로 보여 주어야 한다.

"문제"의 측면: 과제를 처리하기 위한 4요소

협상의 전개를 최대한으로 예측하기 위해선 내용에 관한 네 가지 요소를 준비 단계에서 검토할 필요가 있다. 관계자들의 동기, 협상 가능한 해결책, 협상 결렬 시에 가능한 선택지 그리고 결과를 정당화하는 근거 등이다.

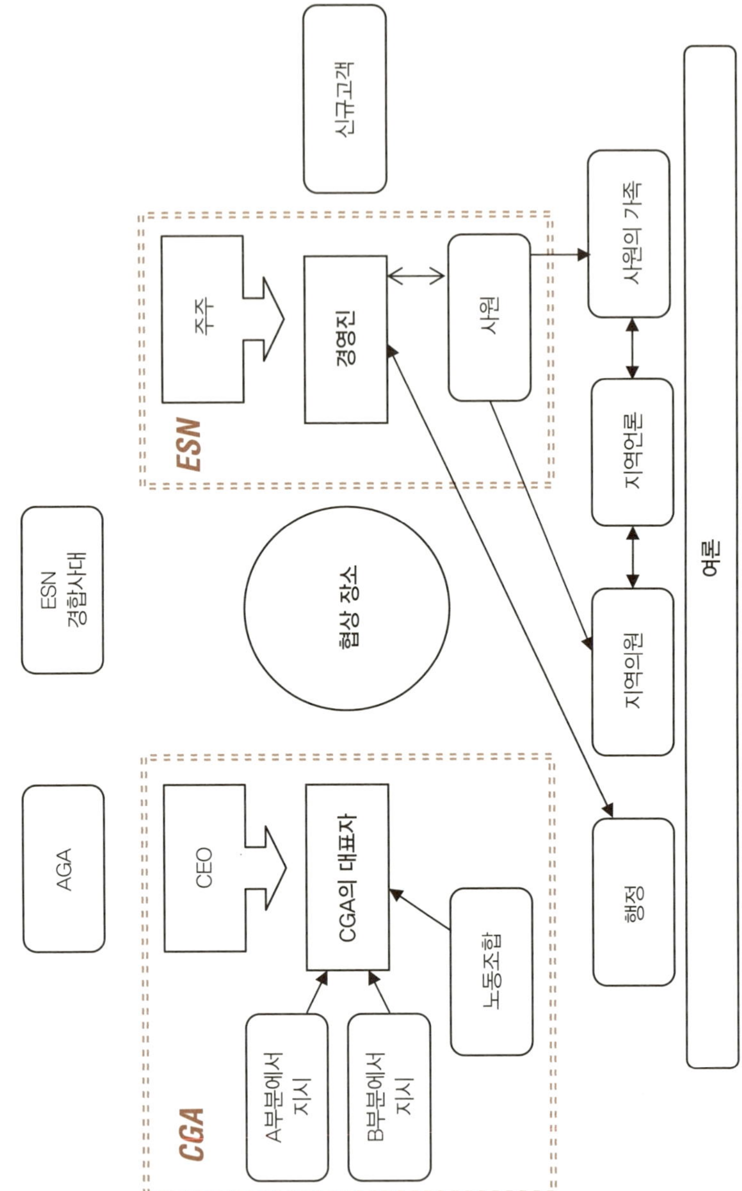

[그림 2-1] 이해관계자 배치도

숨어 있는 동기

동기란 협상을 하게 만드는 근본적 필요성을 말한다. 바꿔 말하면, 협상을 통해 충족시키고자 하는 이익이다. 제1장에서 이익의 개념을 제시했으며, 이익과 입장의 차이를 강조한 바 있다.

수많은 협상 이론이 이익을 중심 개념으로 하고 있으며[6], 깔리에르의 선구적 주장도 이를 확인해 준다. 하지만 이익에 대한 주목은 공리주의 개념으로 해석되고, 협상자를 철저한 합리적 역할자로 본다. 고전 경제학에서 마켓 에이전트가 합리성 그리고 그들이 식별할 수 있는 이익을 따르는 논리적 행동에 의해 움직인다는 것을 전제로 하는 것과 같다. 이런 단순한 모델로는 현실의 복잡성에 적어도 세 가지 이유로 대응할 수 없는데, 이는 협상학과 마찬가지로 경제학에서도 볼 수 있는 현상이다. 협상자의 합리성은 아래와 같은 이유 때문에 충돌한다.

- 윤리관이 자신의 이익을 초월한 행동의 동기를 가지게 하는 경우가 있다. 이성의 고상한 측면이 때로는 협상자가 자신의 이익엔 반하지만 자신의 양심을 존중하는 선택지를 취하게 만든다. 협상자의 평판에 관련되므로 윤리관에 관해선 이 책의 뒷부분에서 언급하겠다.
- 감정은 이성을 앞지른다. 우리는 때로는 자신의 이익을 희생하거나 무시할 정도로 자신의 판단을 일탈하는 반응을 보인다(제6장). 그 중 협상에서 가장 흔하게 감정을 상하게 하는 것은 성내

—

6. Roger Fisher and William Ury, *Getting to Yes: Negotiating Agreement Without Giving In*, ed. Bruce Patton (London: Penguin, 1981, 1991) and Roger Fisher and Danny Ertel. *Getting Ready to Negotiate* (New York: Penguin, 1995).

는 일("내버려두어라, 난 상관없다"), 복수욕(상대가 "지불한다"), 질투심("상대보다 더 많이 갖겠다"), 자만심 및 권력욕 등이다.

- 인지 편향偏向과 지각의 문제는 제5장, 제6장 그리고 제7장에서 다룬다. 감정이 없어도 상대의 동기에 대한 분석은 틀릴 수가 있다. 상대를 과소평가하고, 없을지도 모르는 악의를 이유로 삼거나, 수용할 만한 제안도 거절하는 경향이 있다.

깔리에르는 "대부분의 사람들은 이성보다 기분에 따라 움직인다"[7]고 말했다. 우리의 관찰은 이를 확인해 준다. 협상에선 처음에 없었던 감정도 도중에 표면화하고, 그런 진행 속에서 시작할 때 분명했던 합리적 이익을 완전히 삼켜 버리기도 한다. 이렇게 되면 합의가 이루어지더라도 불만족스러운 합의가 되고 만다. 기업에선 사원 채용과 평가를 위한 보다 공정한 제도에 대한 요구로 인해서 인간관계의 마찰이 발생한다. 감정이 작동하면 마찰이 종업원 대표와 CEO 간의 심각한 싸움으로 진전해 버려, 그 와중에 종업원 측의 목적도 변질되고 그때부터는 CEO가 제시하는 계획은 무엇이든 반대한다. 급기야 그들의 요구는 CEO의 사퇴가 되고, 그렇게 되면 협상 내용과 관련해 얻는 건 없다.

이런 측면을 다루기 위해, 준비 단계에서 생각해야 할 몇 가지 유용한 물음이 있다.

- 이 협상에 있어서 자신의 동기(이익뿐 아니라 감정과 윤리 기준)는 무엇인가?

---

7. François de Callières, *De la Science du monde* (Paris: E. Ganeau, 1717), p. 184.

- 자신이 추측할 수 있는 범위에서 상대의 동기는 무엇인가? 상대의 입장에서 생각할 때 (자신의 가치관을 개입시키지 않고) 어느 정도 상정할 수 있는가?
- 협상 현장에 불참했으나 협상 결과의 영향을 받을지 모르는 제3자들의 동기는 무엇인가?
- 전술한 모든 동기 중에서 저변의 동기를 찾아내기 위해 더 세밀하게 분석해야 할 입장에 해당하는 건 무엇인가?

모든 동기가 밝혀지고 나면, 아래와 같이 난이도 순에 따라 네 개로 구분한다. 개발도상국에서 공장 건설을 고려하고 있는 두 회사(타이어 업체와 자동차 업체) 간의 협상을 예로 들어 보자.

- 쌍방이 공유하며 양립하는 동기. 양사는 새 시장에서 사업을 확장해, 건설비를 줄이고, 판매하고 싶어 한다. 공유하며 양립하는 여러 동기에 힘입어 양사는 공동사업을 이룩하고, 자동차 공장과 타이어 공장의 건설 부지를 공유하고, 관리상의 문제를 함께 해결하고, 인재와 조달선도 공유하는 등의 과업을 실현했다.
- 상이하지만 양립하거나 보완적 동기. 기본적 효율성을 생각하면, 먼저 타이어 업체가 타이어를 생산하고, 다음에 자동차 업체가 자동차를 생산하는 게 각각에게 유리하다. 타이어 업체는 타이어의 장착이 필요한 자동차가 나오지 않으면 사업을 계속할 수 없으며, 자동차 업체도 장착할 타이어 없이는 차를 계속 만들 수 없다. 즉 이익의 상호의존 관계가 존재한다. 동기는 완전히 다르지만, 상호보완 관계다.
- 유사하지만 경합하거나 양립하는 동기. 양사는 투자수익을 최대화

하여 자사의 이윤을 극대화하는 데 관심이 있다. 총수익을 최대로 하는 게 공통의 양립하는 이익이지만, 각 당사자의 몫을 최대화하는 것은 경합하는 이익이다. 최종적으로 배분 비율의 결정이 필요하다. 자동차 업체에 90% 할당되고, 타이어 업체에 10% 할당돼야 하는가? 또는 80% 대 20%? 이익의 분배라는 과제는 경제적 긴장의 원인이 된다(제4장).

- 상이하지만 대립하거나 상호배타적 동기. 타이어 업체가 이 개발도상국에서 경합하는 다른 자동차 업체와 공동사업을 벌여 타이어를 판매해 이익을 추구한다.

협상술이란 이 같은 다양한 동기를 탐색하여 유사한 이익과 상이한 이익의 최적 조화를 이루는 기술이다. 쌍방이 어떤 항목에 대해 대립하더라도 상이한 동기만 아니라면 합의가 가능하다(제1장의 마다가스카르의 관목의 예 참조). 협상자는 먼저 이런 동기를 알아내고 나서 협상 가능한 해결안을 찾아야 한다. 마지막으로 중요한 건 다음의 두 물음을 검토하는 일이다.

- 자신의 동기에 어떻게 우선순위를 부여하는가? 물론, "당신에게 중요한 건 무엇입니까?"라고 상대가 물으면 "모두"라고 대답하고 싶을 것이다. 하지만 자신의 깊은 마음속엔(상대측도 마찬가지지만) 동기 중에도 중요도의 차가 있다. 그러므로 중요도에 따라 동기의 순위를 정하는 게 중요하다. 이 사전 작업에서 기본 동기와 주변 동기를 구별해야 한다. 즉, 필요하면 상대의 이익을 충족시키고 그 대신 자신의 요긴한 이익을 얻기 위해, 한계를 넘을 수 없는 일(협상할 수 없는 이익)과 주저 없이 양보할 수 있는 일을 구별

해야 한다. 이 같은 우선순위는 앞으로의 협상을 더 효율적으로 해줄 것이다.

- 이런 동기를 어떠한 순서로 제시해야 하는가? 협상 중(자신에게만 달려 있는 경우라면) 어떻게 하는 것이 최적의 순서일까? 앞서 난이도 순으로 구분한 네 가지 순서가 대부분의 사례에 유효한 것으로 입증되고 있다.

CGA-ESN 사례연구 (5)

CGA에서 보면, 협상의 목적은 ESN과의 관계를 끊느냐 유지하느냐를 결정하는 단순한 게 아니다. 관계의 유지냐 단절이냐는 입장중심주의에 해당하는 것이다. 중요한 동기로는 IT 업무 비용의 삭감, 품질 좋은 서비스의 조달, 효율적이고 신뢰받는 업자의 확보, 회사 내의 풍토 개선, AGA와의 합병 준비, 양호한 사회적 이미지의 유지, 지역 공무원과의 마찰 회피가 있다.

ESN에서 보면, 자사의 존속, 고용의 유지, 서비스 개선, 비용 삭감 그리고 지금까지의 노력을 CGA에게서 인정받아 시장에서의 존재감을 부각시켜 주는 게 주요 동기다. 게다가, 앞에서 논한 것처럼, 여기엔 복수의 플레이어들이 관련되어 있으며, 모두가 이런 상황에선 갖가지 동기에 자극받아 움직인다.

협상 가능한 해결안(SAT)

준비 단계에선 가능성 있는 해결안을 상정하는 것도 꼭 필요하다. 이 해결안은 아래 다섯 조건에 맞아야 이상적이다.

1. 해결안이란 협상에 상정돼 있는 과제를 구체적으로 해결해 주는 것이다.

2. 해결안은 밝혀진 동기를 충족시키는 걸 목표로 하며, 이상적으로는 자신의 주요 동기를 모두 충족시키고 가급적 상대의 동기도 많이 충족시키는 게 좋다.
3. 해결안은 협상장에서 상대와 논의될 수 있어야 한다.
4. 협상장 밖의 최선의 해결안보다 나은 것이어야 한다.
5. 협상안은 쌍방이 지지할 수 있는 협의안이어야 한다.

해결안은 논의 중에 제안해도 되지만, 상대에게 강요하지 않는 게 중요하다. 어디까지나 협상 대상의 안이어야 하지, 논의를 배제하는 입장에 기초해선 안 된다. 개별 동기가 명확해지면 이에 대응하는 복수의 해결안을 협상할 수 있다. 해결안은 다양한 정보원에서 찾아내기도 하며, 상대의 해결안과 합쳐지면 발전적 합의가 이루어진다. 자신이 제안한 협상안이 상대의 안과 상호관계를 갖는 게 이상적이다. 해결안이 겹치면 프로세스가 완료될 때엔 각각의 동기를 충족시키게 되고 협상장 밖의 대체안에 의존하지 않고 더 좋은 합의에 도달할 수 있다.

어떤 해결안은 협상장에서 쉽게 이루어져 준비 단계에서 크게 바뀌지 않는다. 본래, 쌍방이 수용할 만한 해결안은 쉽게 나타나는 것이 아니다. 그렇게만 된다면, 모든 마찰은 신속히 해결될 것이고, 모두가 만족할 합의에 도달하기 위해 지루하게 긴 회의를 할 필요가 없다. 유능한 협상자가 되려면 "창의성" 혹은 창조력을 지녀야 한다. 협상에 의한 합의는 충분한 시간을 들여야 배양되고 발휘되는 창의적 자질에 좌우되는 경우가 많다. 그러므로 협상 중에 좋은 협상안이 나올 수도 있지만, 준비 단계를 충분히 활용해 최대한의 협상 해결안을 고안하는 게 중요하다. 마음속의 동기 이외에, 다음의 물음도 생각해 볼 만하다.

- 자신이 제시할 수 있는 해결안은 무엇인가? 자신에게 가장 마음에 드는 안은 어느 것인가? 바람직하지는 않으나 합리적인 것은 어떤 것인가? 가장 싫지만 수용 가능한 것은?
- (자신이 생각할 때) 상대가 제안할지도 모르는 해결안은 무엇인가? 자신이 보기에 상대에게 가장 좋은 해결안은 무엇인가? 또 가장 싫어하는 것은, 단지 수용할 수밖에 없는 내용은 어떤 것인가?
- 자신의 해결안 중 중립적으로 볼 때 타당하다고 할 수 있는 것은 어느 것인가? 쌍방이 수용할 수 있는 것처럼 보이는 해결안은? 그 중에서 어느 것이 가장 마음에 드는가? 또 자신에게 불리하지 않고 상대에게 가장 좋게 보이는 것은 무엇인가?
- 최후의 수단으로서 제3자가 제시하는 건 어떤 해결안일까? 제3자의 관점에서 합리적 해결안이라고 생각하는 경우 기준은 무엇인가?
- 이들 여러 해결안을 A안(최초의 기준), B안 등으로 순서를 정할 필요가 있는가?

두 번째 물음에 대한 회답은 상대의 관점에서 상황을 바라보게 해준다. 세 번째 이후의 물음도, 자신의 동기를 실현한다는 목표를 의식하면서(주장), 상대의 입장에 서서(공감), 자신의 요구를 이룰 수 있게 하기 때문에 중요하다.[8] 이들 물음은 쌍방을 위한 합의 가능한 범위(ZOPA: zone of possible agreement)를 자신이 볼 수 있게 해준다. 상대의 동기를 고려하지 않고 자신에게 가장 유리한 해결안만 생각하는

---

8. Robert Mnookin, Scott Peppet and Andrew Tulumello, *Beyond Winning. Negotiating to Create Value in Deals and Disputes* (Cambridge: Harvard University Press, 2000).

세계관에 자신을 가두어 넣지 말아야 한다. 그렇게 하지 않으면, 심각한 암초에 부딪쳐 협상 결렬의 리스크를 야기해 자신의 이익도 위기에 직면하게 된다.

협상 가능한 해결안이 통합적일 때는 이익이 가장 많고 자신의 동기와 상대의 동기를 다 같이 충족시켜 준다. 통합적 해결안을 쌍방이 서로 수용 가능한 이유는 각자가 이익의 실현을 확인했기 때문이다. 이밖에, 분배형이라고 하는 해결안이 있는데, 양자의 이익이 아니고 한쪽의 이익만을 추구하는 방식이다. 수많은 해결에 통합적 측면(쌍방이 똑같은 양을 나누어 가진다)과 분배적 측면(일방이 상대보다 많이 가진다)의 양면이 있는 경향이 있어, 통합형과 분배형의 구분이 어려운 경우가 있다. 앞에서 언급한 합작기업에서 한 생산계획이 400억 원을 책정하고 있고 다른 계획이 200억 원인 경우, 분명히 전자가 후자보다 더 통합적 해결안이다. 하지만 어느 계획이든 생기는 이익은 분배돼야 하는데, 여기서 비율의 문제가 생긴다. 첫째 안이 75%:25% 배분(A사는 300억 원, B사는 100억 원)이고, 둘째 안이 50%:50%(쌍방에 각각 100억 원)라면, B사에겐 분배액 측면에서 같은 결과다.

자신의 동기에 대해 만족스러운 해결안이더라도 상대의 관점에서는 부족할지도 모른다. 그 반대의 경우도 있다. 상대를 곤란하게 하지 않고 쌍방의 선호가 다르면 이를 적절히 조화시켜 결합하고, 성과를 최적화하는 등의 단호한 방법을 취하는 것도 협상의 기술이다. 상대에게 더 좋은 안이 있고 그것이 자신에게 아무런 영향이 없으면(그 반대의 경우도), 더 많은 가치를 확보하기 때문에 쌍방에게 좋다. 따라서 자신에게 비용이 들지 않고 상대에게 큰 혜택이 되는 안은 상대에게 비용을 들게 하지 않고 자신에게 큰 혜택이 되는 안과 결합해야 한다. 아래 물음이 도움이 될 것이다.

- (자신의 관점에서) 자신에게 중요하지만 상대에게 중요하지 않은 것은 무엇인가?
- (철저하게 자신의 관점에서) 자신에게 중요하지 않고 상대에게 큰 의미가 있는 것은 무엇인가?
- 이런 우선 항목을 확인한 후에 자신이 생각할 수 있는 트레이드 오프는 무엇인가? 자신은 무관심하지만 상대에겐 큰 이익이 되는 양보는 무엇인가? 마찬가지로, 상대에겐 중요하지 않으나 자신에겐 큰 의미가 있는 양보 중 상대가 할 수 있는 양보는 어떤 것인가?

이들 결합과 트레이드오프를 통해 협상을 단순한 가치 분배로부터 가치 창출의 메커니즘으로 전환한다. 제4장에서 이 생각을 한층 더 전개한다. 협상 가능한 해결안을 모색하는 데 있어서 창의성을 장려하기 위해선 브레인스토밍이 유익할 것이며, 특히 그룹이 하는 준비에 참가할 때는 효과적이다.

효율적 브레인스토밍을 위한 7가지 제안

1. 그룹의 멤버 전원이 참가한다.
2. 토론은 자유롭게 하고, 바보스럽게 들리는 것을 포함해 모든 아이디어가 나오게 한다.
3. 해결안을 비판하거나 평가해서는 안 된다.
4. 아이디어는 일부 사람들에게서만이 아니고 그룹 전체에서 나와야 한다.
5. 제안을 하는 사람이 실행을 책임진다는 걸 의미하지 않는다.
6. 다양한 아이디어를 평가하고 그 중에서 선택하는 일은 브레인스토밍 후로 남겨 두어야 한다.
7. 진행 담당자를 선임해 앞의 6개 지침이 지켜지는지를 확인한다.

이 같은 브레인스토밍 방법은 협상 프로세스를 위한 시나리오 창출에도 유익하다. 하지만 특히 두 가지 조건을 충족해야 한다. 협상 가능한 해결안이 창의적일수록, 다음의 두 가지 검증을 통과해야 한다.

- 해결안은 현실적이어야 한다. 최대한 많은 해결안을 제시한 후에 실현성을 검토해야 한다. 이 안들은 합법한가? 기술적으로 구체화가 가능한가? 실행하기 위한 자원(재무적, 물질적, 인적)과 시간이 있는가?
- 해결안은 지령의 범위를 존중해야 한다. 대리인으로서 협상할 때, 받은 지령은 특정한 안을 명령하기도 하고 금지하기도 한다. 이 책임 범위는 꼭 명심해야 한다. 지령으로 생긴 당연한 제약 때문에 협상 활동의 여유가 충분하지 않으면, 협상을 중단하고 당사자를 만나 설명할 필요가 있다.

CGA-ESN 사례연구 (6)

CGA와 ESN은 양사 간의 관계를 기반으로 거래규모, 요금, "보호적" 관계의 연장기간 등 여러 종류의 결합에 대처할 것이다. 요금을 인하하고 시장가격에 맞추는 건 ESN의 판단이다. CGA는 자신의 네트워크를 통해 ESN에게 다른 고객을 소개할 수 있다. CGA는 종업원을 채용하려고 하고 있기 때문에, ESN의 사원 중에서 "옛 사원"에게 우선권을 줄 수도 있다. 이는 업무비 삭감에 기여할 뿐 아니라, 노동조합에게는 IT부문의 "옛 사원"과의 연대를 유지하려 한다는 증명이 된다.

일단 협상 가능한 해결안이 모두 제시되면, 구체적인 과제를 다루고 해결안의 타당성을 검토하기 위해 추가적으로 두 가지 점을 생각해 볼 것을 권한다. 첫째, 협상장 밖에서 생각할 수 있는 해결안 중에서 최선의 것을 협상 가능한 최적의 해결안으로 수용한다. 둘째, 상대의 관점에서 해결안을 수용할 것인지의 여부를 결정하는 기준, 즉 상대를 움직이는 데 쓰이는 근거나 원칙이다.

협상장 밖의 해결안(SAFT)

제1장에서 살펴본 직감적 함정 중에 협상마니아라는 게 있었는데, 이것은 협상만이 동기를 충족하는 유일한 길이라는 시각이다. 마찬가지로 협상자는 바로 이 협상안만이 유일하게 가능한 길이라고 믿을지도 모른다. 그러나 눈앞의 협상 이외에, 상대와 합의하지 않더라도 각 당사자가 일방적으로 실행할 수 있는 대안이 있다. 이것은 협상장 밖의 해결안(SAFT)이라고 부른다.

때로는 SAFT가 그다지 대단한 것이 못 돼, 협상 가능한 해결안이 매력적으로 보이기도 한다. SAFT를 현실성의 측도로서 중요하다고 인식하는 게 필요하다. SAFT의 질이 좋고 나쁘고를 잘 알고 있을수록, 협상에 의한 해결안에 비해서, SAFT의 실용성을 더 잘 판단할 수 있다.

SAFT는 협상의 전문적 배경이나 대상에 따라 달라지는데, 가장 흔한 것은 아래와 같다.

- 다른 상대와 다른 협상을 하기로 선택하고 협상을 마무리한다. 이를테면, X브랜드의 새 차를 구입하고 싶어 몇 군데 판매점을 방문한 후, 행정구역 경계 너머에 있는 판매점에선 같은 차를 이 지방의 판매점보다 5% 싸게 살 수 있는 걸 알았다.
- 힘의 의존: 이것도 상황에 따라 다르게 나타난다. 토요일 밤의 외

출에 대한 아버지와 아들 간의 의견 불일치를 예로 들어 보자. 아버지는 아들 방문을 열쇠로 잠그기로 결심한다. 그래서 아들은 일요일 아침까지 방에 있을 수밖에 없다(힘의 첫 번째 표시). 하지만 아들은 모두가 잠이 들었을 때 창문을 열고 나가 친구를 만난다(또 다른 힘의 표시).

- 봉쇄행위: 예컨대 스트라이크 권리를 행사한다.
- 외부의 권위자에게 의존: 권한으로 해결한다. 같은 대학의 두 교수가 공동으로 받은 연구비의 사용에 대해 의견이 갈리자, 학장에게 문제의 해결을 구한다.
- 소송: 법률의 판단에 맡긴다. 집 주인이 집세를 미루고 있는 임차인과의 분쟁을 해결하려고 노력한 끝에 간이재판소에 제소한다.
- 국제관계: 강도가 높아지는 순서로, 경제 제재, 금융자산 봉쇄, 그리고 마지막엔 전쟁이 SAFT이다.

일반적으로 협상자는 자신의 재량으로 할 수 있는 SAFT를 몇 가지 가지고 있다. 그 가운데서 가장 좋은 SAFT를 확인해 두는 것이 유익하다. 이는 앞으로 행하는 협상과 그 이전의 협상에 대한 기준점이 되기 때문이다.

- 해결 예비책이 된다. 백업 솔루션(backup solution)이라고 하는데, 무슨 이유이든 협상이 합의에 이르지 못하는 경우의 "대안"이다.
- 기준점인데, 이는 가능성 있는 합의를 평가하는 시금석이 된다. 자신의 제1의 SAFT는 물론이고 자신의 동기를 충족시키지 못하는 협상된 합의안은 수용할 이유가 없다. 반대로 협상된 합의안

이 확실히 크게 만족스럽지 않더라도, 자신의 동기를 충족해 주는 협상 합의안이라면 수용하는 게 자신의 이익으로 충분하다.

- 협상에 있어서 자신의 참된 능력을 보여 준다. 자신의 으뜸가는 SAFT가 자신의 동기를 유효하게 충족해 줄수록, 협상 시 자신의 높은 요구를 달성케 하는 자신의 능력이 향상되고, 바람직한 합의에 도달하는 가능성이 높아진다. 반대로 자신의 SAFT가 빈약하고 상대의 해결안이 좋으면, 자신은 취약한 입장에 서게 된다.

SAFT 중에서 으뜸가는 것은 일반적으로 BATNA(best alternative to a negotiated agreement)[9]라고 부른다. 어떤 합의라도 "협상되기" 때문에("협상된 합의"라고 부를 필요는 없지만), 이 대안이 누군가와의 다른 "합의"가 될 수 있다는 점은 유의할 일이다. 자주 사용되는 용어이지만 이 책에선 쓰지 않겠다.

으뜸가는 SAFT를 확인하기 위해 준비 과정에서 아래의 사항을 자문해 보자.

- 자신의 동기를 달성하기 위해 진행 중인 협상 이외에 자신은 또 무엇을 할 수 있는가? 자신의 소망과 행동에 좌우되는, 이른바 자기완결형의 해결이란 어떤 것일까?
- 자신이 확인한 협상장 밖의 해결안에 의존해야 한다면, 각 해결안은 어떤 결과를 가져올까?
- 확인하고 분석한 전체 선택지 중에서 으뜸가는 것, 즉 자신의 동기를 최고로 충족해 주는 것은 어느 것인가?

---

9. Roger Fisher and William Ury, *Getting to Yes: Negotiating Agreement Without Giving In*, ed. Bruce Patton (London: Penguin, 1981, 1991).

- 입수 가능한 정보에 입각해 볼 때, 자신을 상관하지 않고 상대는 무엇을 할 수 있는가? 상대에게만 의존하고 있는 해결안은 무엇인가?(특히 자신에게 영향을 주는 것으로) 상대의 SAFT의 귀결은 어떤 것일까? 자신의 정보에 입각해 볼 때, 상대의 으뜸가는 SAFT는 무엇인가?
- 어떻게 하면 자신의 으뜸가는 SAFT를 개선할 수 있을까? 반대로, 상대의 으뜸가는 SAFT의 적절성을 깎아내리고 구체성을 약화시키기 위해 자신이 할 수 있는 일은 무엇인가?

CGA-ESN 사례연구 (7)

ESN에는 협상장 밖의 해결안으로서, 다른 고객을 찾는 일, 고용 유지를 위해 정부 지원을 호소하는 일, 비용 삭감 계획을 실행하는 일(이것은 감원이 될 수 있다), 장기적으로 회사를 청산하는 일, CGA를 비판하는 미디어 캠페인과 스트라이크를 준비하는 일 등을 생각할 수 있다.

CGA에 있어서 협상장 밖의 가장 강력한 해결안은 타 경쟁사의 제의를 검토하고 새 서비스 공급업자와 함께 일을 하는 것이다. 하지만 이 해결 대안은 앞에서 언급한 몇 가지 동기에 대해 부정적인 결과를 가져온다.

두 회사 모두에게 협상장 밖의 으뜸가는 해결안이라고 하더라도 결국 수준 이하의 평범한 것으로 판명돼, 쌍방은 협상에 의한 합의로 결말을 내는 데 관심이 높다.

정당화 기준

정당화 기준이란 당사자 전원은 물론, 제3자도 인정할 수 있는 벤치마크다. 협상 이론에선 객관성, 합법성, 근거, 원칙, 표준 또는 논리 등이 이 기준으로서 논의된다. 그러나 기본 생각은 동일하다. 이러한 정당화 기준은 협상에 의한 해결안이나 협상장 밖의 해결안을 보다 객관적으로 생각하고, 당사자의 재량을 초월한 합법성을 활용하는 데 유용하다. 본래 기준은 전략에 이용되기도 하지만, 일반적으로 정당화 기준이란, 테이블을 가장 강하게 내리치는 쪽이 지배하는 단순한 파워 관계와 달리 쌍방을 동등한 위치에 서게 한다. 정당화 기준은 자신의 요구를 정당화하는 칼이 되기도 하고, 상대의 요구를 막아내는 방패도 된다.

CGA-ESN 사례연구 (8)

CGS와 ESN 간의 협상은 처음에 법적 환경에 의해 이루어졌다. 특히 노동법과 경쟁법에 관련된다. IT업무의 시장가격은 기준점이 된다. 최종적으로, 예컨대 업무의 가치에 대해 옳은 의견을 제공할 수 있는 외부 전문가를 임명하는 데 두 회사는 합의가 가능하다.

협상 해당분야의 전문적 배경과 협상의 대상에 따라 기준은 달라진다. 협상에 의한 해결안을 마련하는 데 사용하는 도구 몇 개를 열거해 본다.

- 전원 일치로 인정되는 원칙, 근거, 계산. 예컨대, 어떤 회사의 컨설턴트의 일당 비용이 300만원이고 프로젝트의 완료에 10일이 예상된다면, 3000만원 지급을 제시하게 될 것이다. 설득력을 높이려면 이론적 근거를 설명하지 않고 단순히 3000만원이라고 말하는 것보다, 계획된 프로젝트, 소요되는 일수 그리고 일당 비용을 숫자로 설명하는 것이 좋을 것이다.

- 벤치마크, 측도, 증거, 지수. 페르시아 카펫의 "평방미터당 단가"와 같은 숫자의 기준치를 알고 있으면, 거의 틀리지 않고 어떤 사이즈의 가격도 말할 수 있다.
- 경제지표, 시장 또는 소비자 가이드가 정하는 가격. 중고차의 판매 가격에 대한 협상에선 관련 가이드북이 제시하는 가격이 가격 결정의 기준이 된다.
- 법(법령, 지령, 규정, 판결)과 법률지식. 나중에 재판에서 재판관의 설명을 듣는 것보다 협상 전에 해당 법률을 조사해 두는 게 좋다.
- 전문영역의 표준. 이를테면, 변호사와 고객이 수임료에 대해 협상할 경우, 변호사가 비용을 청구하는 게 보통이다.
- 표준적 계약. 예로부터(프랑스에선) 집주인은 부동산소유자조합과 임대주보호협회가 승인하는 계약을 세입자에게 제시하게 돼 있다.
- 전례, 과거의 사례, 관습. 지난해 어떤 회사가 공급업체와 구매계약을 맺어 일정 수량을 특정 가격으로 납품하게 돼 있다고 하자. 생산성의 향상 가능성에 따른 감액이나 인플레이션에 의한 증액을 포함해 지난해의 가격이 이 구매계약을 갱신하는 연례 협상시의 준거점이 될 수 있다.
- 협상장 밖의 으뜸가는 해결안이 지닌 "재정적" 가치. 최초의 매입자가 당신이 소유하고 있는 집을 사려고 조건을 제시하면, 내용이 어떠하든 제시된 금액은 그 후의 다른 매입자와의 협상에 있어서 강력한 동력으로 작용하게 돼 있다. 그 제시액은 당신에겐 그 이하로 내려가지 않는 하한 가격이 되고, 다른 매입자에겐 그 이상을 제시해야 하는 "객관적" 준거점이 된다.

이 같은 일련의 기준은 협상에 의한 해결안의 수용을 용이하게 해주는 앵커링(제4장)과 연관돼 있으므로, 협상을 시작하기 전에 검토해 두어야 한다.

"프로세스"의 측면: 미팅을 움직이는 3요소

협상자들이 가장 빈번히 실패하는 원인은 자신들의 접근방식에는 건실하고 정당한 근거가 있다고 믿으면서 미팅의 진행방법에는 관심을 가지지 않기 때문이다. 따라서 필요한 수순, 필요한 커뮤니케이션, 로지스틱스 등을 고려하지 않고 있다. 관찰과 경험에 의하면 현장에 맞는 프로세스의 선택이 성공의 관건이다.

미팅의 조직

이 책이 강조하고 싶은 것은, 시간이 협상의 기본 변수라는 점이다. 미팅은 진행, 즉 전진하도록 짜여져야 한다. 도입 단계와 그 후의 단계를 구분할 필요가 있다. 그러나 여기서 협상의 어젠다를 확정하는 것이 유익하다는 점을 유의할 필요가 있다.

어젠다는 우연에 맡기는 식으로 가볍게 여겨선 안 된다. 어젠다는 일회의 철저한 "예비협상"보다 많은 준비를 요한다. 여기에는 두 가지 접근방법이 있다.

- 크레센도(점강) 접근은 과제의 난이도가 낮은 것으로부터 높은 것의 순서로 세운다. 가장 민감도가 낮은, 가장 합의하기 쉬운 과

제로부터 시작함으로써 협상자는 기회를 넓힐 수 있다. 또 상대와 (부분적으로라도) 합의가 가능한 걸 알게 되고, 상호관계도 좋아져 신뢰를 구축하게 되어, 나중에 등장할 더 어려운 과제에 대응할 수 있다.

- 디크레센도(점약) 접근은 크레센도형의 불리한 점을 보완한다. 한쪽 협상자가 가장 민감한 항목이 리스트에서 "뒤로 밀리는" 걸 원하지 않을 수도 있다. 그는 상대가 시간을 벌거나 "요점을 피해 논의를 우회"하기 위한 책략이 아닌지 의심한다. 그래서 그 반대 방식으로 가장 민감한 항목을 먼저 다룬다. 이 방식은 최난제가 일단 해결되면 남은 항목은 훨씬 용이하게 해결된다는 생각을 근간으로 한다. 이 방식은 리스크가 있으나, 선택의 여지가 없는 경우 활용한다.

프로세스와 시간 관리에 관한 측면도 상황에 따라 예측되어야 한다. 마감이나 기한은 체결의 목표로서 사전에 설정되거나 협의될 수 있다. 그래서 단체 협상이나 대규모 다자간 협상에서 "끝까지" 계속하기 위해 운명을 결정하는 시간 몇 분 전에 "시계를 멈추게 하는" 관행이 생겼다.

CGA-ESN 사례연구 (9)

ESN과 CGA는 모두 이 분쟁을 조속히 해결해야 서로에게 이익이다. 각각이 사용할 수 있는 시간을 확인한 후, 쌍방은 끄집어 내고 싶은 항목을 열거하는 일로 시작해, 일련의 질문(예컨대, ESN의 영업비용에 대한 투자효과)이나 난이도의 수준에 의하는, 논리적 순서로 항목을 정리한다. 이런 안건은 처음에 실상을 제시하고, 뒤이어 상호 간에 어떠한 오해도 없도록 명백히 하기 위한 질의 응답시간을 배정한다.

예정된 미팅 중의 휴식시간에는 추가 정보를 얻기 위해 협상자가 대리인일 경우 협상자가 본인(principal)을 만날 수 있게 해준다.

커뮤니케이션

커뮤니케이션은 협상 전체의 근본이다. 정보교환, 즉 커뮤니케이션 없이는 협상이 불가능하다. 제5장 전부가 이 과제에 관한 것이다. 공감과 주장의 커뮤니케이션은 듣기와 말하기를 결합한다. 협상을 계획할 땐 커뮤니케이션을 신중히 검토해야 한다.

정보를 얻기 위해 귀를 기울인다

자신은 어떤 정보를 필요로 하는가? 협상 전에 입수할 정보를 조사할 필요가 있다. 상대에게서만 입수 가능한 정보도 있다. 상대에게서 입수하는 어떤 정보는 상대의 동기나 협상장 밖의 해결안에 대해 자신이 가진 가설을 확인해 주거나 파기하도록 한다.

상대에게서 정보를 입수하기 위해서, 자신은 어떤 질문을 해야 하는가, 어떤 순서로 진행해야 하는가 등 실제로 질문 리스트를 준비하는 협상자도 있는데, 여기엔 세 가지 이점이 있다. 잊어버리지 않는 것(중요하면), 질문의 순서를 가급적 조정하는 것(내용, 배경, 상대의 민감성 등을 의식하면서), 그리고 질문을 작성하는 것이다.

정보를 제공하기 위해 말한다

준비 단계에선 정보를 전달하는 프로세스를 정해야 한다. 프로세스는 누구에게, 무엇을, 언제 등의 세 가지로 요약된다. 자신이 누구에게 말할 것인가(개인적 관계와 자신의 조직에 대한 상대의 관계에서 본 상대에 대한 신뢰도), 자신이 말할 수 있는 건 무엇인가(공개된 정보, 개인적 정보, 전략적 정보, 비밀정보), 그리고 언제 말해야 하는가(즉시, 나중에, 하지 않음) 등이다. 더 상세하게 고찰하기 위해선 다음의 측면을 고려해야 한다.

- 자신이 가진 어떤 정보가 상대의 관심을 끌 수 있는가?
- 전해들은 정보를 다루는 상대의 대처 능력에 대해, 자신은 무엇을 알고 있는가? 상대와 상대의 재량에 대한 자신의 신뢰도는 어느 정도인가?
- 상대가 관심을 가진 정보 중에서 가급적 빨리 알려 주면 효과적인 게 무엇인가? 그것은 자신의 접근 방식과 동기를 이해시키고 과거의 행동을 정당화하는 데 도움이 될 수도 있다. 정보를 초기에 공개하는 건 펌프의 역할을 하고, 관계 확립을 촉진해, 상대로부터도 정보를 신속하게 전달시키는 호혜성을 발휘시킨다.
- 어떤 전략적인 정보를 제공해야 하고 어떤 조건으로 제공해야 하는가? 협상 중 어떤 단계에서는 상대와 정보를 맞교환하는 것도 유효할 수 있다.
- 어떤 비밀정보가 전달돼서는 안 되는가? 그 이유는 무엇인가? 그런 질문을 받으면, 자신은 무엇이라고 답할 수 있는가?

협상자는 전달할 정보를 조절하는 가운데 가장 민감한 한계점까지 응답을 끌어올리는 것도 필요하다. 커뮤니케이션에선 협상자 간의 관계뿐만 아니라 본인과의 관계, 당연히 미디어와의 관계에 있어서도 정보의 정확성이 대단히 중요하다. 한 조각의 정보라도 잘못된 상대에게 잘못된 시기에 부적절하게 노출되면, 협상이 파멸적 결과를 초래하기도 한다.

CGA-ESN의 사례연구 (10)

ESN은 적절한 서비스를 제공하기 위해 CGA에서의 작업량을 잘 이해할 필요가 있다. CGA는 높은 가격의 배후에 있는 이유를 잘 이해하기 위해 ESN의 비용 구조를 알고 싶어 한다. 예컨대, 신제품(네트워크 구축)에 대한 CGA 측의 요청에 대응하기 위해 ESN은 설비와 사내교육에 투자할 필요가 있었다. 계약 시의 예상을 넘은 요구가 비용 초과를 발생해 가격을 높이고 있으므로, ESN은 CGA가 이 책임을 부담해야 한다고 생각하고 있다.

로지스틱스

로지스틱스에 관련한 과제가 협상 실패의 결정적 요인이 될 수 있다. 이것은 수준이 아주 높은 협상에서도 있는 일이다. 앞에서 논한 9개 요소를 처리하고 난 후에 미팅의 물적 조건 하나가 빠져 실패의 리스크에 처하게 될 경우, 이는 안타까운 일이다.

오슬로 프로세스에 있어서의 로지스틱스의 중요성

1993년 1월, 이스라엘과 팔레스타인의 관계는 매우 나빠, 협상 재개는 생각할 수 없었다. 쌍방의 여론조사에 따르면 협상은 배신행위와 동일시됐다. 그러나 각각의 나라에서, 이츠하크 라빈과 야세르 아라파트는 그런 결렬상태는 지속할 수 없는 것이라고 인식하고 있었다. 노르무서이의 외무장관이 쌍방의 대표자를 오슬로에 초청할 것을 제안, 협상을 극비로 하는 조건으로 쌍방이 동의했다. 이스라엘 측에서 이 협상을 아는 사람은 3명의 각료뿐이었다. 비밀을 지키기 위해, 로지스틱스 측면에서 철저한 경계를 취했다. 노르웨이 정부는 언론의 눈을 피하기 위해 협상 장소를 자주 이동했다. 노르웨이의 비밀경찰에 의해 오슬로 주변의 외딴 저택이 몇 번이나 선정되었는데, 저택 소유주들은 상거래로 온 중동의 기업인을 스키여행에 초대하고 있다고 생각했다. 이스라엘의 협상 책임자 유리 시비르는 오슬로에 오기 위해 매우 독창적 수법을 생각해 냈다. 먼저 파리에 갔는데, 명목상으로는 미래의 투자가와 회동하기 위해서 갔다. 그러면서 그 여행 첫 날은 "사적 용무"를 위해 잡아 두었다. 공항에 도착하자, 대사관 차가 그를 호텔로 인도했다. 방에 들어가자마자 침대를 사용한 것처럼 보이게 해 놓고, 로비로 내려가 택시를 타고 공항으로 향했다. 그리고 익명으로 오슬로행 비행기를 탔다. 오슬로에서 파리의 호텔 방에 돌아갈 때까지 16시간을 쉬지 않고 협상에 참여했다.

비즈니스에선 재량에 남다른 주의를 기울여야 하는 협상이 더러 있다. 대기업의 M&A와 관련한 앞선 토의에서도 마찬가지다. 이를테면, 개인 항공기는 대기업에게 일반 항공사보다 더 많은 재량으로 운항하도록 허용해 주고 있다.

대부분의 협상은 그런 정도의 극비성을 요구하지는 않지만, 로지스틱스의 과제는 역시 깊은 관심을 가질 만하다. 고려해야 할 물음 몇 개를 제시한다.

- 협상은 어디서 해야 하는가? 가장 알맞은 곳은 어디인가? 협상자의 장소 또는 제3자의 장소로 하는가, 이 문제가 "예비협상"의 일부가 되기도 한다. 장소의 선정은 편리성뿐 아니라 원하는 재량의 정도에 좌우된다.
- 필요로 하는 방의 형태는 어떤 것인가? 참석하는 협상자의 수에 따라 방을 선정해야 한다. 너무 커도 안 되고, 너무 작아도 안 된다. 복수의 방이 필요할 때도 있다. 복수의 방이 준비돼 있으면 협상 대표단은 각각의 전략 세션을 준비하거나, 다른 문제를 병행해서 처리하기 위해 대표단을 나눌 수 있다.

- 어떤 로지스틱스 자원을 생각해야 하는가? 여기엔 현지의 기술적인 서비스(인터넷 연결 등)에서 식사까지 포함된다. 1988년 뉴칼레도니아에 관한 협정 협상 때, 당시 프랑스 수상 미셸로까르는 자신의 공관에서 아래의 메시지로 협상 대표단을 맞이했다. "이 마띠농 호텔에는 수일 분의 식사와 매트리스를 깔 수 있는 공간이 마련돼 있습니다. 그러므로 누구도 협정이 체결될 때까지 떠나지 마시고....."[10]
- 테이블의 형태. 테이블의 형태와 테이블의 유무는 협상의 진행에 예상치 못한 영향을 준다. 두 협상 대표단이 루마니아 수도 부카레스트 중심에 있는 관저에서 영접을 받은 적이 있다. 방에 있는 테이블은 폭이 3미터, 길이가 30미터였다. 한쪽 끝에 앉은 사람에게는 반대쪽 끝에 앉은 사람의 얼굴이 잘 보이지 않았다. 이런 환경에선, 한쪽 대표단 내부에서조차 효율적 커뮤니케이션과 정보 교환을 기대하기 어렵다.
- 좌석 배치. 의전상의 문제도 영향이 크지만, 다른 요인도 있다. 전문가들의 미팅에서 처음에는 알파벳순이 채택됐다. 가장 간단하고 논쟁의 여지가 없는 것같이 보였다. 그 후 한 대표자가 부적절한 발언을 하는 경향이 있다는 것을 알고서, 진행위원이 그를 자신의 곁으로 이동시켜 지켜보면서 필요하면 그를 진정시키기 위해 팔꿈치로 살짝 찌르기도 했다.
- 필요한 설비. 각 협상자는 협상 진행에 필요한 모든 물건을 준비해야 하는데, 서류(배부할 충분한 매수), 견본, 도면, 컴퓨터, 플러그 등이 포함된다. 칠판, OHP나 프로젝터 등 "공용" 장비도

---

10. Charles Belmont, Les Médiateurs du Pacifique, *in Modèles de médiateurs et médiateur-modèle*, ed. Alain Pekar Lempereur (Paris-Cergy: ESSEC IRENE, 1999), p. 8–13.

준비하는 게 중요하다. 회의에 방해될지 모르는 기술적인 문제를 피하기 위해서라도, 프레젠테이션은 가능한 한 체계적으로 준비해 두는 게 좋다.

CGA-ESN의 사례연구 (11)

ESN과 CGA의 협상에서 로지스틱스는 크게 중요하지 않다. 두 협상자는 최선의 커뮤니케이션을 위해 필요한 모든 자료, 특히 ESN의 비용 구조를 명시하는 회계 기록을 갖추고 있다. 장소를 선정할 땐 가장 가까운 상공회의소의 회의실 같은 중립적 장소가 협상에 가장 적합할 것이다.

※※※

준비는 중기적으로는 높은 수익을 가져다주는 투자이며, 단기적으로는 비용이다. 조직적인 준비에 익숙할수록, 방법과 10개 요소에 정통해져 준비가 더 빨라지고 더 많은 시간을 벌 수 있다. 다음에 제시한 준비차트를 참고하면 도움이 될 것이다.

"어떻게 하면 협상력을 강화할 수 있는가?"라는 질문을 자주 받는다. "협상력의 태반은 준비에서 나온다"라는 말은 간과하기 쉬운 진실이다. 협상에 있어서 당면하는 서로 다른 측면을 이해하고자 협상장 내외에서 노력하는 사람, 그가 협상하는 내용, 즉 협상의 문제, 그리고 어떻게 협상하느냐 하는 프로세스, 이 셋을 이해하고 있는 협상자는 이미 상당한 협상력을 갖춘 것이다. 그런 협상자는 수많은 질문을 예상하고 자문하고 또 회답을 상정하며, 딱딱하게 고착되지 않고 유연하게 방향을 잡아 주는 어젠다를 작성하는 단계에 와 있다. 그런 협상자는 초보 단계를 넘어 프로다운 자질을 갖추었다고 볼 수 있다.

<table>
<tr><th colspan="7">준비를 위한 10요소</th></tr>
<tr><td rowspan="2">사람</td><td colspan="2">1. 협상자 간의 관계</td><td colspan="2">2. 지령</td><td colspan="2">3. 이해관계자 맵</td></tr>
<tr><td colspan="2">• 관계의 진단
• 관계 향상을 위한 대처</td><td colspan="2">달성해야 하는 목표는?
1.
2.
3.
제약과 기밀정보</td><td colspan="2"></td></tr>
<tr><td rowspan="8">문제</td><td colspan="6">4. 동기</td></tr>
<tr><td colspan="3">자신
•
•
•
•</td><td colspan="3">상대
•
•
•
•</td></tr>
<tr><td colspan="3">5. 협상에 의한 해결안</td><td colspan="3">6. 정당화 기준</td></tr>
<tr><td colspan="3">1.
2.
3.
4.</td><td colspan="3">1.
2.
3.
4.</td></tr>
<tr><td colspan="6">7. 협상장 밖에서의 해결안(SAFT)</td></tr>
<tr><td colspan="3">자신의 SAFT로서 최상인 것
•
•
•
•</td><td colspan="3">상대의 SAFT로서 최상인 것
•
•
•
•</td></tr>
<tr><td colspan="6"></td></tr>
<tr><td colspan="6"></td></tr>
<tr><td rowspan="3">프로세스</td><td colspan="2">8. 조직</td><td colspan="2">9. 커뮤니케이션</td><td colspan="2">10. 로지스틱스</td></tr>
<tr><td>어젠다</td><td>방법</td><td>질문</td><td>정보</td><td colspan="2" rowspan="2"></td></tr>
<tr><td>1.
2.
3.
4.</td><td>1.
2.
3.
4.</td><td>1.
2.
3.
4.</td><td>1.
2.
3.
4.</td></tr>
</table>

THE FIRST MOVE

3

명백한 일에 "앞서서" 중요한 일을 한다

프로세스를 어떻게 처리하는가

인간이 수태 후 태어나 성장하며, 많은 경험을 하고 마지막엔 세상을 떠나 추억으로만 남게 되는 것처럼, 모든 협상에는 사이클이 있다. 협상의 필요성이 느껴진 순간부터 종료하는 순간까지 넓은 의미에서의 프로세스를 거친다. 프로세스는 협상 전략을 구체화해 가면서 전진하는데, 제2장에서 말한 대로 계획하고 준비하는 게 좋다. 전략은 협상장에서 이루어지는 전술행동에서 실행된다. 엄격한 의미에서 협상시의 전술도 행동의 연속이다. 이를 협상의 연속이라 부른다. 체스를 예로 들면, 체스를 두는 사람이 서로의 대전에 대해 두는 한수 한수의 말의 움직임과 같다고 볼 수 있다.

이 프로세스는 어떻게 관리하는 것이 좋을까? 연속되는 협상을 어떻게 하면 최적으로 구성할 수 있을까? 어떤 수순을 밟아야 하는가? 결렬은 어떻게 회피하는가? 결렬 상황이 됐을 때 어떻게 극복하는가? 시간을 절약하기 위해, 또는 시간의 낭비를 피하기 위해 어떻게 하는가? 이 장에서는 이것들에 대한 회답이 다루어진다.

대다수의 상황에 적용할 수 있는 협상의 기본적 흐름을 제안하고자 한다. 다음 절에서는 제2장에서 분석한 준비의 10요소를 도구로 활용한다. 그러나 이것들은 도움이 되기는 하지만, 기본적 흐름에는 불충분하다. 현실적으로 협상은 다양하고 예견할 수 없는 특성이 있다. 한 장소에서 다른 장소로 계획적으로 이동하는 데도 여러 갈래의 길이 있다. 또한 협상의 흐름을 쌍방 협상자가 대등하게 지배하는 일은 드물다. 그것 자체도 협상의 대상이고 단일 지침을 따르기를 바라는 것도 비현실적이다. 협상에는 뜻밖의 일과 새로운 진전도 발생한다. 선택해야 할 방향성을 모르면, 당황하고 실수를 한다. 요컨대, 나타나는 모든 가능성에 대응하기 위해서는 단 하나의 흐름만을 생각하는 것으로는 충분하지 않다.

다른 한편, 프로세스를 거쳐 가는 가운데 부딪치는 장애물에 관계없이, 경험과 관찰을 통해 협상자가 리스크를 최소화해 전진할 수 있는 10원칙이 있다. 협상이 어느 단계에 와 있든 간에, 이 10원칙은 진로를 이탈하지 않도록 도와주는 지도이고 컴퍼스이다. 그리고 상대와의 거래라든가 돌발적인 사태에 대해 준비를 조절하도록 도와준다. 제1절이 이와 관련된 것이다.

전형적 협상의 흐름과 10원칙 이외에, 협상자 자신의 능력, 행동방침, 직감, 성격, 다양한 상황으로 인해 발생하는 기회 포착능력 등 적응력이 중요하다. 이와 같은 능력이 적절한 해결책을 낳는다. 협상자의 자질과 재능은 무엇을, 누구와, 어떻게, 언제 해야 하느냐에 대한 판단과 직결된다.

전진하기 위한 10원칙

지금부터 말하는 10원칙에는 협상자가 명백한 일을 생각하기 전에 중요한 일을 처리하라고 하는 기본 구상이 전제되어 있다. 긴요한 것을 잊어버린 채 명백한 것부터 다루는 경우가 많기 때문이다. 명백(obvious)의 어원은 "먼 곳에서도 보이는 것"이라는 뜻이다. 명백한 것은 먼 곳에서도 보이지만 마침내 시야에서 사라지는 것이 패러독스다. 명백한 일은 너무나 흔하고, 그 영향 탓으로 무너지고 결렬된 협상은 수없이 많다. 명백한 행동의 문제점은 그 자체가 의문시되지 않는 점에 있다. 그것은 자신에게도 상대에게도 발생하는데, "욕구의 충돌"을 유발한다. 태양이 지구 주위를 돌고 있다는 사실이 "명백하다"고 오랫동안 생각해 온 것처럼, 이유 없이 직감으로 그렇게 생각한다. 역사, 특히 과학사에는 논쟁의 진실 혹은 적어도 "명백한 견해"와 대립하거나 그것을 수정한 미묘한 진실이 여기저기 산재해 있다.

협상자는 명백한 것부터 다루지 말고, 본질적인 것부터 다루어야 한다. 협상의 심장부에 있고 협상의 진행과 성공에 불가결한 부분부터 처리해야 한다. 즉 전진하기 위해선 취해야 할 행동에 우선순위가 있다. 따라서 이 책은 중요한 것부터 시작하는 것을 공식으로 삼는다. 협상의 흐름을 효과적으로 구축하기 위해 협상의 기본이 되는 10 원칙을 하나하나 고찰하고자 한다.

1. 행동하기 전에 준비한다

제1원칙은 제2장의 주제인 "준비의 중요성"인데, 여기에 두 요소를 추가한다.

첫째, 협상의 흐름에는 준비를 재고할 시간이 포함되어야 한다. 하지만 최초의 준비가 무용지물이 되기도 하는데, 협상 상황이 새로운 정보, 협상자의 참여와 이탈, 시장과 법적 환경의 변화 등 예기치 않은 변동의 영향을 받기 때문이다. 이런 경우엔 즉시 행동하는 것보다 준비를 다시 하는 게 낫다. 때로는 상황을 재검토하고 중요한 의미를 명확히 하기 위해 휴식시간을 갖는 것도 좋을 것이다. 때로는 연기하는 것도 필요하다.

상황 변화에 의한 급격한 수정

1996년 말, 이 책의 저자 한 사람이 프랑스의 유럽담당 장관 미셸 바니에르가 조직한 협의회 〈유럽을 위한 국민대화〉[1]에 관여하고 있었다. 마스트리히트 조약 비준으로 인해 갖가지 영향을 받는 와중에 유럽의 미래에 대한 시민집회가 각지에서 몇 달 동안 여러 번 계속됐다. 국가주의자 대표들의 주장이 치열한 논쟁을 불러일으키고 있었으므로, 지역의 토론회마다 철저한 준비가 필요했다.

이 시기의 프랑스 의회의 해산은 전혀 예상하지 못했고, 더욱이 협의회의 보고서 작성이 한창 진행되고 있을 때 발표됐다. 이 보고서는 유럽 문제에 대한 프랑스인의 여론을 표명하기 위한 것이었고 초당파적인 것으로 생각되고 있었는데, 돌연 선거기간 중 후보자의 입지를 뒤흔드는 리스크를 가져왔다. 기다리는 것이 필요하다고 판단돼, "일시중단"이 선언됐지만, 그만큼 변화도 격심했다. 더 이상 이 "대화"에 관한 이야기는 들리지 않았고, 선거가 진행됐다.

예상하지 못했거나 새로운 진전에 대응할 때 현명한 협상자는 반성의 시간이 되기도 하는 새로운 준비를 위한 시간을 조정할 줄 안다. 넓은 의미에서 협상 프로세스는 현장 협상의 연속이자 준비 단계의 연속이다. 프랑스 국왕 루이 13세 시대의 재상 리셸리어가 말한 "영구적 협상"에서는 특히 준비와 협상이 겹치고 엉킨다. 유럽을 무대로 오랫동안 지연되고 있는 농업 마라톤 협상과 유럽 각국의 이해관계가 그 좋

---

1. Alain Lempereur, Bilan du Dialogue National pour l'Europe. Essai sur l'identité européenne des Français, *L'Année européenne*, 1998, p. 254–260.

은 예이고, 명령과 규제의 준비를 위한 모든 영역의 전문가와 무수히 많은 회의는 말할 것도 없다. 영역의 범위(외무, 내무, 법무, 재무, 농업 등)와 수준(국가원수, 장관, 상임대표, 유럽위원회 이사, 전문가 등)에 있어서, 유럽의 협상은 반드시 준비와 협상 간을 왕래한다.

둘째, 특정한 협상이 예정돼 있지 않을 때도, 준비는 해야 한다. 그러므로 "협상 전반"에 대비하는 게 중요하다. 잠재적 위기에 대한 준비가 바로 이에 해당한다. 사회적 대립의 해결을 위한 가장 좋은 준비 타이밍은 대립이 폭발할 때가 아니고, 훨씬 그 이전의 시기다. 미리 모든 형태의 예측을 해두는 것이 유익하다.

준비의 툴을 습득하는 데는 지속적인 학습이 효과적이다. 대기업 사원을 위한 연수 세미나에는 협상 모듈이 포함되어 있다. 이것은 다음 날부터 동료와 함께 시작하는 협상뿐만 아니라 고객이나 납품업자와 함께하는 협상 준비를 위한 것이기도 하다. 협상 모듈은 수강자가 모의연습을 통해서 협상을 체험하게 돼 있으며, 오류를 검토하고 학습하는 기회를 제공하고, 자신의 강점을 알게 해주고, 새 기술을 숙지하여 직업 생활에서 직면하게 되는 협상에 대비할 수 있게 구성돼 있다. 내일의 현실을 오늘 시뮬레이션함으로써 협상의 중요한 부분을 명확하게 예측할 수 있다.

2. 참가하기 전에 연합을 형성한다

이 원칙은 다수의 당사자가 관여하는 협상에 참가할 때 언제나 적용된다. 대표단이 수십 개라든가, UN처럼 가맹국이 200국 가까이 되는 다국적 조직들이 전형적인 경우이다. 그렇게 많은 대표자를 동시에 다룰 수 있는 협상자는 없다. 더욱이 논의해야 할 안건이 여러 개일 때, 변수가 많이 들어 있는 조합과 관련한 수학문제는 아무리 우수한 수학자라도 계산을 회피할 것이고, 혼란에 빠지고 만다. 사전에 연합을 형성해야 하는 이유가 바로 여기에 있다. 이 원칙 역시 행동하기 전에 준비해야 하는 필요성에 준하는 원칙이다.

사전에 지지를 형성해야 하는 이 원칙은, 협상자가 다른 주요 단체의 대표자와 얼굴을 맞대고 회담할 때, 특히 의사결정 프로세스에서 과반수를 차지하고 있지 않을 때는 불가결하다. 28개 가맹국의 유럽연합이 어떤 결정을 채택하는 경우를 예로 생각해 보자. 그 결정사항이 어떤 나라의 이익을 크게 절감시키는 경우, 이 나라의 대표자는 단호히 반대할 것이다. 이때 과반수를 확보하기 위해서는 총회 중에 다른 27개국과 협상하는 것보다 몇몇 주요 국가를 설득하는 일을 시작하는 것이 꼭 필요하다. 총회에 참석하기 전에 연합을 형성하는 게 필수적이다. 이렇게 준비된 다자간 협상은 정식으로 시작하기 전에 절반은 성공한 것이라고 할 수 있다.

조기의 연합 형성에는 또 하나의 큰 이점이 있다. 회기 중에 지켜야 할 룰이 정해진다는 점이다. 이것은 사전 승인을 얻는 좋은 방법인데, 일찍부터 연합하고 있으면 최종 결정의 형성과 동시에 해결안의 책정에 관여하게 된다. 연합의 형성에 있어 업스트림(up stream)의 참여는 본 회의에서 직접 발언을 하는 다운스트림(down stream)의 참여와 병행되어야 한다. 최종 결정에 기여한 사람이 그 결정의 실행이나 결과를 예측하는 것은 어렵지 않을 것이다.

조기 연합의 원칙은 협의라는 메커니즘을 거칠 때도 암묵적으로 이용된다. 광역 커뮤니티의 재개발 프로젝트 같은 사례에서는 가급적 "업스트림"에서 제휴를 하는 게 성공의 관건이 된다. "계획안을 통과시키기 위해 협의하는 것이 아니고, 협의하지 않으면 계획이 통과되지 않는다." 이 말은 프랑스 전 수상 미셸로까르가 파리 근교의 세르지 지역의 대형 사회기반 개발 계획과 관련한 인터뷰에서 한 대답이다.[2] 제약회사들은 제품이 시장에 나와 거부당하지 않도록 사전에 과학담당 부처 및 행정 당국과 협의를 한다. 같은 방식으로, 유럽에서 기업 매수를 계획하고 있는 기업들은 그것이 경쟁에 타격을 주고 독점적 위치를 형성할 것 같으면, 공정거래 당국, 특히 유럽위원회의 경쟁관리국과 매수의 합법성에 대해 미리 협의할 것이다.

연합의 원칙은 사내의 경영 개혁에도 적용된다. 회사의 이해관계자와 조기에 제휴하는 게 필요하다고 생각하지 않고, 사원 측과의 협상 때 고립된 경영간부를 생각해 보자. 이 간부는 경영위원회 회원에게 개혁안의 목적을 사원에게 설명하도록 요청한 적도 없고, 사원 대표와 만나지도 않았다. 협상은 인사부장에게 맡기지 않고, 자신이 독점 처리했다. 혼자서만 준비하고, 협조의 필요성을 고려하지 않는 리더십 방식은 노동조합의 비난을 받았다. 자신의 지위가 높다는 확신에만 빠져 있던 이 간부의 바로 눈앞에서 파업 사태가 벌어졌고 매스컴도 몰려 왔다. 그는 자기 혼자만의 방식에 대해 누구에게서도 동의를 얻지 못했기 때문에 이사회에서도 자기변호가 어려웠다.

연합 형성의 프로세스에서는 비공식 채널이 사용되는 경우가 적지 않다. 일반적으로 무대 뒤에서나 협상장 밖의 복도 등에서의 비공식 접촉을 통해서 이루어진다. 다수의 협상자가 관여하는 협상에서는 협상 테이블에 앉기 전에 구체적인 성과가 많을수록 좋다. 제7장에서 연합에 관련한 문제를 다룬다.

---

2. Laurence de Carlo and Alain P. Lempereur, CD-Rom, La Francilienne, Multi-media Case Study, ESSEC, 1999.

3. 일을 진행하기 전에 관계를 정립한다

어느 협상에 있어서나, 테이블에 앉아 있는 협상자 간의 관계를 무엇보다 우선시해야 한다. 다른 모든 일에 앞서 관계가 절대적 관심사라야 한다. 그것은 관계가 존재하지 않으면 좋은 협상이 이루어질 가능성이 없다는 단순한 이유 때문이다.

관계를 구축한다

관계를 언급할 때는 적어도 정보를 주고 받기 위한 접점을 상정한다. "접점을 확립한다는 것"은 경찰의 위기 협상 사례(은행을 습격한 범인이나 교도소 내에서 폭동을 일으킨 재소자 등과의 협상)에서도 잘 알려져 있는 것처럼 우선 항목에 해당한다. 이런 상황에서도 협상자는 인질을 잡고 있는 범인과의 접점을 형성하여 범인을 보다 이성적인 심리상태로 이끌기 위한 신뢰관계를 만들려고 한다.

이 같은 극단적 사례를 제외하면, 접점은 이미 형성되어 있는 경우가 많다. 하지만 관계는 만들어져 있는가? 흔한 실수는 자기 앞에 있는 사람을 비즈니스의 단순한 부품이라고 간주하는 태도이다. "비즈니스상의 관계"라는 말에 담긴 위험은 "관계"가 우선시되어야 함에도 불구하고 맨 처음에 나오는 비즈니스란 단어와 그 속의 모든 계산이 그 뒤의 "관계"라는 단어의 의미를 가린다는 점이다. 상대와 대립하는 자세가 아니라 함께 살아간다는 마음으로 잠시나마 비즈니스를 잊는 게 좋다.

협상에서는 이유를 따지기 전에 인간적으로 대해야 한다. "비즈니스는 비즈니스다"라고 해서 상대방을 무시하거나 심지어 이용하는 식의 비인간적 접근을 하지 않도록 주의해야 한다. 협상 상대는 잘 교체되지 않으므로 상대를 알아가는 데 소요되는 시간을 아끼지 않는 게 중요하다. 상대의 중요성도 인정해야 한다.

협상자는 인간이며, 정서와 감정을 지닌 존재이다. 인간은 자신의 인생에 있어서 희망, 불안, 야심, 문화 등에 대해 독자적 견해를 가지고 있다. 이 때문에 관계가 대단히 중요하다. 좋은 관계는 상대의 동기를 이해하는 데 도움이 되는데, 협상 이면에 있는 추진력이 그 동기에서 비롯되기 때문이다. 관계가 좋으면 자신의 동기를 상대에게 전하기 쉬워진다. 제약회사의 영업담당자로부터 자주 면담 요청을 받는 의사를 예로 들어 보자. 보통, 이 의사는 판매를 위한 홍보 면담에 싫증을 느껴 이들을 만나 주지 않았지만 유독 한 사람에게는 개인적 관심을 갖게 되었다. 그가 장애가 있는 아이를 두었고, 장애 치료약의 연구를 촉진하는 제약회사의 역할을 신뢰하고 이 직업을 택했다는 사실을 알았기 때문이다. 이 몇 마디 말로써 의사는 상대의 개인적 가치관을 알았을 것이다. 단순히 짧은 대화로 싹트게 된 신뢰관계는 그 후 영업상의 설명의 타당성을 납득시키는 데 도움이 됐다. 의사는 이 사람의 윤리적 가치관에 공감하고 그를 신뢰할 수 있었다.

때로는 "어렵다"는 사람과도 관계를 만들어야 한다.[3] 이런 사람은 말을 걸기 싫거나 가까워지기 어려운 사람이다. 그러나 굳게 입을 닫고 있는 조개에도 진주가 들어 있을지 모른다. 우수한 협상자는 능숙하게 조개를 여는 기술을 가지고 있다. 남들이 영원히 "닫혀 있다"고 생각하는 것을 연다. 그래도 열 때는 바른 각도를 발견해야 한다. 깔리에르는 이렇게 말했다.[4] 그리스 스토아학파의 철학자 에피크테투

---

3. William Ury, *Getting Past No* (London: Random House, 1991), and Douglas Stone, Bruce Patton and Sheila Heen, *Difficult Conversations* (New York: Penguin, 1999).
4. *The Encheiridion or Manual of Epictetus* (Loeb Classical Library, 1928, 1985), vol. II, p. 526–527; quoted in Callières, *op.cit.*, p. 163.

스가 제안한 것처럼, 형제와 싸울 때는 분쟁의 원인을 생각하지 말고, 자신들이 형제라는 의미에서 생각해야 한다. 손잡이가 두 개 달린 고블레트(goblet)는 하나는 뜨거워 쥘 수가 없으나 다른 하나는 차가워서 쥘 수 있게 돼 있다. 우수한 협상자는 내용물이 뜨거울 때 찬 데를 잡는 방법을, 차가울 때는 따뜻하게 하는 방법을 안다. 인간관계의 기술은 감정을 억제해야 할 때와 감정을 자극해야 할 때를 아는 데 달려 있다.

관계를 개척한다

관계의 개척은 가능한 한 특정한 협상을 떠나서 이루어져야 한다. 긴장이 없는 상황에서 관계를 돈독히 해두면, 일이 생겨도 용이해진다. 리셸류가 제창한 "지속적" 협상이라는 개념은 관계만을 목적으로 별도의 협상이 필요함을 의미한다. 우수한 협상자는 관계를 키워 나간다. 따라서 협상을 "쉬게 한다"는 개념으로도 생각할 수 있다. 농지를 쉬게 하기 위해 경작을 하지 않는 기간이 있는 것처럼, 협상자도 특별한 과제가 없더라도 관계 그 자체를 위해 좋은 관계를 키워 나가야 한다. 대화 상대를 알고 이해하기 위해선 인내가 필요하다. 장래 "무엇인가를" 협상할 필요가 생길 때를 위해 씨를 뿌려 두는 일이다.

관계를 중시하는 생각은 17세기와 18세기의 위대한 외교 노력의 요체였다. 앙뜨와느 뻬께는 《협상술에 관한 논설》[5]에서 외국에 부임한 대사가 제일 먼저 할 일은 주요 대화 상대(주로 외무장관)를 만나고 다음으로 수도에 재임하고 있는 각국 대사를 모두 만나는 일이라고

---

5. Antoine Pecquet, *Discours sur l'art de négocier* (Paris: Nyon Fils, Reedition Paris-Cergy: ESSEC IRENE, 2003).

했다. 이런 방문의 목적은 지금 일어나고 있는 문제의 핵심을 논의하는 것이 아니고, 관계를 구축하는 것이다.

오늘날까지 "칵테일 외교"는 국제 외교의 장에서 이 같은 역할을 계속하고 있다. 칵테일 파티 리셉션은 외교관들이 비공식적으로 정보를 교환하면서 상대와 관계를 구축하는 기회이다. 국가 원수가 타국 원수의 장례식에 참석하는 것도 별세한 분에게 경의를 표하고, 양 국민 간의 우정을 다질 뿐 아니라 같은 시간 같은 장소에 많은 지도자가 모이는 기회에 비공식적으로 관계를 진전시키고 심화시킬 수 있기 때문이다.

관계의 중요성은 비즈니스에서도 마찬가지이다. 디너가 조식으로 바뀌었지만, "비즈니스"라는 말이 붙는다. 이런 회식은 돈을 벌기 위해 개최되는 것이 아니다. 프랑스어로는 "배(pear)와 치즈 사이"라고 표현하는데, 식사하는 도중에 대화 상대를 잘 이해하고 상대의 동기를 조용히 찾는 식사자리를 의미한다. 또한 좀처럼 표현하지 못한 존중의 뜻을 표하고 감사의 마음을 전하는 수단이자 무엇인가를 정중하게 사양하는 수단이기도 하다. 테니스나 골프 시합, 풋볼이나 오페라 특별석으로의 초대 등 다른 여러 사교 무대도 모두 이런 관계를 개척하기 위한 것이다. 인사장이나 와인 한 병, 꽃다발도 적은 비용으로 협상에 큰 효과를 가져올 것이다.

관계를 회복한다

관계는 중요하기 때문에, 위기 사태 후엔 회복하기 위해 최선을 다해야 한다. 사과하는 게 당연지사이지만, 협상자의 경우 사과를 해야 하는 상황에서 사과를 하지 않는 경우가 흔하다. 잘못을 인정하는 건 자신의 입장을 약화시킨다고 생각한다. 그러나 사실 상대의 관점에선 사과는 약점이 아니라 지난 과오를 인정하는 행위이다. 이런 인정 없이는 협상이 불안정해지고 정직성이나 진실성을 입증하기 어렵다. 진실한 마음에서 나온 사과는 비용이 가장 적게 들고, 협상 분위기에는 영향을 미쳐도 협상 내용에는 영향을 주지 않는다. 더 좋은 것은 이쪽의 양보로 상대에게 보다 많은 양보를 유도하는 경우이다.

당사자 간의 관계가 손상되어 협상이 결렬되고 그때까지의 노력이 물거품이 되더라도, 아직 두 선택지가 남아 있다. 첫째는 시간을 약간 가지는 일이다. 마자랑(17세기에 프랑스를 유럽의 최대 강국으로 만든 수상)은 이를 "자기를 위한 시간"이라고 칭했는데, 탈레이랑(18~19세기 프랑스 외무장관)도 같은 견해를 표명한 바가 있다. 시간은 모든 것을 지워 버리지는 않지만, 감정을 진정시키고 행동을 바꾸게 하고 장애물을 극복하기 위한 휴식이 되는 경우가 많다. 협상에 있어서 인내의 미덕을 권장하는 문화권들도 있다. 시간은 그들의 동지이다. 대조적으로, 시간은 돈이고 관계를 개척하는 건 불필요하다고 보는 문화권들도 있다. 그들은 빨리 끝내고 싶어하고 관계의 수가 관계의 질보다 더 중요하다고 생각한다. 이런 방식을 이용하면 거래의 수는 늘어날지 모르나 지속적 관계는 유지하지 못할 것이다.

둘째는 즉각적으로 하는 대응인데, 후임자가 관계의 구축법을 알고 있으리라는 기대 아래 협상자를 교체하는 것이다. 본래, 이런 교체는 체면을 잃지 않도록 기술적으로 진행되지 않으면 안 된다. 이스라엘과 팔레스타인이 대립하고 있을 때, 이스라엘 수장 마리엘 샤론에 의해 "페르소나 논 그라타(환영받지 못하는 인물)"로 다루어지고 있던 팔레스타인 자치정부 의장 야세르 아라파트는 회담을 재개하기 위해 이스라엘과 미국 정부가 협상 상대로 인정하는 무하무드 아바스를 일시적으로 지명하지 않으면 안 됐다.

관계 속의 긴장

분노, 언어폭력, 모독과 공격적 자세는 인간관계의 긴장을 나타낸다. 감정과 그 표출은 다소 강도의 차이가 있지만, 협상에서 중요한 위치를 차지한다. 제6장에서 감정의 긴장을 다루는 것은 이 때문이다. 발생 원인을 이해하고 영향과 결과를 분석해, 적절한 기술로 회피하는 방법을 알 필요가 있다. 긴장이 협상에 미치는 부정적 영향을 아래에 열거해 보고자 한다.

- 불안, 좌절, 분노는 확대되기 쉽고, 토론에 도움이 되지 못하며, 당사자 간의 커뮤니케이션을 방해한다.
- 현실의 인식은 어려워지고, 쌍방은 편견에 치우쳐서 모든 일들이 편견의 필터를 통해서 관찰된다. 편견은 상황을 정확하게 파악하는 힘을 저하시키고, 의사결정 능력을 빼앗는다. 차이점은 확대되고, 의견이 수렴되지 않는다. 당사자는 상호이익의 양립성이나 보완성도 인식하지 못하게 된다.
- 상대에게서 위협당하고 있다고 생각해, 자신의 입장을 고집하고, 본래의 동기를 잊고 협상을 방해한다.
- 관계가 나빠지고 단절되어 협상 중단을 외치다가, 마침내 협상의 앞날을 예측할 수 없게 된다.

이런 상황에서 제일 먼저 해야 할 일은 주제를 다루기 전에 감정 문제를 다스리는 일이다. 뜨거운 오븐 구이를 할 때는 오븐용 장갑이 필요하다. 감정적으로 흘러간 협상에선 "오븐용 장갑을 낌"으로써 감정을 신중히 다뤄 감정이 화상을 입지 않도록 해야 한다. 상당히 뜨거운 열을 견디는 사람도 그대로 장시간은 못 간다. 유대인의 속담에 이런 말이 있다. "무거운 짐은 단시간, 가벼운 짐은 장시간 동안 운반할 수 있어도, 무거운 짐은 장시간 견딜 수 없다."

그러므로 협상에서도 냄비가 뜨거워지면 주의해야 한다. 너무 끓어 스튜를 못 먹게 해서는 안 되는 것처럼, 협상도 마찬가지이다. 온도가 너무 올라가면, 신속하게 움직여 열을 식히거나 냄비를 불에서 옮겨야 한다. 요리의 핵심 기술은 적당히 익은 상태가 언제인지를 아는 것이다. 덜 익은 요리는 언제나 도로 오븐에 넣어 익힐 수 있으나, 타버린 요리는 "요리 전의" 상태로 되돌리지 못한다.

4. 문제를 해결하기 전에 협상 프로세스를 기획한다

관계, 감정, 경청에 관심을 가져야 한다면 문제의 중심은 언제 다룰 수 있을까? 협상자들은 소를 뿔로 붙잡는 경향이 있다. 바꿔 말하면 즉시 문제에 달려드는 것이다. 하지만 시간은 많다. 특히 문제가 복잡하면 시간은 얼마든지 있다. 이 책에서는 준비 단계를 중요시한다. 관여하는 사람과 논의할 과제의 수가 많을수록, 주제뿐 아니라 협상 방식을 마련해 두는 게 중요하다. 성급하게 시작해 뒤로 갈수록 늦어지는 것보다 천천히 출발해 뒤의 프로세스를 가속화하는 게 좋다. 관계를 구축하는 데 시간이 걸리듯이 좋은 프로세스도 마찬가지다.

협상의 실패는 과제 때문이 아니라 명확한 프로세스가 없기 때문에 발생하는 경우가 많다. 협상장의 프로세스에는 어젠다, 타임라인 그리고 지켜야 할 행동 룰이 있다. 어젠다를 정하면 긴장을 풀고 협상의 진전을 위해 핵심 이슈를 제시하게 된다. 당사자가 아무 때나 그 이슈를 꺼낼 수 있게 허용한다면 결론이 도출되지 않을 리스크가 커진다. 협상에는 종결이 필요하며, 결말이 나지 않으면 적어도 새로운 라운드가 필요하다. 몽테스키외는 법의 확립이 정의에 의해서만이 아니고 결론이 있음으로써 가능하다고 시사한 바 있다. 타임라인은, 이를테면 협상자가 먼저 소위원회에서 과제를 논의할 것인가, 언제 본 회의에 돌아갈 필요가 있는가 등을 예측해, 각 포인트에 시간 배정을 결정하기 위해서 필요하다. 팔레스타인과 이스라엘 간의 타바 합의(팔레스타인 자치 확대 협정: 오슬로 합의Ⅱ)는 2개국 간 협의이지만, 합의되지 않은 다양한 문제를 다루기 위해 200명의 협상자를 소집했다. 프로세스의 복잡성은 상상할 만하다. 주제를 토의하기 전에 진행 방식에 대해 합의를 해야 했는데, 이것도 간단한 일이 아니었다.

프랑스의 제조업체와 소매업자의 협상

제조업자(D)와 요구르트 매입 협상을 하고 있는 소매업자(C)를 예로 생각해 보자.

양 회사의 협상자가 얼굴을 맞대고 가격과 수량을 합의하는 매우 단순하게 보이는 협상이다. 그러나 실제로, 요구르트가 아침 식탁에 도착하려면 복잡한 프로세스를 거쳐야 한다. 수천에 이르는 물량이 이득과 연관되므로 합의된 수량이나 가격에 오차가 생기면 일방이나 쌍방의 수익에 큰 영향을 미친다. 프로세스를 다루는 사람은 2명의 "독립된" 협상자가 아니고, 쌍방의 팀이다. 가능한 협상의 흐름은 다음과 같다. 각 팀은 품질, 유통기한, 로지스틱스, 수송, 저온 유지관리, 판매촉진, 지불 방법 등에 관련한 전문가(S)를 소집한다. 그들의 역할은 C의 협상 책임자(DHC)와 D의 협상 책임자(DHD)를 지원하기 위해 협상장에서 자신의 전문영역이 언급될 때 발언하거나, 전문영역에 대해 철저한 준비를 하는 일이다[그림 3-1].

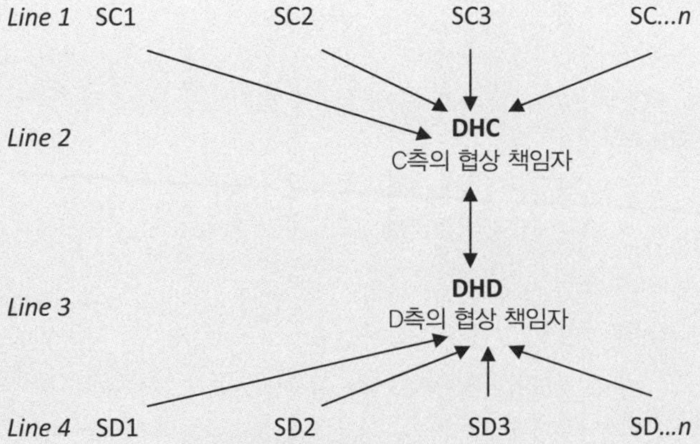

SC=C측의 전문가 팀, SD=D측의 전문가 팀

[그림 3-1]

이 프로세스는 사내의 준비인데 사외와의 협상으로 이어지고 때로는 중단되기도 한다. 다른 방법도 생각해볼 수 있다. ESSEC 경영대학원 IRENE(유럽협상교육연구센터)가 개최한 협상 컨퍼런스에서 유럽 소매업계의 최상위급 기업의 사장 레미게랑이 다음과 같은 프로세스를 보고했다[그림 3-2].

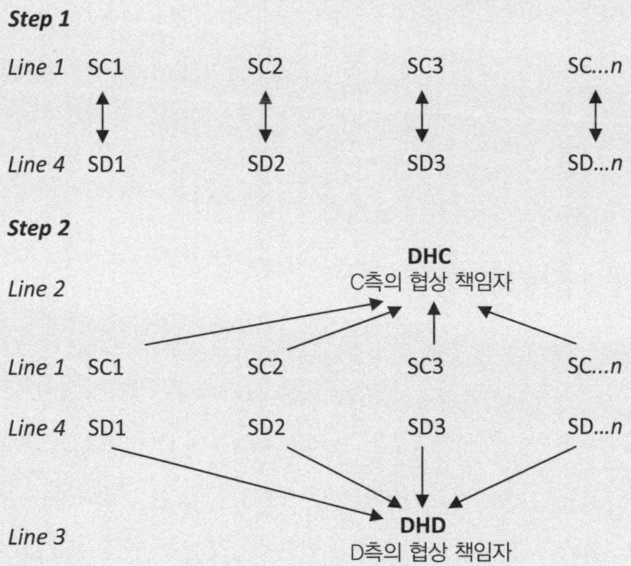

[그림 3-2]

- 스텝1에서는 부분별 예비 협상이 전문가 간에 열리고, 모든 가능한 해결안을 신중히 검토한 후에 쌍방에게 가장 유익한 것을 남긴다. 이때 내용의 상세 부분까지 확정하지 않고 최종 약속도 하지 않는다.
- 스텝2에서는 이들 전문가가 알게 된 일과 건의사항을 협상 책임자(DHC와 DHD)에게 보고한다. 그들은 제출된 상이한 선택지를 선정한다.
- 스텝3에서는 양사의 협상 책임자 회의와 더불어 프로세스가 시작된다.

이 세 단계의 프로세스의 이점은 행방이 뚜렷해져, 특히 창조적 해결안이 쉽게 나타난다는 점이다. 만일 다섯 가지 테마가 있어, 각각의 전문가에 의해 다섯 가지 개별 협상이 이루어진다면 책임자가 꿈에도 생각하지 않았던 해결안을 발굴할 가능성도 커진다.

프로세스가 중립적이지 않다는 점과 문제 해결에 영향을 준다는 점도 명시하고 싶다. 1814년의 빈 회의에서 탈레이랑은 프랑스가 패전국이면서도 협상에 참가해야 하겠다고 전승국(오스트리아, 영국, 프로이센, 러시아)을 납득시켰다. "패전국"이 협상장에 있는 것은 프로세스상의 "승리"를 의미했다. 전승국 4개국이 본회의를, 그들 간의 사적 회합에서 정한 의향을 인준하는 것으로만 처리하려던 프로세스상의 역습은 단명으로 끝났다.

5. 말하기 전에 듣는다

이 책의 저자로서 우리는 "말하는 것을 잊어라. 듣기에만 집중하라"라고까지 쓰고 싶다. 상대가 들을 자세가 돼 있지 않으면, 모든 말은 쓸모없다. 상대는 자기 생각을 말하고 나서야 귀를 기울이는 경우가 많다. "속 시원하게 가슴을 비우고" 싶은 건 일반적 현상이지만, 자신보다 상대에게 말을 먼저 시키는 데 무슨 문제가 있는가? 협상의 목표는 먼저 말하는 것인가, 아니면 듣게 하는 것인가?

일부 사람들이 당연하다고 믿는 것과 반대로, 우수한 협상자는 말을 많이 하는 사람도, 맨 먼저 말하는 사람도, 시종 말만 하는 사람도 아니다. 탈레이랑은 "침묵의 기술"을 성공의 한 관건으로 삼았다. 들음으로써 정보를 모으고 용의주도하게 자신의 응답을 준비했다. 이러한 사례는 말하기 전 듣기의 중요성을 증명해 준다. 상대가 원하면 먼저 이야기를 하게 하자. 그렇게 하면,

- 상대는 이쪽의 자세를 관계에 대해 경의를 표시하는 예의라고 인정할지 모른다.
- 듣는 시간은 자신이 활용할 수 있는 정보를 늘려 줄 것이다. 상대의 동기 일부도 밝혀질지 모른다.
- 상대가 이쪽이 제안했을 수도 있는 것을 말하고, 이쪽이 요구했을 수도 있는 것을 제안할지 모른다. 상대에게 먼저 말하게 하는 첫째 이유는, 제안하거나 요구하지 않고, "양보"하거나 덮어놓고 동의하게 하는 것이다.
- 정확한 신규정보를 지니게 되면, 자신의 주장을 잘 다듬어 설득력 있는 방식으로 제시할 수 있다.
- 상호주의에 입각해 들어 줌으로써 강력한 전제를 가지게 돼, 자신의 생각을 말하고 들어 주도록 하는 실마리가 된다.
- 상대가 말하는 동안에는 자신을 이유 없이 노출할 필요가 없고, 특정 정보를 숨겨둘 수 있으며, 반격할 최적의 타이밍을 노릴 수도 있다.

부정적인 의미에서가 아니라, 사람은 허영심에 따라야 할 때가 있다. 상대는 가능한 한 자신의 말을 듣게 하고 싶어 한다. 대화의 주도권을 잡고 싶어 한다. 그래서 범하는 우는, 라퐁테의 우화《까마귀와 여우》에 등장하는 까마귀처럼, 상대가 자신의 귀여운 목소리를 듣고 싶어 한다고 가정하는 것이다. 까마귀는 여우에게 자신의 아름다운 목소리로 좋은 인상을 주려고 입을 크게 벌려 맛있는 치즈를 땅에 떨어뜨리고 만다. 여우는 너무나 기쁘게 치즈를 물고 간다.

인질사건 같은 극단적 사례에서도 협상자의 최우선 항목은 범인에게 귀를 기울여 최대한의 정보를 얻는 일이다. 상대의 심리상태, 로지스틱스 상황, 장비, 의도, 인질 상태, 그 행위의 동기 등을 탐색한다. 적극적으로 듣는 것(제5장)이 이런 귀중한 정보를 얻는 툴이다.

귀를 기울이는 단계는 조개 안에 있는 진주를 발견하는 데도 도움이 된다. 아무리 비합리적인 입장이라도 한 알의 이유가 있는 게 보통이다. 이 한 알을 발견하면 집어내어 잘 씻어 사용할 수 있게 한다. 의견이 대립했을 때도 상대를 비난하지 않고, 비난한들 소용없는 것이라고 자신을 설득한다. 상대의 발언 중에서 자신에게 도움이 되는 포인트를 찾고, 가급적 많은 공통 요소에 관심을 집중한다.

6. 파이는 나누기 전에 크게 만든다

협상에 임해 문제들을 처리할 때, 이미 있는 가치를 분할하는 것에만 대화를 한정하지 않는 게 중요하다. 특히 불경기 시기에 보이는 뚜렷한 반응은 이와 같다: "내가 협상에서 먼저 주장하는 것은 모두 얻을 수 있을 것이다. 그러므로 큰 몫을 상대가 차지하지 못하도록 내가 꼭 잡아야 한다."

이른바 힘의 우위를 차지할 목적으로 협상이 시작하기 전에 한쪽이 입수 가능한 가치를 모두 가지게 되면, 이런 분배 방식은 극단으로 치닫는다. 연좌데모, 영토합병, 선제공격이 그런 경우이다. 그러나 무력으로 얻거나 강제로 얻는 것은 좀처럼 정당성이 보장되지 않는다. 적대적 매수를 예로 들어 보자.[6] 매수는 완료됐지만 합병조건, 인수된 기업문화의 존중, 사원의 장래, 새 조직에 있어서의 책임 분배 등에 대해선 협상이 이루어지지 않은 상태이다. 매수측 회사는 협의도 없이 번개처럼 일을 처리하고 싶어 한다. 그러나 몇 주 후, 그리고 몇 달 후 무슨 일이 발생하는가? 매수된 기업의 주요 간부들이 정보와 고객을 빼돌리고 회사를 그만둘지 모른다. 생산성은 떨어지고 무단결근이 많아진다. 입수 가능한 모든 가치를 획득하고 싶었는데도, 매수측 기업은 텅 빈 상자에 막대한 금액을 지불한 신세가 된다. 바로 퓨로스의 승리이다(고대 그리스 왕 퓨로스는 로마군을 격파했으나 막대한 희생을 치러 이득 없는 승리를 얻었다).

상대의 니즈를 무시하면, 상거래가 일방적 행위로 흐르는 경향이 많다. 가령 판매원이 상대의 무지를 이용해 낡은 크리스마스용 장식을 엄청 비싼 값으로 속여 파는데, 싸게 샀다고 말하는 사람이 있을지 모른다. 사는 사람이 더 현명해야 함을 "케이비앳 엠토르"(모든 것은 구매자의 책임)라고 한다. 이런 착취적 전술은 많은 문제점을 낳고, 이 수법을 취하는 사람은 여러 가지 리스크를 안게 된다. 먼저 단기적 이익을 선호하는 태도는 그 뒤의 일들에 악영향을 미치고 합의된 사항도

---

6. Viviane de Beaufort and Alain Pekar Lempereur, Negotiating Mergers and Acquisitions in the European Union, in *International Business Negotiation*, ed. Pervez Ghauri and Jean-Claude Usunier (eds) (Oxford: Pergamon, 2003), p. 291–324.

오랫동안 유효할지 모른다. 함께 일하기를 거부하고, 아무것도 공유하지 않는 행동은 조용히 상대를 배제하는 간단한 수단이다. 이런 경험이 반복되면, 피해를 본 쪽은 단합해 반격을 도모할 것이다. 이 같은 이유 때문에 패권체제하의 지배 세력이 때로는 미묘한 입장에 빠져 밀려나고 다른 세력이 이익을 차지하기도 한다. 모든 것을 자신만이 차지하려는 절제하지 못한 행동은 개인적 평판과 신뢰 상실이라는 결과를 낳는다.

반면에 자신의 가치를 획득하기 위한 노력을 하기 전에 공동의 가치를 창출하는 수단을 상대와 함께 노력하여 찾는 접근법을 시도할 수도 있다. 바꿔 말하면 상황에 따라, 모두에게 보다 나은 조건으로 더 많이 생산하기 위해 노력하고, 당사자가 협력하여 의사결정을 하고 전문성을 증대시키는 체제의 창출을 목표로 한다.

가치 창출을 위한 이러한 예비 프로세스는 중요하지만, 자연적으로 생기는 것은 아니다. 이 논리가 정착되고 상대도 같은 생각을 가지는 데는 시간이 소요된다. 환상을 가지지 않는 것도 중요하다. 오늘의 유럽이 강대국이라는 것에 이의를 제기하는 사람은 없다. 1945년까지의 반세기, 국가주의 대립과 두 번의 세계대전으로 막대한 인명이 희생된 시대를 지나 오늘의 모습은, 그 후 반세기에 걸친 협력과 건설적 협상의 결과이다. 독일과 프랑스가 서로 물어뜯지 않고 "함께 가치를 창출"할 수 있으리라고 1945년에 생각한 사람이 있었을까? 있었다고 하더라도, 무역, 인적 교류, 정치적 상생을 촉진해 새로운 동맹 간 신뢰를 구축하는 정도였을 것이다.

협력을 위해, 이 가치 창출의 논리는 전략적 제휴의 확립을 주창하고 있다. 예컨대, 유럽 각국의 항공기 제조사는 연합체를 형성하고 에어버스를 개발 생산해, 현재는 역내의 경쟁으로 서로 피폐하지 않고

EADS로써 미국의 경쟁 제조사에 대항하고 있다. 대서양 영공상의 수십 년의 경쟁 끝에 에어프랑스와 델타항공은 힘을 합쳐 스카이팀을 창설했다. 상생이 이익의 창출과 연결되는 예이다. 델타의 여객이 에어프랑스의 정기편 덕분에 아프리카나 중동에 쉽게 갈 수 있게 되었다. 마일리지 합산 서비스에 따른 고객의 이익은 말할 것도 없다.

대립상황에서도, 분배를 생각하기 전에 가치를 창출하지 않으면 안 된다. 수백억 원이 걸린 A사와 B사의 분쟁에 개입했던 한 조정자의 말이다. 그 양사의 비즈니스 관계를 강화하고 서로 수익을 더 많이 내기 위해 양 당사자와 협력해 애당초의 대립에서 발생한 갭을 대폭 줄였다. A사가 B사에 100을 요구하고 있다고 하자. 여기서 양사가 한 특정 제품에 대한 새 제휴를 통해 A사에게 80을 만들어 내면, 대립은 나머지 20만 남는다. 이런 예상치 않은 협력이 분쟁 해결을 용이하게 해주었다.

문제 해결의 관건은 먼저 가치를 창출하는 일이다. 물론 협력해서 창출한 가치는 다음에 분배해야 한다. 적어도 더 큰 파이는 더 많은 몫을 제공할 것이고, 가치를 창출하는 동안 형성된 협력 정신은 분배 단계에서도 지속될 것이다. 예비 단계의 가치 창출과 그 후의 분배와 관련된 모든 측면에 대해서는 제4장에서 상술하고자 한다.

7. 의사결정 전에 해결안을 고안한다

우리는 협상을 종결할 수 있어야 한다. 더 중요한 것은, 협상을 종결할 적절한 타이밍을 아는 것이다. 그러나 미숙한 채로 종결되는 협상이 너무 많다. 협상자는 첫 합의에 만족하고, 더 나은 내용을 찾으려고 하지 않는다. 하지만 협상의 목표는 단지 합의점을 찾는 것이 아니라 쌍방의 이익을 최대한으로 늘려 주는 가능한 최상의 합의를 추구하는 것이다. 성급한 협상은 가치를 테이블에 남겨 두게 된다. 파이를 크게 만들 가능한 수단을 모두 활용하지 않고 있다. 수많은 협상이 왜 미숙한 채 종결되는지는 아래 세 가지 요인으로 설명할 수 있다. 첫째는 협상의 성공은 일을 신속하게 처리하는 편의주의의 잣대로 결정된다는 일반적인 믿음이다. 사실, 우수한 협상자는 성급하게 협상을 진행하지 않는다. 둘째는 안도감이다. 출구를 찾았다는 기쁜 마음에 자신이 합의하리라고 생각한 첫 해결안으로 뛰어든다. 셋째는 피로감이다. 협상이라는 전투에 지쳐 첫 합의안에 타협하고 만다.

그러한 성급함으로부터 자신을 지키지 않으면 안 된다. 그렇지 않으면 손익분기점에서의 합의나 자신도 상대도 만족스럽지 못한 합의로 끝나고 만다. 이것들은 "간신히 이룬 합의, 겨우 끝난 합의"이다. 논의를 마무리하기 전에 더 큰 부가가치를 얻을 수 있는 다른 길이 없는지 점검해야 한다. 어떻게 하면 자신들이 그 길을 찾을 기회를 최대한으로 활용했다고 확신할 수 있을까? 협상은 여러 가지 해결안이 모색되기 전에 끝나서는 안 된다. 이때 요구되는 창의성에는 브레인스토밍이 필요하다. 수사학에선 인벤티오라고 말한다. 시나리오를 고안하는 일로 시작해야 하는데, 이 시나리오는 쌍방의 동기를 얼마나 충족하느냐에 따라 평가받는다.

8. 합의의 세부 사항을 파악하기 전에 큰 틀을 찾는다

윌리엄 자트먼과 모린 버먼[7]은 협상의 큰 틀과 세부 사항을 구별하고 있다. 큰 틀은 쌍방의 협상자로부터 진정한 동기를 끌어내어 공유하는 목표를 명확히 밝혀주는 핵심 주제이다. 협상과정에서 빠르게 협상조건을 명확히 하기 위해서는 우선 간단한 큰 틀을 찾아내는 게 중요하다. 세부 사항은 그 큰 틀을 기초로 문제의 각 차원에 맞춰 형성된 대원칙의 제목이다.

프랑스 자동차 제조에서의 주 35시간 노동에 관한 논의

이 합의의 큰 틀은 회사의 우선 항목으로서 종업원의 조기 퇴직을 해결하는 것이고, 프랑스 정부의 우선 항목으로서 모델 기업을 주 35시간 노동으로 전환시키는 것이었다. 합의된 큰 틀은 조기 퇴직의 재무 자원에 대한 정부의 보조로 주 노동시간의 격감을 보완하는 것이었다. 교환조건이 정해지자, 남은 것은 세부 사항이었다. 쉬운 일은 아니었으나, 중요한 큰 틀은 만들어졌다.

국제관계에서는 큰 틀에서 세부 사항으로의 진행이 난관이다. 이스라엘과 인접 국가들의 경우, 장기간에 걸친 대립에서는 "영토의 평화"라는 큰 틀이 그 후에 전개한 협상의 프레임워크가 된다. 때로는 이것이 성공하는데, 이스라엘은 1978년 캠프 데이비드에서 체결된 양국간 평화조약의 교환조건으로 시나이반도를 이집트에 반환했다. 반면에 오슬로 합의처럼 실효가 없었던 사례도 있다. 이스라엘은 이 점령지역의 일부를 팔레스타인에 반환하기로 돼 있었으나, 큰 틀은 합의됐지만 세부 사항을 넣지 못해, 팔레스타인에 반환해야 하는 영토의 비율, 반환시기와 통치권의 분배 등 특히 안전보장을 관장하는 문제점이 난관으로 남았다.

---

7. William Zartman and Maureen Berman, *The Practical Negotiator* (New Haven: Yale University Press, 1992).

마지막 예는 남아프리카에서 1991년부터 1992년 사이에 행해진 넬슨 만델라와 프레데릭 데 클러크의 협상이다. 이 시기는 아파르트헤이트(인종차별정책)를 폐지하고 공정한 체제를 확립하기 위한 과도기였다. 회담이 시작되자마자 민주제도의 원칙인 1인 1표를 단순한 큰 틀로서 성립시켰다. 그리고 나서 세부 사항에 관한 본격적인 협상이 시작됐다.

9. 결론 전에 협상장 밖의 해결안(SAFT)을 사정한다

관계를 유의하고 경청하여 신뢰 조성을 위한 노력을 하더라도 그리고 효과적 프로세스와 가치 창출의 해결안 고안을 위해 힘쓰더라도, 협상이 쌍방의 동기를 충족할 만한 결과를 낳지 못할 때가 있다. 이럴 때는, 협상에서 흔한 실망이나 무력감에 빠지는 것과 회의가 공전되는 기분을 가지는 것을 구별해야 한다. 진행이 잘 되던 협상까지도 이상하게 합의에 이르지 못하기도 한다. 협상에서 건설적이고 창의적인 해결안을 도출하도록 온갖 노력을 하더라도, 만족스런 해결안이 나오지 않을 때는 논의를 끝내는 게 좋을 것이다.

끝낸다란 결론을 낸다는 뜻이지, 결렬시킨다는 의미가 아니다. "결렬"이라고 하면, 합의에 이르지 못한 무능력뿐만 아니라 개인적 굴욕과 인간관계가 손상되고 헛되게 끝장나 버린 것으로 들린다. 하지만 시간의 경과에 힘입어 일부 조건이 바뀌면, 재협상할 수 있을 뿐 아니라 회담 재개를 앞장서 모색할 것을 다짐해야 한다. 상대에게 심하게 대하거나 프로세스를 고집하지 말고 문제에 집중해야 한다. 협상이라는 계속적 협력에는 완전한 결렬이 없다. 최소한, 회담이 재개되기 전에 "연기"나 "일시정지", 결론이 있을 뿐이다.

연기나 일시정지라는 말의 사용을 조심해야 하는 점과 연관해 생각할 때, 협상의 결론이 동기의 충족이란 관점에서 어떤 의미가 있는지를 일시적으로나마 충분히 평가하지 않고선 협상을 종결해선 안 된다. 제2장에서 논한 협상장 밖의 최상의 해결안이 중요한 의미를 갖는 것이 바로 이 시점이다. 협상의 대체 해결안의 가치를 냉정히 현실적으로 확인하기 전엔 협상을 종결해서는 안 된다. 제안된 해결안보다 협상장 밖의 해결안이 자신의 이익을 더욱 충족시킬 수 있게 하는 능력이 필요하다.

또한 협상장 밖의 최상의 대체안에 대해 과대평가하는 협상의 "불변수"를 주의해야 한다. 기업의 CEO와 노동조합 지도자들이 파업 비용을 경시한 사례는 무수하다. 협상을 일시적으로라도 중단하기 전에 협상장 밖의 최상의 대체안을 신중히 검토해 이 안이 보증하는 가치를 바르게 산정할 수 있어야 한다.

10. 연기하기 전에 책무를 확인한다

합의가 이루어졌다는 들뜬 마음 때문에, 반대로 계속되는 협상에 대한 좌절감 때문에 선부른 결론으로 치닫는 일이 많고, 합의를 구체화하는 데 전념해야 할 최후의 순간을 헛되게 하는 지경에까지 이른다. 그러므로 헤어지기 전에 책무를 구체화하는 작업을 해야 한다.

목표가 가까워도 빨리 마무리하고 싶은 유혹에 빠지지 않도록 자신을 억제해야 한다. 쌍방이 서로 잘 이해한다고 생각한 나머지, 합의를 공통의 문서로 작성하여 쌍방이 명확하게 확인하지 않는 것은 지양해야 한다. 이런 상황은 서로의 책임과 관련한 오해와 새로운 대립,

그리고 이후 무수한 회담의 불씨가 된다.

합의 내용은 문서로 확정해 둬야 한다. 작성하는 데는 시간이 걸릴지 모르지만, 서로의 책임을 명시하고, 실행이 모호해지는 리스크를 줄인다. 시간은 기억에 좀처럼 도움이 되지 않으며, 시간이 경과함에 따라 수많은 부정확한 내용이 끼어들기 때문에 서로 간의 권리와 의무 사항을 문서로 명시하는 건 불가결하다.

수주계약

불행한 예가 있다. 어떤 우주 관련 기업과 조종석 부품 생산 계약을 체결한 장비 제조사의 사례이다. 이 회사는 그 부품을 제작하기 위한 연구 개발에 모두 착수했다. 여기에는 해당 고객에 대한 첫 번째의 납입분도 포함돼 있었다. 필요한 설비를 구입하고 실용을 위해 개량을 끝내고 생산을 시작하자, 다른 회사가 유리하다는 이유로 생산 사이클이 진행되는 도중에 발주를 끊어 버린 것을 알았다. 하지만 계약서 어디에도 생산 사이클 전체 기간 동안 발주가 유지돼야 한다고 쓰여 있지 않았다. 전체 사업 계획은 10년으로 계산돼 있었는데, 지급계약은 5년에 종료되고 말았다. 회사는 합의 내용을 충분히 구체화하지 않은 점, 그리고 계약이 조기에 종료됐을 경우에 지불해야 하는 보상을 명시하지 않은 점을 후회했다. 그 이후부터 이 회사는 15항목의 체크리스트를 준비해 모든 합의 사항에 적용하고 있다.

협상이 중단돼 있을 때도 이런 명확성은 불가결하다. 각 세션이 끝날 때마다 다음 회담 이전에 각 당사자가 수행해야 할 내용을 정확하게 적어 두는 게 의의가 크다. 몇 가지 상이한 세션이 있을 때, 서로 간의 유기적 동향을 활용하는 게 중요하다.[8] 논의한 중요한 요소를 종

8. 한 세션과 다음 세션 간을 연결하지 않는 사례에 대한 논의는 제쳐두자 … 옛 유고슬라비아 내의 대립하는 세력 간의 협상을 담당했던 리처드 홀브루크는 회담을 시작할 때 꽤 시간이 걸린 적이 있었는데, "좋아요. 지난번 안건으로 돌아가서 얘기합시다. 전에 논의하던 그 문제로."라고 말했다.

합해 제시하기 위해 하루가 끝나기 전에 잠시 쉬는 것도 하나의 기술이다. 이것은 협상자가 함께 무엇을 성취했는지를 확인시켜 주며 서로가 수렴할 포인트를 명시해 주기도 한다. 다음 세션의 준비를 분담해 두면, 요약 작업에서 얻는 바가 많을 것이다. 특정 주제에 관한 정보를 수집하는 사람, 회의록을 작성하는 사람, 회의록을 검토하고 의견을 써서 전달하는 사람 등이 있을 것이다. 이것의 핵심은 하나의 액션 플랜인데, 협상 재개 시에 작업의 중복을 피하고 앞으로의 진척을 도모해 준다. 회담의 시간, 장소, 어젠다를 정하는 단순한 행위는 합의에 도달하는 수단을 모색하려는 당사자의 의지를 구체적으로 나타낸다.

앞으로 협상할 때, 이 10원칙을 꼭 활용하기 바란다. 계속해서 협상의 진전을 분석적으로 고찰하고자 한다.

협상의 일반적 흐름

제2장에서는 협상의 일반적 흐름의 골격이 되는 준비단계 10요소를 제시하였다. 기본 골격은 동기, 협상에서 가능한 해결안, 정당화 기준, 협상장 밖의 해결안이다. 여기서 제시할 협상의 흐름은 일곱 단계인데, 더 이상 전개되는 협상의 흐름에 관해서는 이 책의 후반에서 살펴보고자 한다. 이 흐름은 합의가 최종적 회답이 되어 주기를 바라면서 계속적으로 진행되는 물음의 프로세스이다.

1단계: 관계와 프로세스를 기초로 한 회의를 소집한다

협상의 흐름이 시작될 때, 거기에는 특정한 전문적, 문화적 배경과 연관된 다양한 요소가 깔려 있다. 이 요소는 아래 물음에 대한 회답으로 구성된다. 우리는 누구인가? 우리는 어떻게 협상하려고 하는가?

- 서로 인사를 하고, 자기소개를 하고 자리에 앉아, 관계를 (다시) 만들기 위해 몇 분간 대화를 나눈다.
- 논의할 항목 리스트를 확정하는 어젠다를 준비한다.(또는 새 진전을 확인하기 위해 이미 다룬 사항을 재확인한다.)
- 시간의 틀을 정한다. 필요한 전화연락, 관계자와의 접촉, 새 지시의 확인, 음식 등을 위한 휴게시간을 잡아 둔다.
- 준수해야 할 원칙을 재확인하거나 제안한다. 논의의 비밀 준수 의무, 세션 중단 룰, 진행방법(브레인스토밍 등), 그리고 이 장의 서두에서 고찰한 원칙에 대해 서로 확인한다.

2단계: 사실을 확인하고 정보를 얻는다

무엇을 협상하기 위해 회담을 하는가? 이 단계의 목표는 정보를 공유하고 서로 간의 견해차를 인지하고 나아가 오해를 없애는 것이다.

한쪽이 자기가 아는 사실과 얻고 싶은 결과를 말하고 난 후 상대가 이를 바르게 이해하고 있는지를 확인하기 위해 그 내용을 재확인한다. 그리고 상대도 같은 수순을 밟는다. 그리고 서로 질문에 답한다. 이 단계는 제5장에서 논하는 커뮤니케이션 기술을 필요로 한다.

3단계: 동기를 분석한다

어떤 동기가 있는가? 이 단계의 목표는 제시된 사실을 바탕으로 이해관계자의 참된 동기를 밝히는 것이다. 질문을 통해 협상자는 근본 동기를 찾아내고 각자의 입장을 신중히 검토해야 한다(아래의 대화를 참고).

◉ **취업 면접**

채용담당자: 그렇다면, 당신에게 중요한 건 연봉입니까?
후보자: 적절한 연봉이라면, 그렇습니다. 그러나 다른 것도 있습니다.
채용담당자: 적절한 연봉과 다른 것, 이를테면?
후보자: 아내가 앞으로 3개월은 직장에 복귀하지 않기 때문에, 제가 집세를 지불해야 합니다. 또 저의 경력에 나쁜 전례를 남기고 싶지 않습니다.
채용담당자: 당신이 염려하는 바는, 연봉이 너무 낮으면 경제적 의무를, 특히 현재의 형편에선 다할 수 없다는 것, 그리고 이후 다른 곳에 취업할 때의 전례가 된다는 것이겠군요.
후보자: 그렇습니다. 하지만 연봉 문제만이 아니고 직위도 중요합니다.
채용담당자: 직급이 중요하다는 건가요?
후보자: 글쎄요, 내놓을 타이틀이 필요합니다.
채용담당자: 무슨 뜻인지요?
후보자: 중요한 것은 고객에게 사용할 수 있고, 이직했을 때도 사용할 수 있는 점입니다.
채용담당자: 그렇다면, 당신은 당장의 이유로 돈이 필요하고, 이후의 경력에 영향력이 있는 연봉과 타이틀도 필요하다는 것이네요. 그리고 장차 고객이 존중하는 타이틀을 찾고 있다고 할 수 있군요.

동기가 확인되면 제2장의 분류에 따라 정리할 수 있다. 이 단계는 뒤따르는 분석을 용이하게 하는 데도 유효하다.

4단계: 협상에 의한 해결안을 고안한다

어떻게 하면 쌍방의 동기를 충족할 수 있는가? 협상자는 분석된 동기를 고려하여 동기를 충족해 주는 해결안을 고안하기 위해 상대와 협력하지 않으면 안 된다.

- 상대에게 가능한 해결안을 최대한 많이 제시하도록 요청한다. 동시에 입수할 수 있는 모든 변수를 지렛대로 삼아 협상에서 창출되는 가치를 최대화한다.
- 상대가 수락하면, 최초에 생각했던 해결안을 제시하게 한다. 상대가 나중에 하겠다고 하면, 다음 문제로 이동한다.
- 공유하는 기본 원칙 등 안을 정당화하는 기준을 확인하면 자신의 해결안을 제시한다.
- 상대에게 보완적 해결안을 제시하도록 요청한다.
- 쌍방이 합의한 해결안, 특히 서로에게 이롭고 공정한 분배를 도모하는 해결안을 제시한다.
- 충족되지 않은 모든 동기에 대해서도, 협상에 의한 해결안, 특히 쌍방에게 유리한 안을 고안한다.
- 서로에게 이익이 되는 해결안을 고안할 수 없을 것 같으면, 다른 쪽의 희생 없이 한쪽의 동기를 충족시키는 해결안들 간에 상호 교환을 실시한다.

5단계: 정당화 기준에 알맞은 가능한 해결안을 평가한다

어느 해결안을 선택해야 하는가, 그 이유는 무엇인가? 일단 최대한 많은 해결안을 검토하고 나면, 정당화 기준을 사용해 하나하나를 평가한다. 이들 기준은 가치를 분배하는 데도 도움이 된다.

6단계: 필요하면, 협상장 밖의 해결안으로 길을 연다

도움이 되는 합의가 없을 땐 어떻게 하는가? 이 단계가 협상 과정에서 일찍 발생하는 경우가 드물지 않다. 협상이 방해를 받으면, 협상장 밖의 해결안을 논의하는 게 유익하다. 특히 그 중에서 제일 좋은 것을 골라내어 상대가 보다 현실적이 되게 하고 과도한 기대를 갖지 않게 하는 게 좋다. 상황에 따라, 그 내용이 만족하기 어려운 경우엔 상대측의 협상장 밖의 해결안 중 제일 좋은 안에 대해 상대와 논의할 수 있다. 그리고 필요에 따라 자신의 동기가 현 협상장에서 다루어지지 않았다면 협상장 밖의 해결안을 택하지 않을 수 없다고 의견을 표명할 수 있다.

7단계: 세션을 마무리한다

이 단계는 제8장에서 상세히 다루는데, 여기선 다음의 세 가지를 살펴보고자 한다.

1. 합의점이 보인다. 이때에는 내용을 정리해 문서화하는 것이 중요하다.
2. 합의에 도달하지 못하고, 당사자는 협상을 계속하고 싶지 않다. 이때에는 최소한 두 측면을 인식해야 한다.
   - 합의하지 않은 데 대한 동의를 위해 노력한다. 바꿔 말하면, 협상의 실패 원인을 명확히 한다. 실패는 문제(예: 상반된 동기, 일방 또는 쌍방이 가진 뛰어난 협상장 밖의 해결안), 관계(예: 협력을 저해하는 긴장된 분위기), 프로세스(예: 비효과적 진행 방식)에 수반하는 여러 상이한 요소에 기인한다. 이런 것을 명확히 해두면 협상을 더 좋은 조건으로 재개할 가능성도 높아진다.
   - 관계를 유지한다. 협상의 실패는 대단한 것이 아니다. 훨씬 큰 문제는 협상이 실패해, 장래의 접촉을 저해할 정도로 관계 악화를 초래하는 사태이다. 이때에는 근시안적 태도가 장래 실패를 가져오는 리스크(제1장)를 다시 한 번 상기할 필요가 있다.
3. 합의를 찾아내지 못했으나, 당사자는 협상을 계속하고 싶어 한다.
   - 다음 회담 때에는 구체적인 기반으로부터 출발할 수 있도록, 회담 중에 달성한 진척된 내용을 보고한다.
   - 대립 사항의 개요를 명기한다.
   - 위에서 말한 두 가지 요점에 따른 어젠다에 따라 차후의 회담 시간과 장소를 확인한다.
   - 필요하면, 협상을 촉진하기 위해 다음 회담에 앞서서 수행해야 하는 업무를 확정한다.(예: 새 정보를 수집하고 보다 상세한 기술적 제안을 제시한다.)

이 전형적 7단계의 협상 흐름이 위에서 개략한 10원칙과 결합·보강

되면, 협상자에게 꼭 필요한 자질 일부가 결여되더라도 이를 부분적으로나마 보완해 줄 것이다. 이 장의 최종 절에서 이 내용을 고찰한다.

시간관리 및 적응 방법의 학습

앞에서 논한 10원칙은 한마디로 '본질적인 것을 먼저, 명백한 것은 다음에' 라고 강조하고 있다. 전형적 협상의 흐름 속에서 이 원칙들이 실행되는 양상을 보면 질서가 있는 듯한 인상을 주지만, 협상의 현실은 역동적이고 이런 인상과 반대로 예상이 안 되는 일이 많다.

협상의 흐름을 준비하는 일은 흐름 전체의 진전과 저해 요인에 상응하는 원칙의 강약을 예견하는 일이기도 하다. 과도한 경직성으로 함정에 빠지지 않고 원칙을 적용해 흐름이 앞으로 나아가도록 하기 위해선 적응력이 요구된다. 유연성을 상실하면 프로세스를 상대에게 무리하게 밀어붙이게 되고, 상대의 조바심이나 진행방식에 대한 불만을 알지 못하고 상대로부터 멀어지고 만다.

그러면 어떻게 해서 흐름의 원칙과 그 실행의 유연성을 유지하면서 전진할 수 있을까? 협상자의 적응력을 실천으로 보여 주어야 한다. 숙련된 협상자는 서로 다른 상황이나 상대에게 적응할 줄 안다. 이를테면, 상대가 즉시 문제를 다루고 싶어 하거나 프로세스나 관계의 진전에 시간을 내지 않으면, 이쪽의 좋은 의도도 불필요한 지연행위로 보일지 모른다.

성급하게 협상을 시작해야 하고 관계와 프로세스를 무시하지 않으면 안 되는 경우엔, 협상자는 잠시 멈추기도 하고, 이야기를 다시 시작하는 등의 언동을 하면서 협상의 흐름 전체에 집중해야 한다. 상대가 초조해하거나 지치면 "무엇보다 앞서 사람을 우선하는" 원칙으로 되돌아가, 상대를 위해 휴게시간을 제안하든가, 커피를 권하는 등의 간단한 일도 효과가 있다. 또한 장애물이 있으면, "문제에 앞서 프로세스"의 원칙으로 되돌아가 전진하기 위한 최상의 방식을 협의할 것을 제안하는 게 좋다. 자신의 발언에 상대가 귀를 기울이지 않으면, 적극적으로 듣는 방식으로 이쪽이 듣는 입장을 취한다.

앞에서 언급한 원칙들은 균형 있게 적용돼야 한다. 가급적 "이것"을 먼저 하고, 다음에 "저것"을 한다. 그러나 "저것"을 먼저 할 때도 있다. 이때에는 당면한 리스크를 의식하면서, "저것"을 먼저 하고 다음에 "이것"을 한다.

여기서 협상자는 종종 비대칭 상황에 부딪친다. 예컨대, 상대가 보기에 뻔한 것에 매달려 쌍방이 함께 추구해야 할 협상의 요점을 방해하는 상황이 된다. 상대가 관계에 관심이 없으면, 결과적으로 쌍방이 손해를 보게 될 것이다. 그러므로 협상자는 일정한 정도의 책임을 질 필요가 있다(제6장 참조). 인내심은 협상에서 중요한 자질의 하나이다. 그 자질은 처음에 무시됐더라도 협상의 성공을 좌우하는 일부 원칙을 상대에게 강요하지 않고 재론할 수 있는 능력이기도 하다.

전형적 협상의 흐름, 원칙의 구축, 협상자의 적응력, 이 셋의 결합은 복수의 연주자의 해석으로 이루어진 재즈와 유사하다. 각자가 동음으로 연주해야 할 곳을 알고 있으며, 테마를 구성하는 부분을 존중하고, 즉흥적으로 "애드리브"를 한다. 동시에 하모니와 리듬을 함께 전개하고 곡의 흐름이 요구하는 창의성을 발휘한다.

4

THE FIRST MOVE

나누기 "전"에 종합가치를 최대화한다

문제에 어떻게 대처하는가

제1장의 경합적 접근법에서는 가치 창출을 방해하고 당사자 간의 관계를 훼손하며 때로는 협상 결렬을 초래하는 리스크가 있다는 걸 알았다. 피셔와 유리[1]가 주장한 원칙 입각 협상 이론은 협력의 가치를 강조하고 있으나, 이 접근법을 현장에서 실천하는 데는 몇 가지 장애물에 부딪치는 것도 사실이다. 따라서 이 책에서는 협조중심 전략을 선택하는데, 가치 분배에 따른 긴장 문제도 소홀하게 다루지 않는다. 이 주제에 관해선 이 장에서 더 깊이 고찰하고자 한다.

우리 방법론의 토대인 "명백한 것에 앞서서 본질에 부딪쳐라"에 대해서는 다음 예로 설명을 보태고자 한다. 협상자는 자신들의 일방적 반응과는 반대로, 가치의 분배에 앞서서 협력하고 가치를 창출하는 일에 나서야 한다. 협력으로 만들어 내는 종합이득은 협상으로부터 얻는 각자의 이득과 직결된다. 협상의 목표는 단순히 파이를 나누는 것일 뿐만 아니라 먼저 입수 가능한 가치를 늘리고, 다음에 분배하는 것이다. 협상이 완전히 분배형이고, 아무리 해도 파이의 크기를 증대할 수 없는 경우도 있지만, 대부분의 경우, 활용할 수 있는 가치를 창출하는 수단이 존재한다. 우수한 협상은 나누기를 하기 전에 곱하기를 하고, 빼기를 하

---

1. Roger Fisher and William Ury, *Getting to Yes: Negotiating Agreement Without Giving In*, ed. Bruce Patton (London: Penguin, 1981, 1991).

기 전에 더하기를 하는 것이다.

가치를 분배하기 전에 가치를 창출하는 일은 별개 프로세스다.[2] 협력을 요하는 가치 창출의 프로세스를 통해 상대에게 흉금을 열고 정보를 공개할 필요가 있다. 자신과 상대를 위한 종합이익을 창출하는 데는 어느 정도의 리스크가 따른다. 그리고 일정 형태의 경합이 수반되는 가치 분배의 프로세스에서 협상자 간에 어느 쪽이 무엇을 차지하느냐를 결정해야 한다. 공동 이익을 늘리기 위한 협력과 자신의 몫을 늘리기 위한 경쟁 사이에 생기는 긴장은 "협상자의 딜레마"다.[3] 이 협상자의 딜레마는 유명한 "죄수의 딜레마"처럼, 다음과 같은 상황을 일컫는다. 만일 자신만이 상대에게 정보를 주면, 결과적으로 손해 볼 위험성이 있다. 만일 쌍방이 지식을 공유하면 최적의 해결책을 찾을 기회가 많아진다. 만일 쌍방이 모두 정보를 갖지 못하면 목전의 문제를 해결하지 못하는 리스크가 있다. 협력과 경합의 이런 긴장은 협상에서 피할 수 없는 기본 과제다.[4] 두 협상자(A와 B)의 협력과 경쟁 간의 선택의 결과는 [표 4-1]과 같이 네 가지로 나뉜다.

[표 4-1]

		협상자 B	
		협력(+)	경합(−)
협상자 A	협력(+)	A: + B: +	A: − B: +
	경합(−)	A: + B: −	A: − B: −

—

2. John Nash (1950), The Bargaining Problem, *Econometrica*, 18(2).
3. David Lax and James Sebenius, *The Manager as Negotiator* (New York: The Free Press, 1986).
4. Robert Mnookin, Scott Peppet and Andrew Tulumello, *Beyond Winning. Negotiating to Create Value in Deals and Disputes* (Cambridge: Harvard University Press, 2000), p. 9–43.

쌍방이 협력하는 경우에는 가치를 충분히 창출해 공평하게 분배함으로써 쌍방의 (반드시 최적의 가치는 아니지만) 이익이 된다(+, +). 일방이 협력하고 다른 일방이 경합하는 경우에는 협력한 쪽이 후자에게 이용당하는 리스크가 있다(+, - 또는 -, +). 쌍방이 경합하기를 결정한 경우에는 새 가치의 창출이 저해되어 서로가 손해를 본다(-, -).

협력이 플러스의 성과를 낳는데도 협상자가 협력을 관행적으로 하지 않는 이유는 무엇인가? 이유는 두 가지다. 하나는 협력하는 태도에는 리스크가 수반되기 때문에 자연스럽게 협상자는 협력적인 태도를 보이는 걸 본능적으로 회피한다. 많은 협상자가 조건을 먼저 말하기를 항상 주저하는 것도 이 본능 때문이다. 자신의 희생으로 상대가 이익을 취하지 않을까 걱정을 하고, 가능한 한 최대한의 성과를 얻을 생각으로 버틴다. 최초의 협력 단계는 자신의 카드를 보여 주는 것이다. 더 빨리 전진하기 위해 갑옷을 벗어야 한다. 그러나 대부분의 협상자들은 아무 말을 하지 않고 제안도 하지 않고 상대로부터 최대한 많이 받아내려고 하는 경쟁 논리가 리스크를 줄이는 최선의 수단이라고 생각하고 있다. 경쟁적인 태도를 취하는 경향을 갖게 되는 또 하나의 이유를 "협상자의 딜레마"가 밝히고 있다. 발생하는 리스크를 최소화하느냐, 가능한 이득을 최대화하느냐의 선택이다. 수많은 협상자들이 경쟁적인 접근을 하는 것은 상대가 경쟁적인 입장을 가졌을 경우에 생기는 리스크에 대비하기 위해서다. 자신의 관점에서는 순전히 방위적 행동인데도, 상대의 관점에서는 공격적으로 보이는 경우가 많다. 이는 경쟁적인 악순환을 반복하고, 결국엔 쌍방을 지고 지는(-, -) 균형으로 유도한다.

게다가 협력의 균형은 불안정하다. 균형을 깨뜨리고 경쟁에 나서는 첫 발언자는 초동자로서의 유리한 위치를 차지한다. 다음 이야기는 이런 경우를 비유하는 좋은 사례다.

고속도로의 갓길 주행

고속도로의 체증에서도 갓길을 달리면 다른 차들을 앞지를 수 있다. 먼저 움직이면 교통법규나 경찰을 염려해 갓길을 피하는 사람들보다 더 빠르게 갈 수 있다. 그러나 다른 차들도 여기를 따라 갓길을 달릴 것이다. 모든 차가 경쟁적으로 운전을 하면 갓길도 막히고 말 것이다. 그 결과 모두가 하는 경쟁 때문에 어느 누구도 득을 보지 못하는 사태가 온다.

이 현상은, 자신의 행동이 상대의 행동에 영향을 미치지 않는다는 일부 협상자의 믿는 바가 틀렸다는 점을 시사해 주고 있다. 일방이 경쟁적 전략을 취하면 상대도 스스로를 지키고 리스크에 내몰리지 않기 위해 같은 행동을 취할 확률이 높다.

선의로 행동하는 사람들의 바람과는 반대로, 경쟁적 행동의 균형은 그 나름대로 안정적이다. 협력을 도모할 생각으로 경쟁의 균형을 파괴하는 첫 발언자는 상대와의 관계에 있어서 불리하게 될 리스크가 있다. 자동차 운전과 관련한 또 하나의 예를 알아보자.

개선문의 로터리

파리의 샤를드골 광장은 한 관광객에게는 악몽의 장소였다. 초보 운전자가 로터리에 진입하는 장면을 상상해 보자. 교통의 흐름 속에 일단 들어가면, 다음은 자신을 들어가게 해주리라고 믿고 다른 차가 앞에 가도록 양보한다. 그러나 운전대에 앉아 있는 그녀는 실망한다. 개선문의 로터리에서는 아무도 양보하지 않는다. 차들은 경쟁적으로 앞으로만 달릴 뿐 양보하지 않는다. 처음 보았을 땐 경쟁적 시스템 때문에 균형이 불가능한 것 같았으나, 버퍼에 부딪치는 차가 없었다.

협상은 경합에 빠지기는 아주 쉬워도 협력으로 되돌아가기는 어렵다. 이 딜레마를 극복하기 위해 협상의 흐름을 두 개의 별개 국면으로 분리할 필요가 있다. 하나는 가치를 창출하는 국면이다. 여기서는 쌍방의 협상자가 협력 자세를 적극적으로 보여야 한다. 그 다음은 가치를 분배하는 국면인데, 여기서는 경쟁적 방식을 취한다. 유능한 협상자는 앞에서 말한 딜레마를 우회하고 최초의 협력과 그 뒤의 경합을 교대로 번갈아 하는 방법을 알고 있다. 그리고 가치의 창출과 분배라는 두 국면은 서로 뒤를 이어가며 계속한다. 가치를 창출해 어느 시점에서 이를 분배하고, 또 가치를 창출하고 다음 단계에 이를 분배하는 식으로 계속한다.

차의 왕래

개선문 로터리의 예는 인간의 자기중심적 행동을 보여주는 것일지 모른다. 그러나 차의 움직임을 좀 더 주의해 관찰하면 운전자들이 두 형태의 작은 운동의 흐름을 따르고 있음을 알 수 있다. 다른 차들을 앞으로 보내는 협력의 브레이크 조작과 다른 차를 앞지르는 경쟁의 액션 조작이다. 이 미묘한 행동의 교체가 관광객 운전자에겐 무섭게 보이지만, 체증을 막고 차를 흐르게 하는, 보기에 불가능할 것 같은 균형을 이루고 있다.

이 같은 협력과 경쟁의 이중적 필요성의 이면에는 문제 해결의 세계적 기준이 있다. 대전제는 쪼개서 나누기 전에 파이를 크게 하는 것이다. 이 장의 협상 원칙—나누기 전에 종합가치를 최적화한다—을 활용하여, 협상이 달성해야 할 목표는 협상이 낳는 효용의 전체를 각 당사자가 개별적으로 달성하는 부분보다 크게 하는 일이다.

가치를 창출한다

우수한 협력이 협상의 가치 창출 국면을 유도한다. 앞에서 본 원칙 몇몇이 관련되지만 가장 중요한 것은 동기를 이해하고 제로섬 게임에서 벗어나 협상에 의한 창의적 해결안을 만들어 내는 준비 국면이다. 여기서의 전제는 당사자 간에 정보를 교환하고 주저 없이 지식을 공유하는 것이다.

가치 창출의 원천

가치 창출의 중요성을 한 가지 예로 알아보자.

톱레벨(top-level)의 운동 선수

프로 스포츠 팀과 선수 간의 논의는 연봉에만 국한되지 않는다. 쌍방은 연봉의 금액을 언급하기 전에 가치를 창출하는 다른 수단을 모색하며 공통의 이익을 가지게 된다. 직접적이든 간접적이든 팀 측이나 선수 측이 할 수 있는 이익이 되는 일들을 생각할 수 있다. 선수는 자신의 스폰서와 팀을 뭉치게 할 수 있을 것이고, 팀은 선수와 스폰서를 뭉치게 할 수 있을 것이다. 선수가 팀의 플레이오프 진출을 결정하는 시합에서 득점을 하면, 시합의 입장권 매상이 늘어 보너스의 대상자가 될 것이다. 선수에 관한 기사를 읽고, 좋아하는 팀의 유니폼을 입고, 갖가지 관련 상품을 사는 팬들, 이것이 선수와 팀이 협력해 매상을 늘리는 영역이 되는 것은 분명하다. 이로써 선수가 자신의 브랜드 가치를 높이고, 팀도 이익을 보게 되면, 선수의 동기는 올라갈 것이다. 이런 기회를 활용함으로써 선수의 기본급보다 더 많은 부가 창출되는 건 확실하며, 협상 프로세스는 더 활발하고 흥미로워진다.

이 예는 가치의 창출이 얼마나 중요한가를 보여준다. 가치의 창출은 단일 변수의 협상을 복수의 변수를 가진 프로세스로 전환하는 것이다. 가치의 창출은 협상의 복잡성을 인식하는 의미도 있다. 경험이 많은 협상자는 가치 창출이 가능한 영역을 알아내는 능력과, 그 영역을 쌍방에게 최적의 결과를 안겨주는 지렛대로 사용하는 능력을 지니고 있다. 가치 창출에는 명확한 방법론이 있다. 다음의 5요소는 가치를 창출하는 툴이다.

차이점을 지렛대 삼아 가치를 창출한다

유사점이 합의를 용이하게 해준다는 직감적 전제는 잘못된 것이다. 대부분의 합의는 당사자 간의 차이점을 바탕으로 한다. 단순한 예를 들면, 내가 빵 하나를 사는 것은 그것이 대금보다 가치 있기 때문이고, 빵집 주인은 그 반대다. 협상도 같은 개념으로 성립한다. 서로의 차이점을 명확히 하고 교환해야 한다. 탐색해야 할 차이점을 몇 가지 유형으로 분류해 보자.

1. 자원의 차이

두 협상자가 서로 다르지만 상보적 자원을 가지고 있는 상황이다. 두 명의 농부가 있다고 하자. 한 사람은 생산에 쫓기고 주문을 따라가지 못한다. 다른 한 사람은 일이 없어 농기구는 쓰지도 않은 채 그대로 있다. 후자가 전자에게 노동력과 기구를 빌려주어 각자의 상황을 최적화할 수 있다. 농업협동조합의 설립도 농민이 아니라 이런 조정과 규모의 경제에 의한 이익을 얻기 위한 것이었다. 여기서 협상 전과 협상 중에 다음과 같은 질문을 하게 된다.

- 자신이 가진 어떤 자원이 상대에게 도움이 되는가?
- 상대가 가진 어떤 자원이 자신에게 도움이 되는가?

2. 니즈의 차이

한쪽 협상자에게는 큰 이득이 되는 것이 상대에게는 이득이 안 될 수도 있다. 어떤 여배우는 출연하는 영화 포스터에 이름을 크게 해주면 출연료를 낮춰도 좋다고 생각할지 모른다. 큰 문자로 인지도를 높이는 것이 그녀에게는 가치 있고 프로듀서에게는 제작비의 절약이 된다.

기업과 연구기관의 제휴

어떤 대기업이 연구기관에 분쟁해결의 연구를 의뢰했다. 대기업에 있어서는 적은 금액의 연구비용도, 연구기관에 있어서는 박사과정 학생 몇 명의 인건비가 된다. 새 연구원을 얻은 이 연구기관은 적은 비용으로 연구 성과를 낸 셈이다. 연구 결과에서 얻은 통찰은 기업의 수익을 늘려주었다.

여러 가지 합의가 당사자 간의 다양한 니즈를 토대로 이루어진다. 중요한 질문은 다음과 같다.

- 자신에게는 비용이 거의 들지 않으나 상대에게 큰 이익이 되는 것으로, 자신이 할 수 있는 것은 무엇인가?
- 상대에게는 비용이 거의 들지 않으나 자신에게 큰 이익이 되는 것으로, 상대가 할 수 있는 것은 무엇인가?

3. 시간 선호의 차이

시간 관리는 난점을 줄이는 수단이 된다.

선택에 대한 시간의 영향

특정 업계 단체에 개혁을 촉구하고자 하는 정부 관리는, 그것에 대한 예측 반응이 호의적인지 부정적인지에 따라 개혁의 실행을 차기 선거 전에 하느냐 후에 하느냐 판단을 할 수 있다. 자금난을 겪고 있는 회사라면 가격 인하보다 납기 내의 배달을 원할지도 모른다. 현금이 필요한 판매 담당자라면, 현찰 지불인 경우 값을 깎아 줄지도 모른다. 반대로, 지불을 늦추고 싶은 구매 담당자라면 값을 더 지불하는 데 응할지도 모른다.

여기서 물어야 할 것은 다음과 같다.

- 과제로 돼 있는 이해利害와 관련해 자신의 시간적 선호는 무엇인가?
- 상대의 시간적 선호를 추측할 수 있는가?

4. 리스크에 대한 대응의 차이

협상자에 따라 리스크에 대한 관점이 다르고, 다른 사람보다 높은 리스크를 감수하는 사람도 있다. 보험회사는 남의 리스크를 보증함으로써 수익을 얻는다. 할증금과의 교환으로 더 큰 리스크를 감수하는 자도 있으며, 리스크를 회피하고, 높은 비용을 지불하거나 낮은 이익을 보는 자도 있다. 보증연장은 구매자가 장기간의 리스크를 회피하고 판매자가 할증금을 지불하는 이 모델로 움직인다. 다음과 같은 질문을 할 수 있다.

• 자신은 보통, 리스크에 대해 어떠한 태도를 취하며, 특히 지금은 어떠한가? 리스크를 감수하거나 경감하는 포인트는 무엇인가?
• 상대측의 리스크에 대한 인내심을 어떻게 평가할 수 있는가?

5. 장래 일의 발생 확률에 대한 예측의 차이

특정한 일이 발생할 확률에 대한 두 협상자의 예측은 다르다.

콘서트홀의 대여료

콘서트의 주최자와 콘서트홀의 소유주를 예로 들어보자. 소유주와 주최자는 이 콘서트의 성공 가능성에 대해 다르게 평가를 하고 있다. 소유주는 관객이 적을 것이라 예측하고 높은 정액 사용료를 요구하고 있다. 주최자는 티켓의 완매를 예상해, 선불금이 높아도 티켓 매상의 대부분을 가지고 싶어한다.

묻고 싶은 것은 다음과 같다.

• 장래 일의 발생 확률과 그 일의 특징을 자신은 어떻게 예측하는가?
• 그 일에 대해 상대는 어떻게 예측하는가?

함께 가치를 창출하고 경제적 이익을 실현한다

협상은 개개인이 협동함으로써 가치를 창출하고 비용을 절감하거나 서비스 제공을 확대해 경제적 이익을 낳는 것이다.

1. 규모의 경제와 시너지 효과

각 당사자가 지불해야 할 비용을 절감하기 위해 자원과 기능을 공동으로 이용한다. 많은 기업 합병을 떠받치는 논리가 이것이다.

기업 합병

두 회사가 합병해 사업을 공동 관리하면 발주품의 가격을 싸게 할 수 있을 것이다. 소규모 공급선들과의 관계로 구매 거점을 집약하고 보다 낮은 비용으로 보다 높은 질의 제품을 생산하기 위해 연구를 하는 것도 같은 원리다.

공장의 위치

전자부품의 대형 회사가 자사의 공장을 주요 고객의 공장에 인접해 세웠다. 운송비를 줄이고, 파업과 같은 예측 못한 사태로 인한 지연의 리스크를 제거할 수 있게 됐다.

이 예들은 협상자가 각자의 활동을 검토하고 비용을 절감하는 방법을 찾아내는 상황에 관한 것이다. 사실은 가치를 창출하는 것이 아니고 비용을 억제하는 셈이지만, 이런 활동이 결국에는 쌍방의 대차대조표상에 플러스 효과를 가져다준다.

르몽드의 인쇄기

마지막 예는 인쇄업계와 관련된 것이다. 프랑스의 일간지 〈르몽드〉는 〈레제꼬〉지와 인쇄기를 공용함으로써 인쇄부분의 수익성을 높일 수 있었다. 〈르몽드〉가 오전 중에 인쇄되는 데 반해, 〈레제꼬〉는 야간에 인쇄되기 때문에 규모의 경제가 가능하다. 여기엔 규모의 경제와 상보적 타이밍의 요건들이 결합돼 있다.

시너지와 관련해 중요한 질문은 이것이다.

- 각각 독립된 작업이라서 실현할 수 없을 것으로 보이는 작업들을 비용 절감하는 형태로 통합할 수 있을까?

2. 범위의 경제

쌍방의 조직이 제공하는 서비스를 넓히는 것인데, 제3자에게도 용이하게 확장할 수 있다.

코칭

컨설팅 회사가 조직의 전문직 연수를 의뢰받아 시행한다면, 코칭도 업무에 포함하여 담당해 줌으로써 쌍방의 비용을 억제하고 제공 업무를 확대할 수 있다.

패키지 상품

항공회사는 모든 고객의 니즈에 맞는 포괄형 상품을 제공하기 위해 호텔 체인과 협력하는 일이 많다. 이런 패키지 상품은 동시에 구입되기 때문에 개별적으로 구입될 때보다 총비용이 적게 든다. 게다가 제휴에 참여하는 기업은 직접 거래를 해서 여행대리점에 수수료를 내지 않는다.

여기서 물어야 할 중요한 질문은 다음과 같다.

- 기존의 활동을 바탕으로 자신에게는 비용이 거의 들지 않으면서 상대에게는 상당한 이득이 될 수 있는 제안을 어떻게 만들 수 있을까?
- 상대가 비용 부담 없이 이쪽에 큰 수익이 되도록 오퍼를 넓히려면, 어떻게 해야 하는가?

종결 후의 해결로 가치를 창출한다

가치 창출 국면에서는 프로세스가 진행되는 동안에 확인된 중간 합의안을 이용할 수 있으나, 그것이 최종 결과가 되지는 않는다. 협상의 목적은 단지 합의에만 도달하면 되는 게 아니고, 협상장에 나와 있는 모든 요인으로부터 가능한 최상의 합의를 찾아내는 것이다. 경제 용어로 말하면, 다른 쪽의 만족을 저하시키지 않고 이쪽의 만족을 향상시키는 최적의 합의를 찾아내는 것이다. 두 협상자가 생각한 최초 합의안이 실현 가능한 최상의 해결안이라면 이는 매우 경이로운 일이다. 그런데도 대부분의 협상자들이 그렇게 믿는다. 이 협상을 성급한 종결이라고 하는데, 미해결의 가치가 협상장에 방치된 채로 남아 있어, 그냥 지나갈 수 없는 상황이다.

그러므로 최초의 합의안은 바람직한 조정을 하기 위한 출발점이라고 생각할 필요가 있다. 최초의 합의안이 안정감을 주어 협상자는 자신의 동기를 더 깊이 생각할 수 있게 되고, 최적의 안을 추구할 수 있게 된다. 협상에 시간을 더 소요함으로써 쌍방은 동기 속으로 더 깊이 파고들어가, 새롭고 창의적인 해결안을 만들어 내어 쌍방을 위한 가치를 늘릴 수 있다. 최악의 경우엔 최초의 합의안으로 되돌아가면 된다. 최상의 경우에는 이상적 합의에까지도 손이 미친다. 이것을 "종결 후의 해결"이라고 한다.

충돌의 재발 방지로 가치를 창출한다

충돌에 직면하면 긴장을 유발하는 요소 중에서 가장 눈에 띄는 요소에만 집중하는 경향이 있다. 모두가 충돌의 직접적인 영향을 억제하고, 필요하면 발생한 피해를 보상하고 싶어 한다. 그래서 모든 걸 다시 시작한다. 이 같은 근시안적 접근을 하면 동요가 있기 전의 경합적 균형으로 되돌아가는 것으로 만족한다. 가치가 창출되지도 않고 같은 원인이 같은 결과를 초래하기 때문에 충돌이 재발하는 일이 드물지 않다.

범죄와의 싸움

충돌이나 대립의 재발과 관련해선 많은 사례가 있다. 범죄와 싸우기 위해선, 경찰의 증원, 법률의 강화, 교도소의 증설이 필요하다. 모든 대응이 결과를 낳지만, 근본적 원인을 고려하지 않으면 범죄는 끊이지 않는다. 그래서 범죄의 원인과 증상 양쪽에 대처하는 통합적 접근이 필요하다. 이 통합형 접근은 가정, 교육기관, 관계단체 등 모든 이해관계자의 인식을 제고하고, 고용연수의 쇄신과 도시환경의 개선을 지향한다. 이 접근은 장기적으로 범죄를 억제하고 사회 전체의 안전을 향상시키는 효과를 목표로 한다.

같은 의미로, 협상에 있어서 충돌의 해결은 예방적으로 이루어져야 한다. 충돌의 원인에 맞부딪쳐 이를 완화함으로써 혼란의 비용을 회피하고 가치를 창출할 수 있다.

예측과 예방을 위한 이런 틀은 역설적으로 갈등에 대한 새로운 이해를 제공하기도 한다. 이런 절차가 실행되면 감추어져 있던 갈등과 대립을 가시화하는 정화 효력이 생겨, 패러다임 변화로 이어진다. 이 상황에서 이해관계자는 일시적 해결을 피하고, 궁극적 목적의 과제를 해결하기 위해 근본적 변화를 추구하는 것이 필요하다. 갈등이 발생하기 전에는 없었던 창의적 해결이 필요해지며, 문제의 재발을 회피하기 위해 당사자 모두의 다짐도 요구된다.

분쟁 예방 시스템

사회적 분쟁이 일어나면, 염려 사항을 넘어 최초에 갈등을 야기했던 근본 원인까지 논의를 넓혀야 한다. 이런 접근을 통해서만이 장차 갈등을 피할 수 있다. 노동조합도 "합의 아니면 파업이다."라는 이분법적 논리에 머물지 않고, 분쟁 예방 시스템을 만드는 일을 경영자 측과 협의할 수 있을 것이다. 이 시스템은 초기 경고를 주듯이 적당한 시기에 사태에 개입하여, 그냥 두면 사회 불만을 초래할 긴장을 완화시킨다. 문제점을 사전에 예측하기 위해 사회적 긴장을 상시 모니터링하는 것도 포함된다. 필요하면, 중재인의 도움을 받아 협상을 조정할 수 있다. 사회적 위기가 발생하기 전에 협상이 시작되도록 모든 일을 준비해 두는 방식이다.

프로세스를 통해 가치를 창출한다

심한 제약을 받고 있는 상황에서도 가치를 창출할 수단이 최소한 하나는 있다. 그것은 협상 비용을 삭감하는 일인데, 프로세스 자체가 대상이다. 경제적 관점에서 보면, 협상은 거래 비용인데, 두 사람 이상의 협상자가 관여하고 시간과 기타 자원이 소요된다. 이 비용은 당사자가 부담하며, 쌍방이 비용 삭감으로 금전상의 이득을 취한다. 시간을 낭비하지 않고, 호혜적으로 정보를 공개하고, 자신의 카드를 테이블에 꺼내 놓는 협상은 비용을 축소하는 실제 방식이다. 예컨대, 구매자와 판매자가 오픈북식의 서비스 제공에 합의하면, 남는 것은 마진을 결정하는 일이다.

제7장에서는 중간에 사람을 개입시킴으로써 생기는 거래 비용, 특히 최종적인 가치 창출과 분배에 영향을 미치는 요금 설정을 검토한다.

이용할 지레의 차이점을 알아내는 일이나, 규모의 경제, 범위의 경제, 갈등의 예방이든, 프로세스의 합리화든 간에 가치 창출에 있어서 한 가지 조건만은 동일하다. 즉 정보를 효율적으로 교환하는 것이다.

정보교환의 역할

정보교환은 뛰어난 커뮤니케이션 기능(제5장)을 전제로 하는데, 여기서는 주된 것만 몇 가지 살펴보고자 한다.

1. 관계의 중요성

정보교환에는 당사자 간의 실무관계가 필요한 경우가 많다. 관계가 좋을수록 정보교환도 좋아지고, 그 반대도 마찬가지로 선순환이 된다. 장기적인 신뢰관계는 지속적인 배려 속에 형성된다.

2. 정보의 분류

준비 단계 동안 협상자는 가지고 있는 정보를 중요도가 낮은 것으로부터 전략성과 기밀성이 높은 것으로 분류해 두어야 한다. 이렇게 함으로써 무엇을, 어떤 순서로, 언제 말해야 하는가를 파악할 수 있다.

3. 질문과 창의적 해결

정보는 투망에 의해서만 잡을 수 있는 고기 떼와 같다. 협상자는 상대의 동기가 표출되도록 하기 위해 일련의 질문을 할 필요가 있다. 동시에 어떠한 질문이든 몇 가지 회답을 줄 수 있어야 한다. 이 기술은 간접적으로 상대로부터 정보를 끌어내게 해준다. 제시하는 선택지가 하나밖에 없으면, 회답은 예스(Yes)나 노(No)뿐이다. 복수의 안을 제시하면, 어떤 안이 왜 다른 안보다 나은가를 알고, 상대가 결정을 내리는 이유를 알 수 있다. 어느 것이 선택되었든 개의치 않을 만큼 나머지 선택지의 영향이 자신에게 같은 레벨이면 이상적이다. [그림 4-1]의 가로축은 협상에서 자신이 얻는 효용을, 세로축은 상대가 얻는 효용을 표시하고 있다. 다양한 제안은 상대에게 상이한 레벨의 효용을 제시하지만 자신이 갖는 효용은 동일하다. 따라서 상대의 선호선은 자신에게는 등가선이다. 상대가 왜 특정 안을 거부하고 그 밖의 안이 좋은가를 설명하도록 기다려야 한다. 상대에게 등가의 복수 안을 제시함으로써 상대가 선호하는 것을 더 잘 이해할 수 있다. 협상이 진전됨에 따라 이 정보의 가치는 증명된다.

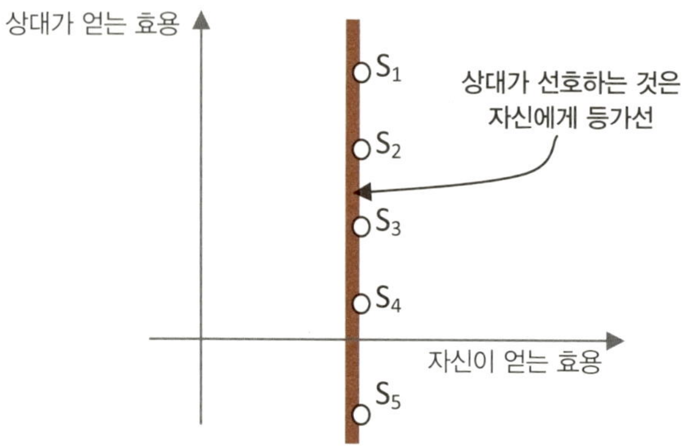

[그림 4-1] 복수의 등가 오퍼

4. 주고받기(give & take)

정보교환은 상호적이라야 한다. 침묵의 벽을 향해서 공짜로 정보를 내놓는 사람은 없다. 따라서 정보교환의 프로세스를 시작하기 위해서는 자발적으로 첫발을 내딛어야 한다. 주변 정보, 일반적으로 얻을 수 있는 정보라도 내놓아야 한다. 호혜적 관계를 조성하는 데는 계산된 행위도 필요하다.

정보의 효과적, 신중한 관리는 아티초크를 닮았다. 이 식물의 가장 맛있는 중심부를 얻기 위해선 바깥 잎을 떼내야 한다. 정보의 관리도 이와 같은데, 문제의 핵심에 접근하기 위해 가장 중요하지 않은 것부터 하나하나 드러내야 한다. 두 협상자가 각각 자신의 아티초크를 가지고 있다고 생각하자.

어느 쪽도 잎을 벗기지 않는다면, 합의에 이르지 못하거나 최종안이 최적 수준에 미치지 못하게 될 리스크가 커진다. 협상자가 참된 동기를 밝히지 못하면 가장 내실 있는 해결안을 찾기가 어려울 것이다. 그러므로 정보를 공유하는 게 관건이다.

일방만이 아티초크의 잎을 벗긴다면, 상대는 제공받은 정보로 이익을 얻을 수 있을 것이다. 이렇게 되면, 당사자 간의 관계에 해가 되는 불평등한 결과를 피할 수 없게 된다. 일방적 정보 유출은 이기적인 사적 이익을 조장한다.

정보 공유의 필요성과 일방적 정보 제공의 위험성이라는 이 양면의 칼은 분명히 딜레마다. 정보를 공유하는, 즉 아티초크의 잎을 벗기는 공동 작업에 대한 상호 합의가 해결책이다. 중심에 도달하기까지 한 장 한 장 벗기면서, 각 당사자는 상대가 호혜 정신으로 따라올 것을 촉구한다. 최초의 한 장이 관계의 기반을 만들고 전략적 요소로 이동하기 위한 신뢰 구축의 수단이 된다.

필요하면 호혜원칙을 확실하게 전면에 내세워야 한다. "당신이 그 정보를 내게 내놓기 싫어하는 걸 알고 있습니다. 나도 마찬가지입니다. 우리 서로가 정보를 동시에 내놓읍시다."

5. 모두가 잘못됐을 때는 어떻게 해야 하는가?

제3자에게 맡기는 것도 딜레마를 처리하는 또 하나의 방법이다. 교환을 필요로 하면서도 이 시점에서는 밝히고 싶지 않은 정보를 제3자를 경유해 전달하는 방식이다. 제3자가 쌍방으로부터 정보를 받았다고 확인하면 협상을 재개한다. 당사자 모두가 필요한 문서를 제출해야 비로소 정보가 공개된다.

양질의 정보교환에 의해 이루어지는 이런 가치 창출로 관계자 전원은 더 큰 파이를 갖게 된다. 다음 일은 이 파이를 잘라 나누는 일인데, 이때 어려운 질문은 "나이프를 어떻게 다루느냐"다.

가치를 분배한다

무슨 마술처럼 파이가 커진다고 분배가 용이해지는 것은 아니다. 과실이 가장 맛있게 보일 때 이해대립과 다툼이 최고조가 된다. "win-win(윈-윈) 이론"은 경합의 재발을 논하지 않고 있으나, 협상장의 가치를 분배하는 단계에 와서는 많은 협상자가 가장 일반적인 하드형 협상 전술을 들고 나온다. 이 국면에선 경합이 기본인 것처럼 생각되지만, 문제 해결을 위해 협력 논리를 지킬 틀은 반드시 존재한다.

일반적 흥정 수법

주의할 것이 있다. 이 장에서 실제 사용되고 있는 수법을 외면하는 것은 아니다. 그렇다고 해서 그런 수법을 권장하는 것은 아니고, 알아

두는 것이 좋다고 생각하고 또 실제 협상에서 자신에게 사용될 때 알아챌 수 있게 도와주기 위해 여기에 소개하고자 한다. 이 주의는 도덕적 의미에서뿐 아니라 현실적 의미도 있기 때문이다. 사람을 조종하는 수법은 그 수법을 쓰는 본인의 평판을 훼손시키는 리스크를 수반한다. 그럼에도 불구하고 이런 수법을 완전히 금지할 길은 없다.

아래의 13개 수법은 기본 바탕이 되는 시동, 이 시동에서 생기는 리스크 그리고 적절한 대응이라는 형태로 정리하고자 한다. 주된 관심사인 대응에는 세 가지 요점이 있다.

- **요점 1: 자신이 자유롭게 다룰 수 있는 정보를 가급적 많이 보유하라.** 정보는 경합적 전술에 대항하는 최상의 방벽이다. 정보가 있으면 많은 함정을 피하고 조작적 수법을 쓰는 상대에게 대항할 수 있다. 정보를 수집해 분석하는 데는 철저한 준비가 필요하다.
- **요점 2: 관계를 구축하라.** 서로 간에 매우 중요하고 지속적인 관계를 구축해 온 협상자들일수록 이 수법을 이용하는 빈도가 낮다.
- **요점 3: 프로세스를 협상하라.** 자신에게 사용되고 있는 수법을 간접적으로라도 지적하는 것을 주저해서는 안 된다. 이런 발언은 상대의 전략을 이쪽이 알고 있으며, 속지 않겠다고 하는 태도를 상대에게 전한다. 또 그런 수법의 희생자가 되지 않고 주제로 되돌아가고자 하는 태도를 시사한다.

수법 1. 비현실적 앵커링, 즉 가장 많이 쓰는 전술

시동: 상대가 비현실적 수치를 말해 자신에게 유리한 방향으로 협상을 이끌려고 한다. 이 수법은 이쪽의 인식을 바꾸고 이쪽이 합의 가능한 범위를 오해하고 있는 것처럼 생각하게 만드는 데

목적이 있다.

리스크: 듣는 측은 다른 곳에서 협상하는 게 더 나을 것이라고 생각하고 협상장을 떠날지 모른다. 쌍방이 협상장에 남아 있다 하더라도 시간만 낭비될 것이다.

대응: 상대가 제시한 수치의 정당성을 말하게 하고 계산법이나 기준의 설명을 요구한다. 상대는 주춤거리고 물러서거나, 허세를 부릴 것이다. 반대로, 똑같이 극단적인 앵커로써 상대의 수치에 대항할 수 있다. 지나치게 높은 가격과 맞서게 됐을 때, 그 가격의 부당성을 강조하기 위해 0원 미만의 금액을 제시하는 협상자도 있다. 협상을 떠나서 좋은 해결안이 있다면 자리를 떠나 다른 곳에서 협상할 수도 있지 않은가?

수법 2. 일방적 행동

시동: 이쪽의 제안을 듣고 상대는 생각해 보지도 않고, 이치에 맞지도 않고 대응할 여지가 없으므로 재고하라고 요구한다. 상대는 이를 반복하고 매번 새 양보를 강요한다. 반면 상대는 이에 대해 양보를 하지 않는다.

리스크: 듣는 측이 이 수법을 의식하지 못하면 그의 입장은 약화된다.

대응: 호혜원칙에 호소하고 이쪽이 내놓은 제안 하나하나에 대안을 요구한다.

수법 3. 작은 양보로 큰 양보를 요구

시동: 이쪽의 양보에 대해 상대는 훨씬 작은 양보로 응해, 상대는 이쪽보다 잃은 것이 적다. 이쪽이 타협을 크게 해주는 데 비해 상대는 아주 작게 타협한다. 관련 변수에 따라 양보 내용을

평가하기가 어려울 수 있다.

리스크: 이 수법을 알아차리지 못하면 제안을 받는 측은 입장이 약해진다.

대응: 잘못된 점을 명백하게 말하고, 호혜원칙은 단지 양보의 횟수가 아니고 각 당사자의 양보의 정도에 대해 적용한다는 점에 주목해야 한다. 또한 정당화 기준을 강조해야 하고 양보의 실제 가치를 평가할 수 있도록 휴게시간을 요구해야 한다.

수법 4. 연계

시동: 느닷없이 새로운 요구를 꺼내어 기존 과제와 연결시키는 일이다. 중동의 한 협상에서 한 당사자가 당면한 문제와 관계없는데도 불구하고, 미국에 수감 중인 죄수의 석방을 요구한 일이 있었다.

리스크: 이 수법은 입장을 억지스럽게 보이게 한다. 상대도 자극을 받아 관계없는 요구를 추가하고, 협상이 정체 상태에 빠지기도 하고 큰 틀이 붕괴된다.

대응: 협상 전이나 협상을 시작할 때 서로가 동의하는 어젠다를 신중히 정한다. 관계없는 요구가 나왔을 땐, 그것들을 논의의 범위 밖이라고 단언하고 본 과제로 돌아가야 한다. 상황이 더 악화되면, 무관한 안건을 다룰 별도의 협상을 제안해야 한다.

수법 5. 거짓말과 흥감

시동: 이 수법은 협상장 밖의 해결안이라든가 협상자의 권한에 부과된 제약을 정확하게 말하지 않는 행위와 같다. 자신에게는 그런 권한이 없다든가 다른 데서 더 나은 협상을 할 수 있으므

로 양보할 수 없다는 태도를 취한다.

리스크: 제5장에서 거짓말과 홍감의 리스크에 관해 상세히 알아본다. 신뢰를 잃고 나쁜 평판을 얻는 것이 최대의 리스크다.

대응: 상대가 한 말을 확인하는 데는 정확한 정보밖에 없다. 물론 거짓말처럼 보이는 것을 세밀히 알아보는 건 가치가 있다. 만일 상대가 X라고 말하면 X에 관한 증거를 요구해도 좋다. 만일 상대가 현금 지불이 계약 조건이라고 호소하고 나서면 계약서의 기재사항을 보여 달라고 요청한다. 채용 면접 시, 후보자가 다른 회사는 더 나은 조건을 제시하고 있다고 말하면, 그 문서를 보여 달라고 말해야 한다. 거짓말처럼 보이는 말이 실제로 진실인 경우가 있기 때문에 요구를 확인하는 질문은 효과적인 방법이다. 어쨌든 상대의 말을 직접적으로 비난하는 것은 피하고, 내용을 신중히 검증하는 게 좋다. 만일 상대가 다른 곳에 더 나은 해결안이 있다고 시치미를 뗀다면, "귀하의 사정을 잘 알겠습니다. 귀하의 안이 어떤 이유에서든 실현될 수 없게 되면 이쪽 안이 좋았다고 후회하지 마세요."라고 말해 두는 게 좋을 것이다.

수법 6. 미끼

시동: 어떤 사항이 자신에게 있어서 긴요한 것이라고 말하지만, 그것은 미끼일 뿐, 실제는 다르다. 나중에 가서, 그것을 "희생"하는 교환 조건으로 상대에게서 큰 양보를 받아낸다.

리스크: 상대는 중요하지 않은 문제에 대한 논의에 많은 시간을 보내려고 할 것이다. 여기서 함정에 빠질 수도 있는데, 보기에 중요한 것 같지만 실은 사소한 문제와 관련된 논의가 장황하게

길어질 뿐이다. 논의가 격렬해지면 하찮은 항목들도 중요한 것처럼 보이고, 지금까지 무해했던 항목마저 협상을 교착 상태에 빠지게 한다.

대응: 미끼라고 의심되는 것을 마주쳤을 때 상대에게 동기를 깊이 있게 설명하라고 요청하는 게 도움이 된다. 상대가 그 요구를 계속해서 고집하면, 현안이 돼 있는 다른 사항을 뒤로 돌리고 논의할 가치가 있는지를 협의할 수 있다. 상대가 자신의 목표를 우선시하도록 촉구를 함으로써 미끼를 재빠르게 제거할 수 있다.

수법 7. 사적 관계를 호소

시동: 주요 항목에 대해 양보를 구할 때 "친구, 이것을 부탁해"라고 하며 관계의 중요성을 강조한다. 관계를 유지하기 위해 요구에 응해도 좋지만 같은 일이 앞으로도 반복될 우려가 있다.

리스크: 상대를 좌절시키고 관계의 가치 자체에 의문을 가지게 할지 모른다. 진짜 리스크는 양보도 얻지 못하고 관계도 나빠지는 것이다. 이 수법에서 염려할 점은 해당 문제를 개인적인 것으로 국한시키고 상대를 절충의 도구로 삼는 것이다.

대응: 제1장에서 말한 원칙으로 돌아가기만 하면 된다. 협상장에서 사람과 문제를 구별하는 것이다. 이로써 유연하게 대응할 수 있다. "친구라는 이유로 내게 요구하고 생각해 달라는 건 아니지요. 내가 거절하더라도 마음이 상하지 않으리라고 생각합니다. 우리는 친구 사이니까."

수법 8. 좋은 경찰관과 나쁜 경찰관

시동: 이것은 심문 기법에서 나온 것인데, 한 경찰관이 용의자를 꾸짖고, 소리치고 모욕을 주고 난 후, 취조실에 남겨 두어 조용히 있게 한다. 그 사이, 다른 경찰관이 들어와, 앞서 만난 경찰관에게 혼이 나지 않으려면 수사에 협조하는 게 현명하다고 친절하게 타이른다. 2명의 협상자가 한 단체를 대표하는 상황에선 같은 시나리오가 연출될 수 있다. 한 사람은 "나쁜 경찰관"으로서 양보를 거부하고 강경한 자세를 취한다. 다른 협상자인 "좋은 경찰관"은 나쁜 경찰관의 위압적인 태도와 반대로, 양보할 것같이 보이는 상대와 협상으로 해결하고 싶어 한다.

리스크: 이 수법에도 단점이 있다. 협상자 간에 완벽한 역할 분담이 필요하고, 협상자는 협상의 문제점이 아니고 그들이 보여 주는 역할에 관심을 집중한다. 상대는 어리둥절하게 되고, 좋은 경찰관과 나쁜 경찰관 중 누구를 상대해야 좋을지 모르게 되어, 결국 협상력을 상실한다.

대응: 이런 상황에 처하게 되면, 상대측 두 사람에게 그들의 노력과 입장을 좀 더 조정하도록 요청해야 한다. 시간을 주고, 조정이 되면 협상으로 돌아간다.

수법 9. 협상 자리에서 일어선다

시동: 상당히 긴 시간을 협상에 쏟은 후, 상대 협상자가 자리를 뜰 태도를 취한다. 상대가 큰 양보를 하지 않으면 자리를 뜨겠다고 위협한다. 그 후에도, 요구가 있을 때마다 문을 열고 나갈 듯이 움직인다. 이것은 불안정과 감정상의 충격을 유발하는 수법이다(제8장 참조).

리스크: 이런 행동은 당사자 간에 긴장을 고조시키고, 그런 행동의 장본인에게도 이롭지 못하다. 한쪽이 "나는 가겠습니다."라고 하면, 다른 한쪽은 "그렇게 하시죠."라고 말할 수 있다. 그러면 합의를 찾는 과정은 더욱 어려워질 뿐이다.

대응: 자제가 최상의 대응이다. 이 상황에서는 당황하지 말고, 휴게시간을 가지고 성찰할 기회로 삼아야 한다. 상대에게, 협상에 나올 수 있고, 또 상대가 준비되면 협상에 돌아오기를 기대하고 있다는 걸 전해 두는 게 중요하다. 현실적으로, 이런 상황에서 협상장 밖에 있는 해결안의 가치가 결정된다.

수법 10. 내 양손은 묶여 있다(아무 권한이 없다)

시동: 상대는 이쪽의 요구에 응하고 싶지만, 그의 권한이나 회사의 방침이 이를 허용하지 않는다.

리스크: 늘 그런 조건 뒤에 숨으면 당사자로서의 신뢰성을 잃고, 무능하고 합의를 이룰 만한 힘이 없어 보인다. 더욱이 이 상황은 분명히 이쪽에 유리한 문제일 때만 제약이 나타나는 특이한 경우다.

대응: 상대가 자신의 권한을 행사하지 않고 뒤로 숨기기만 하면, 쟁점을 정리하여 자기 상사에게 가져가도록 도와주고 합의안을 만들게 한다. 이것이 안 되면, 상대의 상사와 협의를 계속하겠다고 제안하고, 상대가 자신의 권한 범위 내에서 얼마나 훌륭하게 처신했는지를 꼭 지적하겠다고 말해도 된다.

수법 11. 요구의 수위를 점점 높인다

시동: 상대가 한 가지를 제안하고 그것이 수용되면 내용을 수정하

는 수법이다. 조금씩 늘리는 방식으로 요구가 수용될 때마다 요구를 추가해 양보를 계속 받아 내려고 한다. 자동차 구입 시의 업셀링과 같다. 모델을 선택한 후에, 에어컨은 어떤가, 파워윈도는 어떤가, 가죽 시트는 어떤가 하고 값을 올린다.

리스크: 첫 번째 요구 때는 이 수법을 알아채지 못한다. 그래서 자신 혼자만이 양보를 하고 있다는 걸 깨닫게 되면 상대에게도 보상으로 상당한 노력을 요구하든가, 협상장을 박차고 나가 버릴 것이다.

대응: 다른 수법과 마찬가지로, 최상의 방식을 빨리 알아차리고 호혜원칙을 강화하는 것이다. 상대가 양보를 요구하면 쌍방이 균형 있는 노력을 하도록 상대에게도 양보를 요구해야 한다.

수법 12. 최종 통고

시동: 상대가 "받든지, 떠나든지"하는 식으로 제안을 한다. 당신의 협상장 밖의 최상안과 비교하기를 강요한다. 이 수법의 일종으로서 발안자 러뮈엘 불와르의 이름을 딴 "불와리즘"은 "최초이자 공평하고 확고한 최후의 안"을 제안하는 것이다.

리스크: 이 수법은 시간을 벌지만, 논의가 너무 일찍 끝나고 가능한 의견 교환을 저해하는 리스크가 있다. 자신의 협상장 밖의 해결안이 상대의 안보다 나으면 다른 형태의 프로세스도 없이 상대를 내버려두고 협상을 끝내는 리스크도 발생한다. 그렇지 않으면 상대에 응하지 않을 수 없을 것이다.

대응: 반대 대책은 협상장 밖의 해결안에 좌우된다. 상대가 당신의 안이 약하다는 것을 알고 있다면, 그것을 이용할 것이다. 당신의 협상장 밖의 최상안의 가치가 상대의 앵커링을 평가하는

기준이 될 것이다. 상대의 정당화 기준을 찾아, 상대가 협의하고자 하는 반대 제안(카운터 오퍼)을 제시할 수 있는 가능성은 항상 존재한다. 경험에 의하면, 자신의 협상장 밖의 최상안은 비밀로 해두는 것이 언제나 상책이다.

수법 13. 뜻밖의 일격

시동: 협상이 끝나는 최종 순간, 합의가 실질적으로 이루어지자 상대가 느닷없이 자그마한 요구를 내놓는다. 이를테면, "당연한 것처럼" 포장비와 배송비를 부담케 한다. 이런 작은 비용 지출을 감수하느냐, 협상을 완전히 다시 시작하느냐의 기로에 선다. 이런 "일격"은 받아들이는 게 일반적이다.

리스크: 최악의 경우, 이 일격으로 사태가 급변해 만족스러웠을 합의가 파탄된다. 일격을 맞은 측은 견디기가 괴롭고, 빼앗긴 가치를 다음 협상에서 회복하겠다고 다짐한다.

대응: 호혜 정신에 따라 이 일격과 교환 조건으로 자신의 작은 제안을 상대가 수용하게 할 수 있다. 좀 더 진지한 태도를 취하려면, 이 최종 요구사항은 너무 늦게 협상 프로세스에 상정되었고 협의도 끝났음을 설명해야 한다. 또는 장래의 검토 과제로 삼을 수 있다든가, 합의 전체를 재검토할 수 있다는 암시도 가능하다. 처음부터 다시 시작하자는 위협도 상대가 추가 요구를 단념하게 만드는 데 효과적이다.

이 같은 수법을 구사하는 사람은 이에 대한 결과를 알고 있어야 한다는 것을 유념해야 한다. 확실히 분배 단계에서 한쪽이 이와 같은 수법을 사용하면 차지하는 몫은 늘어난다. 하지만 그 유효성에 관해선 불확실하다.

첫째, 이런 수법은 잘 활용하기가 생각보다 어렵다. 미숙한 협상자에게는 유효하지만 그 밖의 사람들에게는 잘 통하지 않는다. 더 중요한 점은, 이런 수법은 시간이 흐름에 따라 그 수법의 부정적 영향이 자신에게 미치는 것이다. 분배 국면에서는 다음 절에서 논하는 하자 없는 툴로 관리하는 편이 훨씬 좋다.

가치의 분배를 위한 체계적 접근

분배 단계에서 사용하는 가장 중요한 지레는 준비 단계에서 본 정당화 기준이다. 협상의 정량적 측면을 관리할 때 각 당사자는 자신의 목표가치와 리저베이션 가치 등 관건이 되는 수치를 알고 있어야 한다.

희망최적가치(OAV: optimal aspiration value)란 협상자가 정당화할 수 있는 것 중에서 가장 높거나 가장 낮은 가치다. 이 수치가 앵커, 즉 최초의 제시 수치가 된다. OAV는 판매자에게는 높은 수치, 매입자에게는 낮은 수치가 된다. 이것은 자신에게 이롭다고 하더라도, 정당화 기준에 입각한 수치이지 결코 아무렇게나 적당히 만든 건 아니다.

리저베이션 가치(RV: reservation value)는 협상자의 보텀라인이 되고, 판매자의 하한가격, 매입자의 상한가격이 된다. 일반적으로 이 가치는 협상이 결렬했을 경우 최상의 해결안을 예측해 각자가 계산한 것이다.

이 OAV와 RV 사이에 협상자가 제시하는 여러 가지의 정당화 기준과 관련 지어 다음 단계의 앵커도 되고 폭을 정하는 여러 중간 수치가 나온다.

이 중간 수치 중에서 협상을 통해 실현하고 싶은 목표가치(TV: target

value)를 정한다. OAV에 대한 현실적 목표치다.

매입자가 제시할 수 있는 최대치(매입자의 리저베이션 가치: RV)가 판매자가 인정하는 최소치(판매자의 리저베이션 가치: RV)를 상회하는 경우를 생각해 보자. 이 두 수치 사이가 합의 가능 범위(ZOPA: zone of possible agreement)인데, 이 범위 내에서 쌍방의 협의는 원활하게 진행된다[그림 4-2].

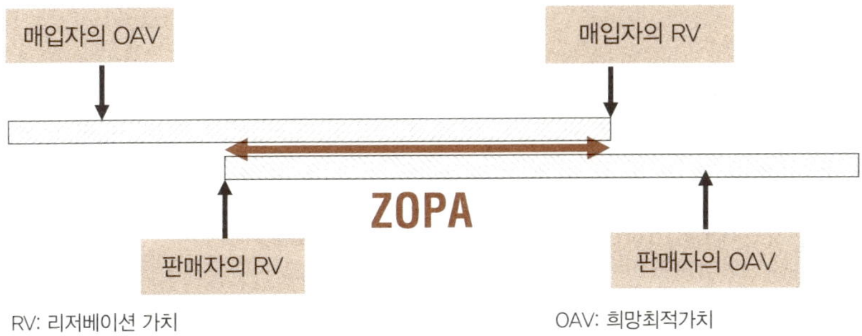

[그림 4-2] 합의 가능 범위(ZOPA)

목표가치(TV)라고 하여 반드시 유용한 것은 아니다. 예컨대 ZOPA 내에 판매자의 TV가 있으면 매입자에겐 이롭지 않더라도 가능한 결과가 될 수 있다. 반대로, 매입자의 TV가 ZOPA의 최소치, 즉 판매자의 RV보다 낮으면, 매입자의 목표치는 얻을 수 없을지 모른다. 매입자가 여기에 매달려, 상대의 RV에 대해 양보를 하지 않으면 합의는 불가능하다.

ZOPA가 없는 상황도 있다. [그림 4-3]은 매입자의 RV가 판매자의 RV보다 낮은 경우다. 이 경우, 협상장 밖의 해결안이 좋으면 쌍방 모두가 원하는 합의안은 불가능하다. 중고 피아노 매매를 예로 들어 설명해 보자.

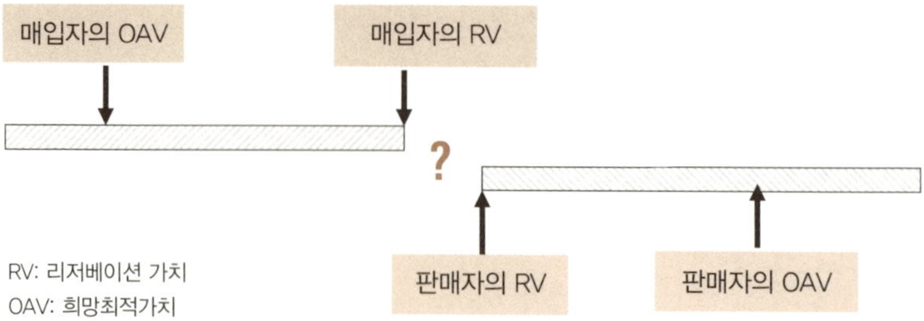

[그림 4-3] 합의 가능 범위가 없는 경우

중고 피아노 (1)

한 음악교사가 자신의 피아노를 팔려고 한다. 800만원이 그녀의 OAV인데, 인터넷에서 조사한 같은 악기의 최고치가 근거다. 그녀는 신문 광고란에 "800만원 이상의 최고치를 제시하는 분에게 양도합니다."라고 낸다. 이웃 악기점에 사정을 의뢰했더니, 580만원에 매입하겠다고 한다. 이쪽의 RV이고, 어쨌든 이 값이면 팔 수 있으며, 협상이 안 될 때의 최선의 선택지다. 또 진열대의 유사한 피아노의 값을 보건대, 이 악기점은 이 피아노를 약 730만원에 내놓으리라는 것도 알고 있었다. 그녀가 목표가격을 결정하는 데 사용하는 정당화 기준이다.

이즈음 아마추어 피아니스트가 중고 피아노를 찾고 있었는데, 음악교사의 피아노를 알게 됐다. 그의 예산은 650만원 이상을 쓸 수 없다. 이것이 그의 RV다. 상태가 약간 떨어지는 것 같은 피아노가 520만원으로 인터넷에 나와 있어, 여의치 못하면 이것을 살 생각을 하고 있다. 협상이 안 될 때 그의 최선의 해결책이다. 또 판매자인 음악교사에게 지불하고 싶은 이상적 가격, 즉 그의 OAV다.

ZOPA가 580만원에서 650만원인 이 사례는 부가가치를 낳을 가능성이 없는 것 같다. 가능성은 매우 낮으나, 이 가치를 둘러싼 협상은 정보의 비대칭성에 따라 바뀔 수 있다. 예컨대,

- 이 음악교사가 오랫동안 갖고 싶었던 동형의 피아노를 1,450만원에 팔겠다고 하는 소식을 막 접하고, 남이 알기 전에 구입하기 위해 가지고 있는 피아노를 될수록 빨리 팔아야 하겠다는 사실을, 매입자는 모르고 있다.
- 한편, 매입자는 이 피아노가 음악학교에서 배우던 때의 것과 같은 형이므로, 꼭 사고 싶어 하고 있다. 이 특별한 정서가 그의 RV의 650만원까지 지불하게 할지 모른다.

ZOPA와 정당화 기준이라는 콘셉트와 관련한 운용상의 효용성을 과대평가해서는 안 된다. 판매자는 매입자의 RV를 무시하고 매입자는 판매자의 RV를 무시한다. 쌍방이 각각의 RV를 투명하게 하면, ZOPA는 즉각 확정된다. 그 정도로 별 효과가 없다. 폭이 넓은 ZOPA의 어디에서 결정하느냐 하는 것이 남아 있다. 차액을 등분하는 게 당연한 해결책일지 몰라도, 이 50대50의 해결법[5]은 결코 설득력 있는 척도는 아니다.

중고 피아노 (2)

악기점이 제시하는 매입가격과 판매가격을 기준으로 하여, 580만원과 730만원을 정당화할 수 있다. 악기점의 진열대에 나와 있는 피아노의 상태에 따라, 유지비와 감가상각비를 넣을 수 있다. 이런 기준을 결합하면 가격을 조금 낮출 수 있다. 그렇지만, 가격을 정할 수는 없다. 50대50도 적용하기 어렵다. 매수가와 판매가의 차이를 사용해 73−58 = 15, 15/2 = 7.5이므로 655만원이라는 계산도 되고, RV의 차액의 절반, 580과 650의 중간인 615만원이라는 계산도 되고, ZOPA에는 들어가지 않는 OAV의 절반인 800과 520에서 660만원이라는 계산도 나온다.

가능한 합의는 여러 가지 있고 공평한 합의가 하나밖에 없는 건 아니다. 그리고 가치의 최종 분배는 어느 한쪽을 이롭게 할 것이므로, ZOPA에는 몇 개의 "공평한 가치"가 있다는 걸 고려해야 한다.

뻬렐망[6]은 무엇이 합리적인가보다 무엇이 비합리적인가를 판단하는 것이 용이한 경우가 있다고 말하고 있다. 이것은 합의하는 일과 앵

---

5. William Zartman, *The 50% Solution* (New York: Anchor Books, 1976).
6. Chaïm Perelman, *Le raisonnable et le déraisonnable en droit* (Paris: LGDJ, 1984).

커링하는 일 양쪽에 관련한다. 피아노의 매매 시 1000만원은 너무 비싸고, 200만원은 너무 싸다. 어느 가격이든 한쪽이 부당한 취급을 받게 된다. 가격이 ZOPA 내에 있더라도 이런 판단은 내리기가 어렵다. 정해진 폭 안에서 최종가격에 차이를 가져오는 건 판매자와 매입자의 가치를 요구하는 능력의 차다. 각자는 자신의 목표가격에 가까이 가기 위해 노력하면서, 상대에게 불공정이라는 생각을 주지 않도록 해야 한다.

가치의 분배라는 과제와 관련해 검토해야 할 기본 개념이 앵커링이다. 사실, 협상장에서 제시되는 첫 수치는 그후 논의의 준거점이 된다. 최초의 수치를 그대로 받아들이라는 뜻이 아니라, 거기서 협상이 시작된다는 것이고, 전개하면서 수정된다는 것이다.

대부분의 사람들은 두 가지의 대조적 이유로 남보다 먼저 앵커링을 하지 않으려고 한다. 지나치게 낙관적이고 상대가 터무니없는 것이라고 생각할 수도 있는 리스크를 염려하든가, 아니면 지나치게 비관적이고 상대가 저항하지 않고 안을 수용해 버리는 걸 걱정한다. 어느 경우든 더 잘 할 수 있었을 것이라는 후회를 남긴다. 이런 상반되는 이유로 대부분의 협상자는 상대가 먼저 앵커링을 할 것을 고집한다. 자신이 요구하고 싶은 것보다 더 나은 조건을 상대가 내놓기를 바란다. 이렇게 되면, 자신의 목표를 희망최적가격 가까이로 올릴 수 있게 된다. 물론 여기엔 상대가 너무 낮은 수치를 앵커링할 리스크도 있다.

쌍방이 모두 앵커를 하지 않는다면, 정보가 없다는 단순한 이유로 장시간 정돈상태에 빠진다. 앵커링의 작용이 유용한 것은 바로 이런 경우다. 먼저 앵커를 던지지 않을 수 없을 때는 자신의 낙관과 비관을 균형 있게 조절해, 자신의 리저베이션 가치로부터 가급적 멀리 떨어진, 정당화 기준에 근거한 값을 제안해야 한다. 자신의 OAV를 앵커링하는 데 있어 충분히 낙관할 수 있는 수준을 확보하면서 신뢰를 구축하기 위해 준비 단계 때 수집한 정당화 기준에 의존할 수 있다. 상대가 먼저 앵커를 들고 나오면 자신이 준비하고 있는 OAV에 반대 앵커를 던져야 한다.

나중에 분배하기 위한 협력

루이 14세의 좌우명에 분할하고 정복하라가 있다. 이 장에선 협상의 실천을 위해 그 반대를 제안했다. 수확을 분배하기 위해 먼저 가치를 창출하라는 것이었다. 이것은 순서의 문제다. 협력과 경합, 쌍방에 유리한 통합적 해결과 일방에 유리한 분배적 해결, 상호의 이득과 개별적 이득, 최적의 합의 추구, 각자의 최대 가치를 가지고자 하는 경향에 대한 자각 등이다. 윈-윈 논리가 긴장을 다소 완화해 주지만, 일방이 상대보다 더 많이 차지하고 끝나기도 한다. "주고받기" 논리가 협상자에게 도움이 되기도 한다. 자신에게 작은 것이지만 상대에게 중요한 포인트를 양보하고, 그 대가로 자신의 장래 이익을 획득한다. 때로는 자신이 리드하고, 때로는 상대가 리드하는 탱고다.

5

THE FIRST MOVE

말하기 “전”에 듣는다

사람을 어떻게 대하는가 (1): 능동적인 커뮤니케이션

협상 실패의 주요 원인 중 하나는 바로 졸렬한 커뮤니케이션이다. 프랑스어의 "s'entendre"는 서로 말을 듣는다는 것과 서로 동의한다는 것을 함께 뜻한다. 협상자가 서로 듣지 않는 협상은 교착 상태에 빠질 위험이 높다. 조리 있는 커뮤니케이션은 성공의 전제조건이고, 효과적으로 듣고 말하는 능력이다.

우수한 커뮤니케이션 기술은 협상 성공을 뒷받침하는 원동력이다. 커뮤니케이션 기술에 힘입어 관계를 심화하고, 최적의 프로세스를 정하고, 잠재하고 있는 과제를 찾아내고, 목적과 동기를 맞추고, 논의를 전개해 협상에 대한 해결책을 탐색한다. 제3장의 10원칙은 모두 커뮤니케이션 기술을 필요로 한다.

효과적 커뮤니케이션이란 두 사람 이상의 협상자가 상대를 충분히 의식하면서 듣고 말하기를 통해 동기와 기대를 포함해 서로를 배려할 수 있는 능력이 구체화되는 프로세스다. 이런 정보의 교환이 오해, 의미의 왜곡, 인식의 오류를 피하게 해주며, 상호이해와 설득력을 가져다준다.

협상에서 일방통행의 커뮤니케이션은 있을 수 없다. 대화의 형태를 가지기 때문에 서로 들어주는 귀가 필요하다. 한쪽이 발언하면 상대는 귀를 기울인다. 자신도 발언할 기회가 온다. 따라서 모든 협상은 자신과 상대 간의 대화를 최적화하는 일이다.

커뮤니케이션은 듣기와 말하기 두 기본기술의 흐름으로 성립한다. 제3장에선 왜 말하기 전에 들어야 하는가를 설명한 바 있는데, 같은 순서로 몇 가지 원칙을 추가해 협상자가 주의하지 않으면 안 되는 커뮤니케이션의 과제를 검토하고자 한다.

협상은 곧 커뮤니케이션

커뮤니케이션의 흐름

직감적인 커뮤니케이션보다 단순한 것은 없다. 어떤 커뮤니케이션이든 그 흐름은 다음 다섯 단계로 이루어진다.

1. 일방의 협상자(보내는 사람)가 상대 협상자(받는 사람)에게 전할 사실이나 감정의 정보를 선택한다.
2. 보내는 사람은 문자든 구술이든 언어를 사용해 정보를 표현한다. 때로는 보디랭귀지, 제스처, 얼굴 표정, 음성의 억양 등 비언어적 커뮤니케이션이 수반된다.
3. 표현된 메시지는 받는 사람에게 송신된다. 직접적 수단(대면 회의나 화상 회의 등)과 간접적 수단(인적·기술적 인터페이스, 전화, 팩스, 우편, 이메일 등)이 있다.
4. 받는 측의 협상자는 메시지를 수신해 해독한다. 이 수신과 해독 단계에서 수신자의 해독과 송신자의 의도한 의미가 다를 수 있는 리스크가 있다.
5. 받는 측은 해석한 의미를 토대로 상대에게 전할 정보를 선택한다.

이와 같은 사이클이 계속된다.

이 다섯 단계의 어느 것 하나 빼놓지 않고, 거기엔 효과적 커뮤니케이션을 방해하는 함정이 있다. 하나하나 살펴보자.

- 협상자가 건네줄 정보에 오류가 생긴다. 모든 커뮤니케이션이 꼭 의도적인 것이 아니기 때문에, 정보가 무의식적으로 드러나기도 한다. 예를 들면, "의식하지 않고" 정보를 무심코 주는 경우가 있다. 말해야 할 정보, 말해선 안 될 정보, 제시해야 할 주장과 질문, 그렇게 해서는 안 되는 것, 말해야 할 적절한 타이밍이라고 하는 중요한 측면을 다루는 것이 확실한 준비(제2장)다.
- 정보가 불명확하고 모호한 형태로 표현될 수 있다. 메시지의 토대가 되는 의도가 형태나 스타일 또는 비언어적 요소 등에 의해 흐려지기도 하고 강조되기도 한다. 모든 시그널(기호) 간에는 일관성이 있어야 한다. 커뮤니케이션은 메시지를 포함해 다양한 요소로 이루어지는 결합체이다. 예컨대, 대화 도중 어색한 분위기를 초래하거나, 진실한 이야기를 하면서 내용과 맞지 않은 웃음을 보이면 상대가 정보의 신빙성을 의심하는 경우도 생긴다.
- 기술적 관점에서 보면, 메시지는 송신 중에 왜곡이나 방해를 더 받는다. 앞에 든 예에서, 협상자가 할 말을 삼켜 버리거나 다른 말을 중얼거리거나, 모호한 보디랭귀지로 마무리해 버리는 상황 따위다.
- 부정확한 해석을 토대로 하더라도, 협상자는 어느 정도 본심이 들어 있는 응답이나 행동으로 대응한다. 이를테면, 상대 발언이 진실하다는 증거를 요구함으로써 상대 발언이 잘못된 것이고 거짓말을 하고 있다고 암시할 수 있다.

커뮤니케이션이 협상의 기반이라면 협상의 주적主敵이기도 하다.

- 보내는 측은 자신의 메시지가 상대에게 완전히 명쾌하게 이해될 거라고 확신하기 일쑤다. 하지만 자신에게 명쾌하다고 상대에게도 반드시 그렇다고는 할 수 없다. 주관적 명쾌성은 보내는 측이 가진 정보와 일부 관련이 있다. 보내는 측은 받는 측도 그런 것을 알고 있다고 생각한다. 하지만 상대도 자기 나름의 인생 경력을 가지고 있으며, 협상에서의 자신의 입장도 있다. 그럼에도 불구하고 상대도 같은 수준의 전문성을 이해하고 있으며 같은 출발점으로부터 시작하고 있다는 전제에서 일을 착수하는 경향이 일반적이다. 상대의 언어능력, 어휘력, 사전 지식을 검정해 보았는가? 확인된 것 이외에, 통제할 수 없는 잡음이 배경에 남는다. 예컨대, 협상 상대는 캐나다의 작은 섬에서 보낼 자신의 다음 휴가를 상상하고 있거나, 다음에 만날 클라이언트를 생각하고 있을지 모른다. 상대에 관한 전제가 틀렸을 때 오해의 리스크가 커진다.
- 커뮤니케이션, 즉 협상에 있어서 보내는 측이 검토해야 할 것은 자신이 어떻게 생각하느냐가 아니고, 받는 측이 어떻게 받아들이느냐다. 의도보다 영향이 문제다. 수신하는 행위가 기본이고, 제1의 관심사라야 한다. 메시지는 보내는 측의 의도와 일치하든 하지 않든, 받는 측의 반응을 자극해 파생현상을 증폭하는 방향으로 새 지각을 낳는다. 상상적 의도만으로 실재에 가까운 사실이 탄생한다.
- 받는 측도 마찬가지로, 자신이 해석한 메시지의 해석이 유일하게 정확한 이해라고 믿는 경우가 많다. 해석에 따라 적극적 의도가 공격적 메시지로 바뀌고 소극적 의도가 악의로 분류된다. 어느 경우

이든 받는 측은 자신의 해석을 의심하지 않는다.

- 결국, 받는 측에게 중요한 건 받아들인 메시지가 아니고, 보내는 측이 의도한 의미가 자신의 해석과 일치하는지를 확인하는 일이다. 상대가 모든 것을 이해하지 못하고 있다는 전제 아래, 받는 측은 메시지의 의미를 검증하기 위해 보낸 측에게 확인을 요청한다.

보내는 측과 받는 측 간의 커뮤니케이션상의 완전한 투명이란 환상일 뿐이다. 그러나 커뮤니케이션을 개선해 투명성이 증대되면 견해를 조정하고 더 나은 합의를 찾는 데 유익하다. 투명성을 높이기 위해선 지각의 주된 오류나 인지의 편향을 이해하는 게 중요하다.

협상에 있어서 원활한 커뮤니케이션을 방해하는 10가지 장애물[1]

1. 스테레오 타입(상투적 수법)

스테레오 타입이나 클리쉐(상투적 욕구, 진부한 표현)는 속해 있는 그룹(성별, 연령, 국적, 학력, 직업 등)에 따라 개인을 판단하고, 그룹에 대한 평가가 그대로 개인의 평가가 될 때 사용된다. 스테레오 타입은 두 방향으로 작용한다. 개인의 특성을 집단 전체에 맞추는 방식이다. 예컨대, 많은 판매원은 고객에 대한 강한 선입견을 가지고 있다. 고객은 약탈자인데, 혼다 시빅의 가격으로 롤스로이스를 요구하고, 늘 경합하는 다른 회사보다 더 나은 조건을 요구하거나, 출시돼 있는 제품

---

1. Roy Lewicki, Joseph Litterer, John Minton and David Saunders, *Negotiation* (Burr Ridge, Illinois: Irwin, 1994) and Robert Mnookin, Surmonter les obstacles dans la résolution des conflits, *Research Document* (Paris-Cergy: ESSEC, DR97037).

에는 만족하지 않는다. 마찬가지로 고객도 판매원에 대한 선입견을 가지고 있다. 판매원은 그들의 상품에 대해서 좀처럼 바른 말을 하지 않으며, 마치 더 나은 상품이 없는 것처럼 팔려고 한다. 일단 거래가 결정되면, 추가 요구가 쏟아져 나온다. 때로는 스테레오 타입도 협상자의 이익에 유리하게 작용한다. 두 판매원이 공동 보조를 취하면, 공통된 선입견을 가지고 판매를 증대하기 위한 협동을 용이하게 수행할 수 있다. 그러므로 스테레오 타입을 인식하고 이익을 위해 활용할 때와 그 함정을 피해야 할 때를 분명히 알아야 한다.

2. 후광 효과

후광 효과란 고정관념이나 스테레오 타입과 같은 일반화의 심리작용이다. 우리는 단 하나의 특성을 근거로 상대 인격의 전체를 판단한다. 예컨대, 어떤 사람이 제공한 정보가 틀렸다는 걸 알면 그를 지독한 거짓말쟁이라고 정해 버린다. "첫인상"이 우리의 그후의 판단을 지배하는 게 후광 효과다. 이것이 최초의 행동과 태도가 중요한 이유이기도 하다. 후광 효과는 부정적 특성이나 긍정적 특성을 보고, 최초의 가정을 토대로 인격 전체를 일반화한다.

아래 이야기는 탈레이랑에 대한 것이다. 그가 어떤 사람을 대사직에 지명하자, 지명을 받은 이 사람은 매우 만족한 나머지 자신의 후원자를 찾아가 이 지명 소식은 인생 최대의 행운이라고 말했다. 이를 알게 된 탈레이랑은 그 후보자가 앞으로도 정보를 노출하리라고 보고 당장 지명을 취소했다.

3. 선택적 지각

자신의 최초의 판단이나 인상을 뒷받침하는 요소만을 고려하도록 이

끄는 심리상태가 있다. 이런 편향적 태도는 스테레오 타입과 후광 효과의 지속성을 높인다. 편향적 판단이 증폭하는 특이한 영역이 있다면, 그것은 다문화 협상이 전개되는 환경이다(제7장 참조).

협상에 있어서, 예외적 상황을 식별하지 못하도록, 선택적 지각을 가능케 해주는 주요 특징도 주목해야 하지만, 개인과 상황의 미묘한 뉘앙스도 이해하는 게 유익하다.

4. 귀속 현상

반드시 그런 것은 아니지만, 상대에게 특정한 의도나 능력이 있다고 단정하는 현상이다. 이 현상은 일상생활에서도, 복잡한 상황에서도 일어난다.

부부의 다툼

남편이 아내에게 "또 쓰레기를 버리는 걸 잊었군요"라고 비난하는 이면엔 한 요인이 있다. "그녀는 나를 도와주지 않는다. 내가 집에서 얼마나 열심히 일을 하는지 모른다." 아내는 "시간이 없어요"라고 답하면서 다른 요인을 감춘다. 즉, "그는 내가 얼마나 많은 일을 하는지 몰라요. 난 정말 쓰레기 같은 걸 내버릴 시간이 없어요." 그는 "나는 당신이 그 쓰레기를 치우는 것에 얼마나 신경을 쓰지 않는지 알 수 있어요. 사방에 쓰레기가 있잖아요."라고 말하며 속으로는 자신이 그녀를 위해 해주고 있는 일을 그녀가 이해 못하고 있다고 생각한다. 그녀는 "당신은 내가 당신을 위해 하는 일을 알고 있는가?"라고 하면서, 자신을 무시하는 건 자신을 믿을 수 없기 때문이라고 생각한다. 두 사람은 똑같이 "당신은 내게 관심이 없어요."라고 믿고 있다.

분쟁의 와중에선 당사자 서로가 요인 귀속의 대칭성을 인식하지 못하기 때문에 이 같은 귀속 현상이 시간과 더불어 강화된다.

귀속 현상은 여러 가지 상이한 레벨의 협상에 영향을 끼친다. 이스라엘과 팔레스타인 협상의 역사가 그런 사례다. 이스라엘 측은 테러 중지의 가능성은 팔레스타인 측에 있다고 했다. 팔레스타인 당국이 불응하는 것은 테러리즘을 지원하고 싶어 하는 생각 때문이라고 보았다. 한편, 팔레스타인 측은 이스라엘 당국이 점령지 내의 입주지역에 대한 절대적 통제를 장악하고 있다고 생각해, 그런 입주지역을 더욱 확장하고 싶은 생각을 하고 있다고 자주 단정했다.(다수의 이스라엘 관리들은 이런 욕망은 품고 있지 않았다.)

상대에게 원인이 있다고 판단해, 그 상대의 의도의 귀결을 예측하고자 할 때는 예언의 자기충족이라는 현상이 생긴다. 합의의 실행이 흔들리면 이런 예가 많이 나타난다. 책임을 무시한 이유를 묻는 자리에서, 다음과 같은 해답이 많이 나온다. “상대가 책임을 단단히 지지 않으리라고 믿고 있었습니다. 그래서 상대가 앞으로 배신할 것에 대비해 이쪽도 준비하지 않을 수 없었습니다. 또한 상대도 그렇게 했을 겁니다.” 상대의 배신을 예측하면서 자신이 먼저 배신하고, 합의의 붕괴라는 자신의 예언을 확실히 실현한다. 당사자 간의 대립이 거세지고 협상이 퇴보할 리스크를 겪게 되면 이 작용은 더욱 강해진다. 어느 쪽이 먼저 배신하느냐와 관계없이 상대도 같은 식으로 반응해 상대의 행동이 원인이라고 단정하고 자기충족의 예언을 굳힌다.

5. 투사

자기충족의 예언 현상은 귀속의 효과를 높여 주는 또 다른 편향에 의해 생기는 것인데, 투사라고 한다. 투사란 협상자가 자신의 이익, 감정, 가치관이나 인격 관련 특징을 상대에게 투영하는 것이다. 자신의 의도와 책임을 상대에게 덮어씌우기란 아주 쉬운 일이다. 자신의 공포

심, 패러노이어(편집병), 배신감을 상대에게 투사하는 행위는 자기 정당화를 아주 쉽게 하는 길이기도 하다. "잘못은 상대에게 있으므로 자신에게는 책임이 없다."

6. 비난 성향과 변호 성향

투사 현상은 책망하는 측의 반응과 책망당하는 측의 반응을 조장한다. 대립의 상황에서 우리는 자신을 면책하는 일이 많다. 상대가 했거나, 아니면 하게 돼 있었고, 비슷한 일을 했으므로 책임은 상대에게 있다. 아이들은 "내 책임이 아니고, 저 애 책임이다"라고 말하기 일쑤다. 둘 이상의 아이를 가진 부모라면 매일같이 이런 경험을 한다. 키스 올레드[2]는 이 성향을, 상대를 책망하고 자신을 용서할 이유를 찾는 자연스런 경향이라고 한다. 자신에 대해서는 정당한 이유 없이 용서하고, 상대에게는 정당한 이유 이상으로 책임을 묻는다. 원인과 관련된 논쟁을 통해 이 경향은 더 거세진다. "자신이 상대를 책망하면 책망할수록, 자신의 눈엔 상대의 죄가 더욱 무겁게 비치고, 자신을 용서할 이유는 더 커진다. 그리고 자신을 용서하면 용서할수록, 자신은 무죄가 되고, 상대를 책망할 이유는 더 커진다"는 것이 이 성향이 의미하는 바다. 이같이 책망하는 측의 반응과 책망받는 측의 반응의 관점에서 성실이라는 문제를 분석하고 고찰해야 한다.

7. 반사적 평가절하

반사적 평가절하의 메커니즘은 단순하다. 제안의 가치는 내용이 아

---

2. Keith G. Allred, Accusations and Anger: The Role of Attributions in Conflict and Negotiation, in *Handbook of Conflict Resolution*, by Morton Deutsch (ed.), (San Francisco: Jossey-Bass, 2000).

니고 제시한 사람이 누구냐에 좌우된다. 스탠포드 대학 리 로스 교수의 실험적 연구[3]가 이 이론을 입증하고 있다. 세 집단의 학생들에게 아파르트헤이트(아프리카의 흑인에 대한 인종차별정책)를 타파할 두 가지 방책(A와 B)이 제시된다. 제1집단에서는, A안을 대학의 이사회가 선호한다는 것을 알자, 학생 다수가 B안을 지지했다. 제2집단에서는, B안을 이사회가 좋아한다는 말을 듣고 이들 다수는 A를 지지했다. 제3집단은 아무 정보도 접하지 않았고, 두 안을 같은 비율로 지지했다. 실험은 계속됐다. 제1집단이 A안을 싫어하므로 이사회가 B안으로 기울고 있다는 걸 알게 되자, 이 집단은 즉각 A안 쪽으로 이동했다.

협상에 있어서 반사적 평가절하가 초래하는 영향은 대단하다. "상대가 양보를 하면, 좀 더 잘할 수도 있었는데" 하고 생각한다. "내가 요구하는 걸 상대는 내놓고 있는가? 아니, 흉내일 뿐이네. 좀 더 요구할 걸." "상대는 이것으로 타협하자는 건가? 지독하구나. 치사하게도 이런 쥐꼬리 같은 양보를 하다니." 반사적 평가절하의 사례들이다. 협상자는 상대가 하는 말, 하는 행동, 꺼내는 제안에 대해 꼼꼼하게 평가절하를 가한다. 그 이유는 본질적 가치에 있지 않고 상대에게서 나왔기 때문이다. 상대가 제시하는 안은 무엇이든, 별것이 아니라고 생각한다. 더욱이 상대가 어떤 제안을 한다면, 그것은 틀림없이 상대에게 유리하다는 걸 의미한다. 상대에게 유리하다면, 자신에게 불리함은 틀림없다. "당신이 하는 모든 말은 당신에게 불리하도록 해석되고 사용된다."라는 유명한 경구도 있다.

---

3. Lee Ross, Reactive Devaluation in Negotiation and Conflict Resolution, *in Barriers to Conflict Resolution*, by Kenneth Arrow and Robert Mnookin (eds), (New York: Norton, 1995), p. 26–42.

이 성향은 두 방향, 자신이 들을 때만이 아니라 상대가 자신의 말을 들을 때도 작용한다. 요는 상대의 말을 평가절하하는 자신의 성향을 조심하고, 동시에 상대도 이쪽의 주장을 낮추어 본다는 걸 상정하고 있어야 한다는 것이다. 이 근본적 성향을 피하기 위해선 신중하게 의사소통을 해야 한다. "상대에게 덮어씌우고" 싶어 하면 할수록 상대에게 거부당하는 리스크가 높아진다. "자신의" 제안으로써 유리한 고지를 차지하려고 하면 할수록, 어느 제안도 상대가 받아들이지 않을 위험이 더 커진다. 탈레이랑은 이에 대해 과학적인 설명은 못했지만, 이 성향을 유익하게 활용하는 방법을 알고 있었다. 1814년 나폴레옹이 실각하자, 그는 황후 마리 루이스가 파리를 떠나기를 바랐는데도, 그 반대로 그녀가 남아 있어야 한다고 주장했다. 단지 그런 해결안을 제안한 것이 반대 측도 황후의 퇴거를 지지하는 결과를 가져왔다. 거짓으로 진실을 얻은 사례다.

8. 조건화

어떤 일에 대한 개인의 판단이 이전의 정보에 의해 바뀌는, 잘 알려져 있는 성향이다. 사람을 어떤 방향으로 유도하기 위해 일시적이라도 사실을 일방적으로 제시하는 일이다. 예컨대, 자동차 사고에 관해 의뢰인의 얘기만 들은 변호사는, 사고를 낸 상대측이 잘못했다고 상정하면서, 의뢰인에게 유리한 정황을 찾는 경향이 있다. 조건화는 주주를 지키는 CEO에게도, 노동자를 지키는 노동조합 대표에게도 나타난다. 양쪽 모두 자신은 상대보다 옳다고 믿고 있다. 이런 경우 조건화된 자신의 관점에서만 말을 하고 상대의 입장에 서기가 어려워진다.

조건화는 장기화됨에 따라 영향이 커진다. 유럽의 19세기 말과 20세기 초 모든 세대의 어린이들은 "우리와 대치하고 있는 사람들"은 대대로 내려오는 적이라는 신념을 지니고 성장했다. 전쟁은 필연적이고 피할 수 없고, 심지어 바람직하다고도 했다. 중동 사태에 관한 TV프로그램을 최근에 이스라엘인 집단과 팔레스타인인 집단에게 보여준 실험은 오늘날에도 유사한 상황이 있음을 시사하고 있다. 같은 것을 보았는데도, 그 내용을 팔레스타인인은 "이스라엘 편이다"라고 판단하고, 이스라엘인은 "팔레스타인 편이다"라고 판단했다.[4] 자신의 정체성을 확정하는 축적된 지각에 의해 자신의 관점이 편향되기도 하고 조건화될 수 있음을 보여주는 실례다.

9. 기억의 과장

본 적이 있거나 한번 믿은 일은 다시 보게 되고 믿게 되기 쉽고, 그럴 때마다 강화되고 굳어진다. 이 현상은 범인을 보았다고 생각하는 목격자의 예로 설명되는 일이 많다. 목격자는 잠시 후에 그의 증언을 확인하라는 요청을 받으면, 전보다 더 확신 있는 태도를 취한다. 이것은 자연스런 반응이다. 모든 사람은 스스로 일관성을 유지하려고 노력하며 최초의 견해를 지키려고 한다. 마찬가지로, 협상자는 이미 한 말을 강화하고 싶어 한다. 한 말은 본심이라야 한다. 한 말을 되풀이하지 않으면 본심이 아니라는 걸 암시한다. 즉 처음에 한 말은 틀렸다는 뜻이 된다. 기억하고 있는 것을 재확인하지 않으면, 자신과 상대에게 모순된 발언을 하고 있다는 인상을 준다. 이 심리작용 때문에 자기 나름의 사실에 둘러싸여 입장중심주의라는 단일 관점에서 해결책을 찾는다.

---

4. Conference at Harvard University with Robert Mnookin and Lee Ross, Negotiation Research Seminar, 1993–1994.

10. 자기 과신

이 성향을 마지막에 논하는 이유는 그것이 앞에 나온 모든 걸 압도하기 때문이다. 제1장에서 "질문을 통한 의심"이라는 해독제를 처방한 것은 자기 과신이 가장 심각한 영향을 미치기 때문이다. 지나친 자신감을 가진 협상자는 해결책도, 해야 할 일도, 상대가 해야 할 일도, 자신은 모두 알고 있다고 생각한다. 자신의 업적을 철저하게 과대평가하고, 거드름을 피우면서 자신은 협상에 자신이 있다고 믿고 있다. 자기 과신은 세 가지 비생산적 반응에서 나타난다.

- 상대에 대한 비난적 반응: 비난 성향과 변호 성향은 전속력으로 작동한다. 이것은 상대의 과실이다. 그래서 상대는 그걸 인정해야 한다. 비록 바라는 양보가 관계를 손상시키고 당사자들 간에 긴장을 고조시키더라도, 이를 밀고 나간다.
- 문제에 대한 입장중심적 반응: 모두에게 좋은 해결책은 하나밖에 없다. 그것은 내가 낸 안이다. 협상이 시작하기 전부터 쌍방에게 무엇이 좋은지 이미 알고 있다. 이러쿵저러쿵 말할 필요는 없고 상대의 입장은 고려하지 않는다.
- 프로세스를 뒤흔드는 장본인: 내가 제일 잘 알고 있기 때문에, 협상의 진행은 내가 결정해야 하고, 내가 제일 좋다고 생각하는 방식으로 이끈다. 내 리더십에 따라야 한다.

자기 과신은 거만한 언어표현과 태도로 나타나는데, 협상의 진전을 방해하고 상대와의 교류도 저하시킨다. 들으면서도, 나는 모든 것을 다 이해하고 있다는 자만적 태도를 보이거나, 아니면 의견을 말할 때도 똑같이 혼자만 잘난 체한다. 어느 경우이든 이런 태도는 균형 있고 품위 있는 대화에 도움이 되지 않는다. 지나친 자신감은 듣고 말하는 데 해로운 조급함의 신호가 된다. 시간의 여유를 가지고 상대에게 귀를 기울이고 편견 없이 말을 하면, 대화는 원활하고 빠르게 진행될 것이다. 어떤 일을 성사시키기 위해서는 자신과 상대에 대해 믿음이 있어야 하지만, 지나친 자신감은 오히려 역효과만 초래한다.

이상에서 말한 성향들은 적극적인 듣기와 적극적인 말하기의 기능에 기여하는 양질의 대화를 통해서 줄일 수 있다. 이 기능에는 항상 개방된 행동이 필요하며, 확인(재확인)된 가설의 합리성에 근거해야 한다. 이 논리는 일방적으로 성립할 수 없고, 상대 협상자도 듣고 말하는 데 적극적으로 참여해야 한다.

적극적인 듣기

적극적인 듣기의 목적에는 정보를 얻고, 사실의 이해를 확인하고, 가설과 해결책을 확인하고, 상대의 기분을 파악하는 등 여러 가지가 있다. 하지만 무엇보다 중요한 건, 듣기가 상대와의 관계를 구축하는 수단이라는 것이다. 그리고 확실히 알아야 하는 건, 우리가 듣기에 서투르다는 것이다. 듣기엔 여러 가지 방법이 있다.

피해야 하는 듣기 유형 5가지

비효율적이고 비생산적 듣기의 유형을 효율성이 낮은 것부터 열거해 본다.

1. 저해적인 듣기: 팔짱을 끼고, 딱딱한 표정, 야릇하게 노려보고, 아무 말도 하지 않는 등, 듣는 측은 자신도 모르게 상대가 하는 말에 무관심하다는 인상을 준다. 둔감한지, 고의적인지, 가장인지 또는 본심인지 이런 저항적 태도는 본의를 감출 수 있지만 결국 교만하게 말하는 측은 무시하는 태도로 보인다. 화자는 자신의 문제에 대해 상대가 관심이 없다고 생각해 입을 닫아 버릴 것이다. 그후 대화는 혼란에 빠진다.
2. 산만한 듣기: 앉아 있는 의자가 흔들리고, 펜이나 휴대전화를 갖고 놀고, 몸을 이리저리 돌리는 등, 듣는 측은 화자가 하는 말에 관심이 없고 다른 일에 마음이 팔려 있는 것같이 보인다. 화자는 당장 마음이 흔들리고, 적어도 은연중에 기분이 상해, "상대가 내 생각에 관심이 없고 무슨 말을 하든 마이동풍이라면, 무엇 때문에 말을 계속할 필요가 있는가. 상대에게 관심을 가질 필요가 있는가"라고 결론을 내린다. 이에 대화는 계속 뒷걸음치게 된다.
3. 반발적 듣기: 반발적인 청자는 상대가 한마디를 하자마자, 끼어들어 자신의 사소한 일을 얘기하고, 대화를 자신 쪽으로 끌고 가고, 반대 의견을 말하고 상대의 얘기를 끝까지 듣지 않는다. 대화는 늘 중간에 끊어지고 공이 왔다 갔다 하는 핑퐁 게임이 된다. 이렇게 좌절하고 신경이 곤두서게 되면 협상은 크게 손상된다. 18세기에 깔리에르는 남의 말에 끼어드는 행위는 문화적 경향에서 비롯된다고 지적했다.

> "상대가 끝나기를 기다리지 않고 모두가 동시에 입을 열고 끊임없이 상대의 말에 끼어든다. 이게 프랑스인의 대화에선 보통이다."[5]

4. 지시적 듣기: 반대 의견을 말하기 위해서가 아니고, 대화를 특정 한 방향으로 유도하든가 자신에게 필요한 정보를 얻을 목적으로 청자가 화자의 말을 가로막는다. 화자가 자신의 사고의 맥락으로 되돌아가면, 청자는 또 가로막고 질문을 하고 대화를 주도한다. 이런 대화는 마치 법정에서 검사가 행하는 반대심문 형태가 돼버린다. 이런 방식에서 "듣는" 사람은 자신이 구하는 특정 정보를 얻을 수 있을지 모르나, 상대가 자발적으로 말할 수도 있었던 정보는 얻지 못하게 된다. 상대는 이용당했다는 기분이 들고, 쌍방 간의 관계는 나빠진다.
5. 바람직한 듣기: 일반적으로 좋은 듣기라고 하는 행동과 같다. 협상자는 자신의 개방성을 여러 가지 외적 신호로 나타낸다. 미소 같은 자연스러운 제스처로 상대를 편안하게 해주고, 자주 눈을 맞추고, "예" "그렇군요" "알겠습니다"라고 하면서 관심 있게 듣고 있다는 것을 표시한다. 이런 듣기 방식에는 동의의 표시로 고개를 끄덕이기도 하고, 상대에게 생각하는 바를 계속해서 말하라고 재촉하는 것도 포함된다. 그러나 이런 상식적인 듣기라도 청자가 앞에서 논의한 함정이나 인지적 편향을 피할 수 있다는 보장은 없다. 오해를 예방하기 위해선 할 일이 더 있다. 듣고 있다는 걸 나타내는 사인만으로는 불충분하다. 이러한 태도나 신호와 더불어 상대가 하는 말을 정확하게 이해하고 있다는 점을 확실히 표현해야 한다.

---

5. François de Callières, *De la Manière de négocier avec les souverains*, ed. Alain Lempereur (Geneva: Droz, 2002).

우수한 듣기 이상으로 협상자에게 중요한 도구는 적극적인 듣기다.[6]

적극적인 듣기의 10원칙[7]

1. 첫째, 자연스러운 태도로 관심을 나타내는 온갖 표현을 사용해서 상대에게 다가가는 마음으로 듣는다. 방해가 되는 일은 해서는 안 되며, 눈을 맞추고 미소 짓고 가끔 고개를 끄덕인다.
2. 상대가 말하는 모든 주제에 대해서 신중하게 자신의 마음속의 소리를 억제한다. 듣는 것이 새 정보를 획득하는 특권을 부여해 주기 때문이다. 마음속의 잡음을 무리하게라도 애써서 억제해야 한다. 왜냐하면, 마음속의 잡음은 화제가 되고 있는 내용을 해석하거나 후속될 응답을 준비함으로써 성숙하게 듣는 능력을 저하시키기 때문이다.
3. 하는 말뿐만 아니라, 무엇을 시사하고 있는지에 대해서도 주의해야 한다. 언어의 의미, 예컨대 음성의 억양은 숨은 감정과 열의를 표시하는 중요한 시그널이다.
4. 들으면서 메모를 조금 해도 좋다. 나중에 사용하기 위해서나 상대와 상대의 생각을 존중한다는 걸 보여주기 위한 것이지만, 메모를 하는 것이 비밀에 대한 의무의 위반이라고 생각되지 않도록 유의해야 한다. 필요하면, 사전에 상대에게서 양해를 확인해 둘

---

6. Carl Rogers, *Active Listening* (Chicago: University of Chicago Press, 1957).
7. 적극적 듣기의 예는 제3장의 채용담당자와 후보자 간의 대화를 참조.

필요가 있다.

5. 일단 상대가 말을 전부나 일부 마치면, 상대의 발언을 재확인한다. 상대가 말한 것을, 발언 내용뿐 아니라 비언어적 암시도 이해하고 있다는 걸 자신의 언어로 나타내기 위해 종합한다.
6. 재확인을 하고 난 후, 있을지도 모르는 오해를 즉시 해소하기 위해 상대에게 이쪽의 틀린 점을 정정해 줄 것을 요청한다.
7. 듣기의 첫 단계에서 포착되지 않은 사항에 주의하고, 누락된 요소를 다시 결합한다. 그러고 나서 별다른 문제가 없으면, 제대로 이해한 것이다.
8. 상대가 생각하는 바를 남김 없이 충분히 설명하도록 이끌기 위해 확인하는 질문을 한다. 이때 유용한 질문은 다음과 같다.
   - 폐쇄형보다 개방형이 바람직하다. 개방형 질문("왜 납기를 고집했습니까?" "무슨 이유로 그것이 중요합니까?")은 상대의 대답을 상세하게 하고 많은 정보를 제공해 줄 가능성이 있다. 반대로 폐쇄형 질문("납기가 2개월이면 너무 깁니까?" "이것을 우선하면 가격이 올라가는데 상관없습니까?)에 대한 대답은 양자택일(예스냐 노)이고, 정보는 거의 얻을 수 없고, 게다가 "노"가 되기 쉽다. 폐쇄형 질문은 기한이 정해진 시간의 확인이나 협상의 체결 단계에서 사용하는 게 좋다.
   - 진심 어린 질문을 꼭 해야 한다. 여러 질문들을 내포하고 있는 수사적 질문과는 정반대 되는 질문이다. 선입견이 있는 질문은 과거 사실이나 그 해석을 인정받기를 원한다. 예컨대, 어떤 경영자에게 "종업원의 요구를 진지하게 생각하기 시작한 건 언제입니까?"라고 물으면, 이 질문은 그 경영자가 종업원의 불만 사항을 진지하게 고려하지 않은 적이 있음을 전제로 하고 있는

것이다.

- "유도적" 질문은 거짓 질문이라고 느껴지는 것으로 상대가 그후에 하게 될 대답을 제한하여 특정한 방향으로 유도하기를 목표로 한다. 유도적 질문은 지시적 듣기와 같은 특징이 있다. 가령, "호혜원칙을 존중하는 게 중요하지 않나요?"라고 물으면, 상대는 "네"라고밖에 답할 길이 없을 것이다. 이런 유형의 수사적 질문은 듣거나 공감을 나타내기 위한 것이 아니고 상대를 자신 쪽으로 끌어당기기 위한 것이다. 자기 주장을 은폐하는 형태다. 자신이 말하고 싶지 않은 것을 질문 형식으로 상대가 말을 하게 하려는 것이다.

9. 이 같은 여러 가지의 말들이 오가고 난 뒤, 상대의 견해를 이쪽이 이해하고 있다는 걸 상대가 확인하도록 한다. 즉 상대가 "그렇습니다. 내가 한 말은 그 뜻입니다"라고 말할 때까지 재확인한다.
10. 추가로 더 보탤 요소가 없는지 상대에게 물어서 듣기 단계를 마무리한다. 추가할 게 없으면, 생각을 말해 준 것에 대해 감사를 전한다. 그러고 나면 이번엔 이쪽이 중요하다고 생각하는 걸 말할 차례다. 이러한 경우, 상대가 똑같은 관심도를 가지고 이쪽 말을 들어줄 확률은 높아진다.

적극적 듣기가 만드는 선순환을 하버드대학 협상연구소장 로버트 므누킨 교수는 루핑이라고 부른다. 상대에게 밀착해, 이쪽이 상대의 견해를 정확하게 이해하고 있다는 걸 상대가 인정할 때까지 상대의 말을 "루프 안에서" 검토한다.

최종 유의사항: 이해하는 것과 받아들이는 것은 다르다. 알아듣는 것과

찬성하는 것은 다르다. 신중한 청자는 공감과 동의를 구별한다. 그들은 "OK"라든가 "맞습니다" 또는 "하시는 말에 동의합니다"라는 표현은 동의의 표시로 간주되기 때문에 사용하지 않는다. 그들은 중립적 표현 "하시고 있는 말을 제가 이해한다면", "당신의 관점에서 보면"이라고, 단지 알아들었다는 점만을 나타낸다.

적극적 듣기도 한두 번의 시도로 습득되는 것은 아니다. 노력이 필요하고 자주 연습을 해야 한다. 처음의 실천은 어렵게 생각되지만, 서서히 말씨가 유창해지고 뉘앙스나 익살, 어구와 억양의 불일치를 감지할 수 있다. 경험을 쌓으면 적극적 듣기는 숙달된 협상자의 제2의 천성이 된다.

적극적 듣기를 "알리바이"로 삼아서는 안 된다. 속임수나 단순한 트릭은 당장 폭로된다. 기법 이외에 요긴한 것은 성실성이다. 적극적 듣기는 올바르게 사용됐을 때만 협상의 기반이 되고, 정보를 공유케 하고, 오해를 줄이고 공동 문제 해결을 향해 본격적으로 나아가게 한다.

적극적 듣기의 용법도 하나의 예비적 행위, 즉 듣는 행위에 바탕을 두고 있다. 말하는 행위와 꼭 마찬가지다. 수동적 태도로 듣지 않고, 소양과 지식을 가지고 듣고자 하는 신중한 선택을 해야 한다. 이런 적극적으로 듣는 행위는 바른 목적을 가지고 대화에 뛰어들게 만들기 때문이다. 반응이나 지시가 아니고, 이해를 확인하고 그걸 화자에게 되돌린다. 이런 듣기는, 화자가 제시하는 모든 것을 흡수하기 위해 자신의 생각, 견해, 주장을 일단 옆으로 제쳐두는 것이다. 따라서 상대를 설득하고 싶어 하는 욕구와 구별해야 한다. 이런 듣기가 상대를 설득하는 데 보탬이 된다 하더라도, 그것은 지극히 간접적이고, 능숙하게 들어주었다고 상대가 생각해 준 경우일 뿐이다. 협상에선 듣기가 말하기에 앞서야 한다. 적극적 듣기처럼, 적극적 말하기도 상대와의 관계 유지에 초점을 두어야 한다.

적극적인 말하기

협상에서는 말이 중요하다. 협상은 허공 속의 연설을 위한 장이 아니다. 말하는 것은 말하기 그 자체를 위해서가 아니고, 쌍방의 이익이 되는 행동에 상대를 참여시키기 위해서다. 말하는 행위는 자신이 하지만, 말하는 목적은 상대를 위해서다. 말을 청자에게 맞춘다는 것은 고전적 수사학의 제일 원칙이다. 듣는 것이 상대방과의 접점을 형성해 준다면, 말하는 것은 이러한 접점이 형성되었다는 전제하에 오직 설득력을 가질 수 있는 것이다. 협상에서 말하고자 하는 자기중심적 필요성을 충족하기 위해서만 말을 해서는 안 된다. 화자는 끊임없이 청자에게 주의를 집중하면서 청자와의 관계 속에서만 발언해야 한다.

자신의 적극적인 말하기가 적극적인 듣기의 경우처럼 선순환이 되는 것은 위에서 말한 방식에 의해서 생겨난다. 이때 추구되는 것은 공감이다. 공감이 있으므로 상대는 이쪽이 하는 말을 이해하고 제안에 대해 수용적이다. 이 미묘한 국면에서는 상대의 공감을 높이는 것도 중요하다. 그런 의미에서 이쪽이 들으면서 얻은 공감을 유지하는 것이 불가결한데, 이 연결은 유지돼야 하고 그러기 위해선 상대가 사용한 어구와 비슷한 어구를 사용할 필요가 있다. 여기에는 음성언어와 문자언어 간에 차이가 없다. 앞으로 논하는 바는 얼굴을 맞대고 하는 협상에도, 당사자가 문서를 교환하면서 의사소통을 하는 문자에 의한 프로세스에도 적용되는 이야기다. 어느 경우이든 상대와 같은 파장波長을 유지하는 게 관건이다.

아리스토텔레스의 변론술의 세 수단인 논리, 감정, 방식은 청자와 적절한 대화를 전개하는 데 응용될 수 있다. 상대를 납득시키는 확고한 논리를 정립하고, 상대를 설득하는 호의적 감정을 호소하고, 상대의 마음에 드는 적절한 방식을 선택하는 게 협상자가 해야 할 일이다. 아리스토텔레스는 《변론술》에서 이 세 요소가 청자에게 전달되도록 세 수단의 올바른 사용법을 종합하고 있다. 따라서 상대는 이쪽의 논거를 이해하고, 이쪽이 유도하고 공유하는 친밀한 정서에 마음이 움직이고, 이쪽의 우아한 말씨에 마음을 빼앗기게 된다.

적극적 듣기를 강조하는 이유는 말하는 방식에 따라 그 효과가 다르기 때문이다. 말을 할 기회가 오자마자 그 기회를 놓치는 경우가 허다하다. 최적의 수단인 적극적 듣기를 검토하기 전에 말의 여러 가지 유형의 차이를 살펴보고자 한다.

피해야 하는 말하기 유형 5가지

1. 말의 부족: 지나치게 말을 아끼면 겸손하게 보이기도 하지만, 상대도 똑같이 입을 닫게 만든다. 말을 거의 하지 않는 상대에게는 대응도 똑같이 하는 일이 많다. 대화가 없으면 무관심의 표시라기보다 수동의 자세로 보인다. 소심도 청자에겐 무관심으로 해석되거나 악의로 해석된다. 대화가 끊이지 않도록 말을 해야 하고, 대화의 유동적 균형이 유지되도록 유의해야 한다.
2. 자신에게 하는 말: 누구에게 말을 하고 있는지를 잊고 자신에게 말을 하는 경우가 더러 있다. 프랑스에는 "저 사람은 자신의 목

소리를 듣기 좋아한다"는 표현이 있는데, 그래선 안 된다. 화자는 청자의 존재를 잊어서는 안 된다.

아루샤 합의

부룬디 전쟁을 종식시키기 위해 2000년에 탄자니아 아루샤에서 약 20개의 대표단에 의한 회의가 개최됐다. 각 대변인은 다른 대표단의 존재를 무시하고 자신이 속한 단체의 입장을 옹호하는 발언을 했다. 회의는 귀머거리 간의 토의장이 되고, 화자마다 자신의 지역민을 향해 말을 했기 때문에 서로 듣는 사람이 없었다. 어떤 협상자는 지시에 따라 자신의 입장을 정확하게 표명했다는 걸 지역민에게 증거로 보여주기 위해 녹음기까지 가지고 왔다.

3. 전문용어를 사용하는 발언: 좋거나 나쁘거나, 모든 직업은 각각 고유의 전문용어와 논거 그리고 전문성과 관련한 논법이 있다. 때로는 무의식 중에 전문인 간에 통용되는 특수용어를 사용한다. 예를 들어 변호사는 법조계, 의사는 의학계, 기술자는 엔지니어링 용어를 사용한다. 그 결과, 문외한에겐 알 수 없는 독특한 세계가 조성되고 분리되고 폐쇄된다. 하지만 협상에는 보통 그런 세계가 많이 교차한다. 상대가 다른 "세계"에서 왔다는 걸 생각하지 않고 자기 나름의 말투와 용어를 사용하면 문제가 생긴다. 17세기 후반의 시인이자 평론가인 봐로의 《시법》[8]에 나오는 유명한 글귀 "충분히 생각한 것은 명확하게 표현된다. 그걸 전하는 어구는 쉽게 나온다"는 여기서는 맞지 않다. 명쾌한 의사전달은 청자와의 관계 속에 존재하는 상대적 개념이다. 협상도 서로를

8. Nicolas Boileau, Art Poétique (Paris: Larousse, 1991).

이해하는 개인들 간에서만 성공하는데, 여기엔 당연히 공통언어가 존재한다. 그러므로 통찰력 있는 협상자는 눈앞의 청자의 수준을 고려하여 전문용어를 포함한 자신의 발언을 조절할 줄 안다. 이것은 일종의 간소화라고 말할 수 있으나, 거기엔 가치 판단도 있어 특수용어를 뺀 대화라고 생각하는 게 좋겠다. 상대가 이쪽을 이해 못하는 이유는, 이쪽의 말이 세련되고 복잡하고 내용이 어려워 소수 엘리트만 이쪽의 고상한 수준에 도달할 수 있기 때문이라고 말할 수 있다. 상대가 이쪽을 이해하지 못한다면, 이쪽이 반성을 하지 않으면 안 된다. 공은 이쪽에 있기 때문이다.

4. 교만한 말: 최악의 경우 전문적이고 기술적 말투는 교만으로 이어질 수도 있다. 협상자가 상대의 신뢰를 받고 싶다면 범해서는 안 되는 잘못이다. 알고 있다고 생각하는 사람은(그렇게 믿고 있는 경우가 많다) 자신의 발언 속에 멸시를 깔고 있다. 자기를 과신하는 협상자는, 핵심 문제에 대한 인식이 정확하든 그렇지 않든 상관없이 잘못된 발언 방식을 가지고 있다. 설득식 대화 중, 옳다고만 해서 충분한 것이 아니고, 사람을 납득시키고자 하는 행위는 아무도 납득시키지 못하게 되고 만다. 옳다는 것만을 고려하는 협상자는 앞에 있는 청자를 오인한다. 더 나쁜 것은, 이런 잘못이 계속 확대된다는 것이다. 우월감에 빠지지 않도록 조심해야 하고 겸손한 마음을 지녀야 한다. 이것이 능숙한 협상자의 진면목이다. 그는 과거의 실수를 인식하고 앞으로도 실수를 저지를 수 있음을 인식하고 있기 때문이다. 또 유능한 협상자는 경험 부족이나 모른다고 하는 표현도 알고 있다.("저는 전문가가 아니므로", "보다시피 문제를 충분히 검토할 시간이 없었으므로", "귀하께서 더 잘 알고 계시니", 이런 표현은 상대가 경계심을

내려놓고 자신감을 더 가지게 만든다. 이 수법의 현대판이 유명한 TV 연속극 《콜롬보 경위》에 나온다. 콜롬보 경위가 어리석게 보이기 때문에 범인마다 경위를 속일 수 있다고 생각하지만, 모두가 치명적인 순간을 맞는다. 용의자는 긴장이 풀리는 순간, 셜록 홈즈 같은 까다로운 형사 앞에선 입을 열지 않을 정보를 흘려버린다.

5. 공세적인 말: 협상에서는 상대를 공격하는 태도를 보여서는 안 된다. 협상자가 위협을 느끼면 더 이상 협상을 하고 싶은 의욕이 없어진다. 반대로 위협을 받은 측도 똑같은 식으로 대응해 커뮤니케이션 프로세스를 가로막는다. 모든 형태의 강제와 협박의 충격은 본의 아니게 해머(망치) 편에 있다고 하더라도, 못의 입장에서 고려돼야 한다. 상대의 동의를 얻으려면 상대가 이쪽 말을 듣도록 해주는 발언 방식을 발견하는 게 필요하다. 상대가 압력을 받게 해서는 안 되고, 안정감을 북돋아 주어야 한다. 어떤 형태이든 공격은 하지 않는 게 중요하다. 깔리에르에 의하면, 부드러운 말이나 "돌려서 하는 표현"이 훨씬 청자를 설득하기 쉽다. 오래된 문구인 "자면서 생각한다"란 말은 지금도 살아 있는 지혜다. 격분해서 이메일을 쓰면 자신의 말이 자신뿐만 아니라 받는 측에 어떠한 충격을 줄지를 송신 전에 잘 생각해야 한다.

피해야 할 다섯 유형의 말하기를 고찰했는데, 이어서 적극적 말하기의 기초가 되는 원칙을 살펴보자.

적극적인 말하기의 10원칙

1. 적극적인 말하기는 특정한 청자를 향해서 이루어지는 행위다. 적극적인 말하기에는 공감이 수반되기 때문에 적극적인 듣기와 불가분의 관계에 있다. 청자에게 다가가는 것은 상대의 관점에 서서 상대는 어떻게 들을까, 상대의 관심을 어떻게 이끌어 낼 수 있을까라는 질문을 던지는 것으로 시작한다.

이스라엘 의회를 방문한 이집트 대통령

1973년 10월 제4차 중동전쟁 후, 아랍 측의 모든 발언은 이스라엘 국민에게 의심스럽게 보이고 대화는 성립되지 않았다. 변화는 1977년 5월 18일 이집트의 사다트 대통령이 아무도 상상 못했던 행동을 했을 때 일어났다. 그는 "적"지의 심장부인 의회에 갔다. 이 이스라엘 방문을 미셸로까르는 "엄청난 타부의 파괴"라고 표현했다.[9] 이 놀라운 리스크를 취함으로써 — 1981년에 암살됐지만 — 사다트는 이스라엘 국민으로부터 신뢰를 받았다.

개인이나 집단은 모두 다양한 기대와 동기를 품고 있기 때문에, 동일한 말하기 원칙을 따를 수 없다. 상황마다 독자적인 언어 사용이 필요하다. 협상에선 이 조정이 자신 스스로에 의해서 이루어진다. 상대를 잘 알고 상대의 관점에서 상대에게 말할 수 있어야 한다. 다양한 집단과 개인들이 모인 공적인 환경에서 이를 행하는 것은 더 어렵다. 한 집단을 만족시키면 다른 집단을 불만스럽게 하는 리스크가 되기 때문이다. 이런 상황에서도 집단

---

9. Michel Rocard, *Le médiateur en politique in Modèles de médiateurs et médiateur-modèle*, ed. Alain Pekar Lempereur (Paris-Cergy: ESSEC IRENE, 1999), p. 52.

전체를 위해 대화를 창출하도록 노력해야 한다.

2. 적극적인 말은 청자에게 맞추어진다. 듣는 환경을 조성하는 것만으로는 불충분하다. 청자가 딴생각을 하지 않도록 대화하는 동안 환경 조건이 유지돼야 한다. 이것은 쉬운 일이 아니다. 공감의 중요성을 잠시라도 잊지 말고, 스스로 확인해 볼 필요가 있다. "상대가 확실히 이해할 수 있도록 내 생각을 어떻게 말하면 될까?" 반사적 평가절하를 설명할 때 논의한 것처럼, 단어 하나하나가 비판받을 가능성이 있으므로 정확한 목표 아래 상대를 적이 아닌 파트너가 되도록 하는 요소에 항상 주의해야 한다.
3. 적극적인 말은 간결해야 한다. 이 특성은 청자의 무기력을 물리치고 이쪽 이야기의 요점을 파악하도록 해준다. 또한 이 원칙은 언어의 경제적 사용 원칙이다. "실체나 대상은 필요 이상으로 많아져서는 안 된다"라는 오크함의 말을 기억할 필요가 있다. 일반적으로 하는 표현은 "간단하게"가 된다. 간결하면 상대가 대화에 끼어들 수 있는 기회가 생기며, 화자는 자신의 목표를 조정하고 이야기를 품위 있게 할 수 있다. 하지만 말이 불충분하면 메시지의 진의를 전하지 못하며, 청자의 관심은 사라진다.
4. 적극적인 말은 정확하고 명확하다. 정확성과 명확성은 지나친 단순화에 빠지지 않고, 적절한 설명을 전하고 잘못된 해석을 피하기 위해 필요하고, 효율적이고 신속한 협상에 순기능을 한다. 하지만 불필요하고 위험하기까지 한 점까지 너무 깊이 들어가는 협상자가 많다. 자신이 절반도 이해하지 못하는 변수로써 만들어 낸 전략을 세우는 데 시간을 낭비한다. 그런 전략을 사용한다 해도 투자 수익이 낮고, 손실을 면치 못한다. 액셀로드[10]는

---

10. Robert Axelrod, *The Evolution of Cooperation* (New York: Basic Books, 1984).

이 점을 "너무 영리해선 안 된다"라는 한마디로 요약했다. 그렇지 않으면, 경쟁에서 질 각오를 해야 한다. 어떤 영국 대사는 늘 "모호한 태도를 보이고 싶지 않은 한, 모호한 언행은 절대 하지 말아라"라고 조언했다. 대부분의 사람들은 자신이 모호할 때도 이를 느끼지 못하며 알고 싶어 하지도 않는다. 하지만 이건 작은 문제가 아니다. 모호성은 여러 가지의 해석을 낳으며, 당연하지만, 모두가 자신의 지역민이나 관계자에게 이익이 되는 요소에만 눈길을 보낸다. 이 현상은 구조적 양면성이라고 부르는데, 협상의 막다른 골목으로 안내한다.

242호 결의

1967년 11월 22일, 안전보장이사회의 242호 결의는 이스라엘의 점령지는 당해 지역 각국의 상호 승인에 따라 반환되어야 한다는 것을 표명했다. 하지만 결의문의 어구의 모호성 때문에 각 당사국이 자국의 해석을 주장해 실행에 이르지 못했다.

5. 적극적인 말은 통합적이다. 입장중심의 대응을 하는 협상자는 "예, 그렇지만"으로 응답을 시작한다. 상대가 테이블 위에 걸림돌을 놓으면 자신도 당장 더 낫다고 생각하는 자신의 걸림돌로 바꿔 놓는다. 적극적인 말은, 다양한 견해가 협상에 이롭다고 하는 인식 아래, 상대가 한 말을 기반으로 아이디어를 연결하고 진척된 것을 활용한다. "예, 그리고"로 시작함으로써 대화에 벽돌을 하나씩 보탠다. 이렇게 되면, 반론하기가 힘들다. 다음과 같은 전형적 표현을 생각해 볼 수 있다. "납품을 내일까지 원하는 군요", "하지만, 그건 무리입니다. 있을 수 없습니다. 이 예산으로

절대 불가능합니다." 통합적 방식이면 다음과 같이 말하려고 할 것이다. "말씀하시는 내용을 정확하게 알아들었는지 모르겠으나, 귀하께서는 내일부터 납품을 시작하고 싶어하네요. 이런 경우는 예산을 면밀히 검토해야 합니다. 저의 추측으로는, 귀사도 예산을 억제할 의향을 가지고 있다고 사료됩니다만." "예, 그렇지만"만 사용하는 패턴은 반대에 부딪힌다. 여기서 "예, 그리고"를 쓰는 통합적 방식은 개방적 질문이나 제안을 유도한다. 목적은 관심을 표시하면서 쌍방에게 유익한 해결안을 모색하도록 상대에게 간청함으로써 새로운 단계를 확보하는 것이다.

6. 적극적인 말은 가급적 제안적이다. 강요하기보다 납득시키는 것이 낫고, 덮어씌우기보다 제안하는 게 낫다. 상대의 눈으로 보아서 강제성이 적다고 생각되면 무엇이든 좋다. 간결하고 정확하고 명확해야 하는 제약 안에서 입장을 고집하기보다 가능한 해결안을 제시하는 게 낫다. 상대가 스스로 서로의 해결안을 발견하면 상대가 그것을 거부하거나 반사적으로 평가절하할 리스크도 준다. 아래 두 가지 방식을 비교해 보자.[11] "저를 승진시켜 주시지 않으면 회사를 그만두겠습니다"라는 말과, "승진을 시켜주시면 회사에 남아 있겠다고 약속을 드리겠습니다"라는 말은 어떻게 다른가. 후자를 권하고 싶다. 이 약속의 이면에 묵시적 위협이 있는 건 분명하지만, 명시적 메시지는 회사에 남아 있겠다는 의사다. 퇴직하느냐 남아 있느냐의 결과와 관계없이, 승진을 제시하느냐에 대한 선택은 상대에게 있다.

---

11. Marwan Sinaceur, La menace en négociation, Unpublished Conference, ESSEC IRENE, 2002.

7. 적극적인 말은 긍정적인 틀 짜기를 추구한다. 바로 앞에서 본 예는 동일한 현실을 두 가지 방법을 써서 제시한 사례다. 즉 하나는 긍정적으로, 다른 하나는 부정적 방식으로 문제에 접근한다. 내용을 담아 넣는 틀 짜기는 선택의 문제다. 모두 알다시피, 액자는 그림의 외관을 바꾼다. 틀 짜기의 중요성을 입증하는 실험도 많다.[12] 마음에 들고 긍정적인 것이 그렇지 않은 것에 비해 꾸준하게 선호의 대상이 되고 있음을 실험들이 보여주고 있다. 즉 유리잔 반이 빈 것보다 반이 찬 것이 마시기가 더 좋다. 마찬가지로 내용이 같더라도 통합 계획은 구조조정 계획보다 좋게 보인다.

주유소(가솔린스탠드)의 실험

한 주유소에서 고객이 신용카드를 사용할 때 10%의 할증료를 지불해야 했다(1리터 1000원, 플러스 10%). 이렇게 되자, 고객은 신용카드를 사용하지 않는 경향을 보여 주었다. "손실을 회피한다"라는 이론에 해당하는 셈이다. 한편, 현금으로 지불하면 리베이트가 있다(1리터 1100원에 100원 환불)고 할 때, 고객은 신용카드를 계속 사용했다. 결국, "손실이 생긴다는 표현보다 이익을 이용하지 않는 표현" 쪽이 선호됐다.

박사학위 논문의 완성

다음 두 표현을 비교해 보자. "이제 박사논문이 끝났다"와 "곧 끝난다". 객관적으로 보면, 끝낸 사람이 더 나은 입장이지만, 전자에는 부정적 함의가 있는 "이제"라는 단어가 들어 있고, 후자에는 긍정적 함의가 있는 "곧"이 들어 있다. 전자는 본래 더 일찍 마쳤어야 할 것이 이제 완료된 것처럼 생각되고, 후자는 기한에 맞게 완성됐다는 생각을 갖게 한다. 상황을 묘사하거나 정보를 제시할 때 긍정적 표현을 선택하는 게 중요하다는 점을 보여주는 사례다.

---

12. Amos Tversky and Daniel Kahneman, The Framing of Decisions and the Pschology of Choice, *Science*, 211, 1981, p. 453–458.

8. 적극적인 말은 극복해야 할 도전보다 기회를 포착하는 데 초점이 맞추어져야 한다.

후보자의 사진[13]

1912년 미국 대통령선거 운동 기간에 후보자 세오도르 루즈벨트의 사진을 사용한 판 플레이트가 촬영자의 승낙 없이 300만부 인쇄됐다. 이 큰 실수를 해결하기 위해 무슨 일이 있었을까? 승낙 없이 사진가의 작품을 무단으로 사용한 데 대한 보상으로 얼마를 원하는가를 사진가에게 묻는 게 한 방법이다. 거부당했을 경우, 판 플레이트를 모두 폐기하거나, 아니면 300만 달러를 지불하지 않으면 안 됐다. 하지만 취한 방식은 전혀 딴판이었다. 선거운동 진영은 그 브로셔 덕택으로 이 사진 스튜디오가 크게 선전 효과를 얻을 것이니 그 대가로 이 선거운동에 얼마를 기부해 주겠느냐고 물었다. 이 스튜디오는 기쁜 마음으로 250달러를 기부했다. 관건은 실수를 쌍방을 위한 기회로 전환한 일이었다.

9. 적극적인 말은 과거로 향하는(관련한 충돌이나 잘못에 대해 벌을 주는) 것이 아니고, 미래 지향적(협상 가능한 해결책을 찾고, 합의를 향한 전진)이다. 비난을 내세우는 반사적 행동은 멀리해야 한다. 특히 대립적 상황에서는 이런 집중적 대응이 쉽지 않다. 밀란 쿤데라는 《웃음과 망각의 책》[14]에서 다음과 같이 말하고 있다.

> "우리는 미래를 구축하고 싶다고 선언한다. 그러나 그건 진실이 아니다. 미래란 무관심하고 누구에게도 흥미 거리가 되지 않는 공간

---

13. Lawrence Bacow and Michael Wheeler, *Environmental Dispute Resolution* (New York: Plenum Press, 1984).
14. Milan Kundera, *The Book of Laughter and Forgetting* (New York: Alfred A. Knopf, 1980).

에 불과하다. 하지만 과거는 삶이 가득하고 그 외관을 파괴하고 색칠을 다시 하고 싶을 만큼, 우리를 화나게 하고 불쾌하게 하고 상처를 준다."

우리는 과거를 곰곰이 생각하고 법정의 수속절차처럼 (자신의) 무죄와 (상대의) 유죄를 내리고 싶어 한다. 아리스토텔레스는 과거에 대한 변론과 병행해 정치적 집회의 상황에 적용되는 미래에 대한 변론의 존재를 언급하고 있다. 협상에 있어서 중심이 돼야 하는 것은 "심사숙고"로써 뒷받침되는 미래에 대한 변론이다. 이것은 과거의 일과 그 해석에 대한 합의가 아니고, 우리의 미래를 모두가 수용할 수 있는 형태로 명확하게 하는 요소를 창출하는 노력이다.

10. 적극적인 말은 기만이나 사실무근의 주장을 뒷받침하는 허풍과 거짓말을 기피한다. 허풍과 거짓말은 협상자에게 네 가지 문제를 가져다준다. 첫째, 윤리적인 의미로 이런 행위는 양심적인 사람에겐 성가신 일이다. 둘째, 진실을 함부로 바꾸는 협상자는 결국 폭로되고 악평을 듣는다. 셋째, 꼭 명심해야 할 점인데, 믿어주는 듯이 대해 주고 잠시 동안만 상대해 주는 식으로 취급받게 된다. 거짓말은 또 다른 거짓말을 낳고 눈덩어리처럼 점점 더 커진다. 넷째, 태만과 실수 탓으로 상황에 대해 진지하게 고려하지 않은 나머지, 이 같은 수법이 채택되는 경우가 많다. 대개 유능한 협상자라면, 창의적 기질을 지니고 시간을 내어 준비하고, 자신의 목적을 달성하기 위해 정당한 수단을 발견할 것이다.

이 같은 적극적 말하기의 특징은 적극적 듣기와 불가분의 관계에 있다. 양쪽 모두 공감을 토대로 하고 있다. 그러므로 우수한 듣기와 말하기를 용이하게 결합시키고 있다. 이 장의 마지막 절에선 이런 방식으로 대화를 진행하는 문제를 고찰하고자 한다.

대화를 시작하고 유지하는 방법

대화의 구조는 적극적인 듣기와 적극적인 말하기로 이뤄진다. 첫 번째 보기는 자동차의 대리점 판매원과 고객 간의 대화다. 긴장도가 높은 상황에서 적극적인 듣기와 적극적인 말하기의 두 기능에 능통하려면 상대의 관점을 이해하기 위해 공감에 각별한 주의가 필요하다. 공감을 얻는 수준에 도달하는 방도에 관해서는 두 번째 예로 설명하고자 한다.

적극적인 듣기로부터 적극적인 말하기로의 진전

여기서 당면한 목적은 판매원의 관점에서 적극적 듣기의 시간과 말하기의 시간을 연장시키는 것이다. 아래 예는 생략부분이 없는 구체적 상황을 나타내는 대화인데 왼쪽부터 오른쪽으로 읽어야 한다.

[표 5-1] 적극적 듣기와 적극적 말하기의 예: 판매원

고객의 행동 · 태도	고객의 말	판매원의 말	판매원의 생각
말을 시작해 대화에 진입한다.	안녕하십니까?		적극적으로 듣기 시작. 호의로 미소 짓는다. 고객에게 주의를 집중한다.
이미 하고자 하는 말을 생각하기 시작한다.		무엇을 도와드릴까요?	상대가 동기를 말해주기를 유도한다.
무엇을 원하는지 말하기 시작한다.	결정은 안 했습니다만, 차를 보고 싶습니다.		고개를 끄덕이며, 말 없이 귀를 기울인다.
우물쭈물하면서 상대의 말에 귀를 기울인다.		차 말이군요. 네. 어떤 형을?	그의 말을 반복, 계속 말을 하도록 유도한다.
생각을 구체적으로 말한다.	제 처가 탈 차입니다.		고개를 끄덕이며 듣는다.
상대가 이해를 못하고 있다고 생각, 조바심을 보인다.		아, 부인께서 사용할 중고차를 찾으시는군요.	반복하면서도, 가설을 제시한다.
상대가 한 말을 확인하거나 필요하면 바로잡는다.	네, 네, 제 처의 차입니다. 아이들도 탈 수 있도록 커야 합니다.		고개를 끄덕이면서 듣기만 하다가, 손가락의 동작으로 수긍을 표시한다.
상대가 관심을 보이고 있는 걸 보고, 이해의 표시로 고개를 끄덕인다.		부인과 애들이 탈 큰 가족용 차를 구하고 계시군요.	처음에 놓친 말을 보태면서 반복한다.
상대가 한 말을 확인한다.	그렇습니다. 맞습니다.		고개를 끄덕이면서 듣기만 한다.
더 편한 마음으로 상대 말에 귀를 기울인다. 상호 간에 관계가 형성되기 시작한다.		생각하고 계시는 모델이 있으신가요? 예산은 어느 정도?	두 가지의 개방형 질문을 해 상대가 생각을 더 구체화하도록 이끈다.

[표 5-1] 적극적 듣기와 적극적 말하기의 예: 판매원 (계속)

고객의 행동 · 태도	고객의 말	판매원의 말	판매원의 생각
질문 하나에 대해서만 대답을 하고, 다른 질문은 신경이 쓰이는지 답을 회피. 상대의 조언을 구한다.	베티나가 좋은데. 그건 너무 클까요?		상대가 예산을 밝히고 싶지 않다고 생각하면서 듣기만 한다. 바로 이 순간이 적극적인 말로 들어갈 때다.
상대는 이쪽의 답을 기다린다. 이 시점까지 상대의 말을 들었으므로, 이쪽 말을 들어줄 것 같다.		베티나는 인기가 대단합니다. 가족을 모두 태울 수 있고, 트렁크도 커서 좋습니다.	암시적으로 상대의 선택을 확인. 상대와의 관계를 유지하기 위해, 상대의 선택이 좋다는 점을 강조, 배우자와 의논하도록 권한다.
암시적으로 이쪽 가설을 확인, 무의식적으로 중요한 정보를 보탠다.	예, 그 차는 장거리 여행에는 더 편하겠군요.		이 새로운 정보에 주목한다.
상대는 말을 마쳤다고 생각, 이쪽 반응을 기다린다.		제 모친이 베티나를 구입했는데, 여기서 두 시간 떨어진 곳에 사시는데 주말마다 여기를 방문하십니다.	앞으로 고객과의 관계를 맺어줄 바른 정보를 제공한다.
관련 없어 보이는 정보에도 흥미를 느껴 생각나는 말로 응답한다.	아, 그래요. 그 차가 마음에 든다고 하던가요?		미소로 대답한다.
상대는 이 말을 듣고 꺼림직한 표정을 한다.		예, 그래서 가죽 제품 인테리어를 원했지요.	여기서, 고객에게 가죽제 인테리어를 넌지시 권함으로써 판매원의 뚜렷한 이익을 드러냈다.
상대는 이 제의를 좋아하지 않는 듯, 재빠른 반응을 보인다.	가죽제 인테리어, 하지만 값이 엄청날 텐데!		약간 너무 나가버렸다. 미소를 지으면서 시간을 끌었다.

[표 5-1] 적극적 듣기와 적극적 말하기의 예: 판매원 (계속)

고객의 행동 · 태도	고객의 말	판매원의 말	판매원의 생각
상대는 분명히 예산이 충분하지 못했고, 그에 대한 배려를 원했다.		**가죽은 다소 호사스럽기는 하나, 중고차 값에 크게 추가되지는 않습니다.**	순간적으로 오판했지만, 상호의 관계를 다시 구축하기 위해 노력한다.
상대는 이쪽의 후퇴를 인정, 이쪽의 마지막 발언을 수용하는 뜻에서 고개를 끄덕인다.	**바로 그렇습니다.**		숨을 크게 쉬고, 이 고객에 대해 결판을 시도한다.
상대는 자신의 입장을 분명히 했음을 인정, 이쪽의 다음 발언을 기다린다.		**부인과 같이 시험 운전을 해 보시지요. 며칠 이내에?**	상대는 부인의 동의나 시험운전 없이는 차를 구입하지 않으리라고 상정한다. 부부가 오기를 권한다.
상대는 이 제안이 마음에 드는 듯, 시간을 잡기 위해 수첩을 꺼낸다. 자세한 일시를 정하기 위해 이쪽에 주목한다.		**토요일 오전 10시. 존함과 전화번호를 알고 싶습니다.**	적극적 듣기로 확실한 약속을 하게 된다.
상대는 중요한 정보를 제공해 준다.	**유진 심슨이라고 합니다. 전화번호는 09 44 55 66 77입니다.**		고객에 대한 관심의 표시로 이 정보를 꼼꼼히 적어 둔다.
상대는 합의와 감사의 표시로 고개를 끄덕인다.		**잘 기록해 두었습니다. 브로셔를 드리니 부인과 같이 읽어 보세요. 감사합니다. 토요일 오전에 뵙겠습니다.**	공손한 인사와 더불어 부인과 의논하도록 추가 정보를 제공한다.
상대는 브로셔를 받고 악수를 청한다.	**고맙습니다. 토요일에 뵙겠습니다.**		상대가 자리에서 일어서자, 문을 열어준다.

이 대화에서 적극적인 듣기와 적극적인 말하기는 시종일관 공감과 주장을 조화롭게 균형 잡고 있다.

공감의 중요성

공감이란 상대의 입장에 서서, (수용한다는 의미는 아니지만) 상대의 견해를 이해하는 능력이다. 공감하기는 대립의 긴장이 높은 상황에서는 더 어려워지지만, 더 필요해진다. 연습을 위해 짧은 "롤 플레이" 시나리오를 아래에 제시하는데, 자신이 상대의 관점에서 보는 걸 상상해 보자.

조합 대표가 동료와 이야기하고 있는 상황을 상상한다

당신이 근무하고 있는 조직은 몇 가지 어려움을 겪고 있다. 종업원들의 관심사, 노동조건의 불안 등을 동료에게 설명하고, 또 조합의 대표로서 생각하는 점, 받고 있는 압력과 책임을 말한다. 종업원과 경영진 사이에서는 어려움뿐 아니라, 의견이 상이한 조합 간부들과의 어려운 문제를 논의한다. 지난 과거의 협상과 앞으로의 협상을 생각하고, 아무 것도 실현되지 않으리라고 생각하는 순간에 예상하지 못한 성과도 생긴다고 생각한다. 협상 후 조합원에게 자랑하고 싶기도 하나, 협상 결과가 미흡하지 않았는지, 사명을 완수 못하지 않았는지 의심도 품는다. 조합 대표 자리에 서면 조합원의 동기, 과제, 문제를 더 잘 이해할 수 있다.

그러면 조합 대표자의 역할로서의 관점을 잃지 않은 채, 이번엔 자신을 경영자의 관점에서 이 조합 대표에게 말한다고 상상해 보자.

마음속으로 상대가 분별력이 없는 사람이 아닌 것을 알고 있으며, 자신도 상대의 입장이면 같은 생각을 하리라는 것도 알고 있다. 상대에게 숫자를 밀어붙이거나 교만하고 공세적인 태도를 취하지 않고 말할 수 있다. 몸을 낮추지 않으면서, 상대의 입장이 쉽지 않으며 상대의 업무상의 염려를 잘 이해하고 있다는 점도 설명할 수 있다. 상대의 이익이 종업원의 권리를 지키는 것이고, 자신의 사명도 똑같다는 걸 말할 수 있다. 경영자에게 있어서 우선순위가 높은 건 인재를 확보하고 동기를 부여하는 일이다. 회사는 무엇보다도 사람으로 이루어져 있다. 그러므로 이야기할 시간이 필요하다는 것과, 그 결과가 종업원에 의해 수용되게 할 필요가 있는 것도 이해하고 있다고 확언할 수 있다. 상대측의 상황을 이해하고 있다는 점을 보여준다. 합의의 예비적 범위를 시사해도 좋다. 물론 당신도 직책의 제약도 있고 주주들을 무시할 수 없다. 가장 중요한 점은, 이런 제약을 지키면서 합의에 도달하지 않으면 안 된다는 것이다. 이것은 용이한 일이 아니라는 것도 알고 있으며, 조합 대표도 안다. 이를 실현하기 위한 길은 하나밖에 없다. 대화다. 합의는 대화에서 생기기 때문에 합의가 최종적 형태를 갖추게 될 때까지 흉금을 열어 놓고 있어야 한다. 쌍방의 제약을 존중하는 합의안에만 서명한다는 점도 알고 있다. 자, 그러면 일을 시작하자.

이 보기 이외에 협상자가 지녀야 할 한 가지 아이디어가 있다. 공감력을 단련시키는 좋은 방법은 상대의 세계와 자신의 이익을 어떻게 보고 있는지를 상상해 보는 것이다. 경영자이면 조합 대표가, 고객이면 영업 담당자가 어떻게 보는지, 또 그 반대의 경우도 상상해 본다. 조합 대표이든 경영자이든 상대에 대한 자신의 선의를 알게 해주고 상대를 이해하고 존중하고 있다는 점을 표시해야 한다. 상대가 없으면 합의도 있을 수 없으므로 해결을 향한 상대의 공헌과 노력을 인정해야 한다. 보기의 전체가 보여 주듯이 상대의 관점에서 생각하는 것은 어렵기는 하지만, 필수불가결하다. 상대가 수용할 수 있는 형태로, 자신의 관계자에게 중요한 사항을 협상자가 간추려 말하고, 상대가 공유하는 문제를 해결하는 파트너가 되도록 진지하게 노력하는 것이 상대의 관점에 서서 생각하는 것이다.

THE FIRST MOVE

6

문제 해결 "전"에 감정을 받아들인다

사람을 어떻게 대하는가 (2)

협상에서 모든 일이 원활하게 진행된다면 이 장은 필요 없을지 모른다. 하지만 협상엔 역행도, 결렬도 있고, 긴장한 사람들과 대치하는 마음이 편치 않은 시간도 더러 있다. 따라서 협상자는 최악의 사태를 포함해 모든 일에 대비하고, 협상이 걷잡을 수 없게 전개되더라도 궤도로 되돌리는 수단을 알아둘 필요가 있다.

실망, 격분, 노여움 등 부정적으로 생각되는 감정이 협상장을 뒤흔들기 쉬운 상황의 진단으로부터 시작해, 감정의 차원을 포함하고 협상에 있어서의 합리성을 보다 넓은 시야에서 생각한다. 그리고 감정적으로 흐르는 경우에 끼어드는 반사적 행동과 직감적 행동을 분석한다. 한계를 인정하면서 준비 단계(제2장)에서 확인된 프로세스, 관계, 내용에 관한 요소를 협상자가 최대한 사용할 수 있도록, 감정에 흐르지 않는 일련의 대안을 제시한다. 이 대체적 행동은 이 절에서 고찰하는 세 가지 목적에 부합한다. 즉, 프로세스상의 장애물을 피하고, 실무 현장에서 양호한 관계를 유지하고, 상호 수용 가능한 확실한 해결안에 도달하는 것이다.

협상에 있어서 감정의 역할을 이해한다

협상을 당사자 간의 경제적 합리성과 직결되는 상호 행위로만 보는 것은 착각이다. 대립의 상황에선 부정적인 감정이 이런저런 작용을 한다.

"이성적" 긴장이 "감정적" 대립으로 바뀐다

제4장에서 문제가 다루어져 해결되는 상황을 분석했는데, 그 경우는 신뢰관계가 있고 인간관계에서 큰 긴장이 없는 것을 전제로 했던 것이다. 그러나 가격 결정, 서비스 제공자 간의 매상배분 기준, 파트너의 이익분배 비율의 계산, 담당지역의 구분 등 가치를 나누는 단계에서 발생하는 "이성적" 긴장이 독점 전술을 강행해 격렬한 다툼으로 발전하고, 마침내 현장의 기능이 마비된다.

이 같은 공방이 생기면, 무엇 때문에 협상을 하고 있는지도 잊어 버린다. 르네 지라르[1]의 말처럼, 협상의 "목적을 망각"하는 사태가 벌어진다. 협상할 일은 없고, 남는 건 대립하고 있는 두 당사자뿐이다. 인간관계는 파괴되고, 쌍방이 협상장 밖의 해결안을 고집하고, 상대와 협의하지 않고, 서로에게 이익이 될 수 있는 협의를 스스로 멀리한다. 이렇게 되면 잘 시작할 것 같은 것도 쌍방이 가치를 나누어야 할 때가 되면 당장 나빠지고 관계도 무너진다. 합의를 향한 한발 한발이 대립을 낳기만 한다.

---

1. René Girard, *Le bouc émissaire* (Paris: Grasset, 1982).

더 나쁜 경우도 있다. 처음부터 대립뿐이고, 과거로부터 이어져 온 마찰로 생긴 괴로운 감정은 방어의 참호를 파게 하고 협상과 문제 해결을 위한 협력을 방해한다. 대차대조표의 자산란에 기입할 것이 없다고 느껴질 뿐이다. "저쪽에 있는 사람들"과 협상하고 있다고 상상할 수 없고, 가짜 협상을 하고 있는 셈이다. 파트너는커녕, 반대자이고, 심지어 적이다. 긴장된 관계가 프로세스를 저해함에 따라 이런 상황에선 핵심 문제에 대응하는 게 처음부터 아예 불가능하다. 무엇을 협상할 수 있단 말인가? 상대는 서로가 악마이고 비이성적이라고 생각한다. 이것은 파이를 크게 하는 문제가 아니고, 나누는 문제는 더더욱 아니다. 협상이 시작했다 하면, 대립뿐이고 감정적 충돌이다.

감정이 협상의 초두부터 생기든, 도중에 생기든 협상자는 감정을 효과적으로 관리하지 않으면 안 된다.

감정적 측면을 포함한 넓은 이성

감정이 작용하는 가운데 건설적인 접근[2]을 창출하려면 사전에 무언가 일이 있어야 한다. [그림 6-1]의 의문부호는 감정과 문제 해결 사이에 있어야 하는 무엇을 나타낸다.

강한 감정(좌측)이 우리를 선동하고 과거로 내몰고 상대를 반사적으로 비난하고 자신을 변호하는 태도를 굳히게 한다.

문제 해결을 위해 실행해야 할 일에는 제4장에서 예시한 것처럼 공

---

2. Douglas Stone, Bruce Patton and Sheila Heen, *Difficult Conversations* (New York: Penguin, 1999).

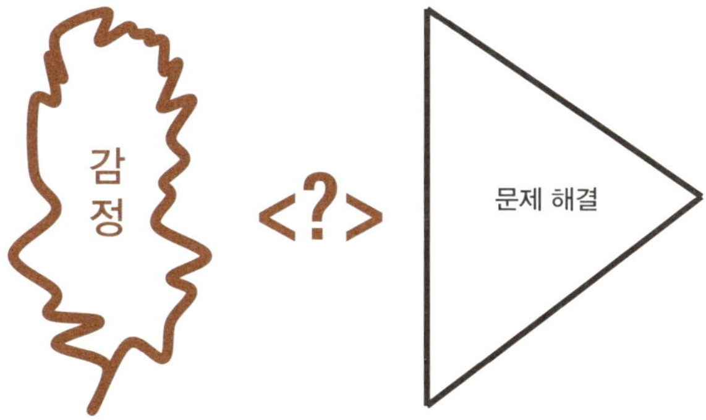

[그림 6-1] 감정과 문제 해결의 갭을 메운다

동의 미래를 향한 접근이 필요하다. 또 거기에서는 문제를 해결하기 위한 구체안을 찾아내고, 파이를 확대하고 분배 기준을 제시하고, 협상에 의한 합의를 생각하는 일이 포함된다.

비비꼬이고 지친 감정 상태에서는 제한된 경제적 의미에서 합리성을 논의해도 의미가 없다. 그러므로 협동하고 최종적으로 함께 성과를 내기 위해, 상대와 공동작업을 조장하는 심리적 능력이 수반되는 보다 넓은 의미에서 협상의 합리성을 생각해야 한다. 넓은 의미에서 합리성은 합리적 지능에 관계의 지능을 보탠 것을 상정한다. 이 관계의 지능은 문제에 대응하기 전에 상대와 그의 감정을 먼저 고려하는 능력이다. 피셔와 유리[3]는 "사람과 문제를 분리해야 하는 필요성을 역설"했지만, 협상의 효과를 생각하면, 일종의 흐름이 필요하다.

[그림 6-2]는 협상 프로세스의 전개를 (심리적) 관계의 이성理性에서

3. Roger Fisher and William Ury, *Getting to Yes: Negotiating Agreement Without Giving In*, ed. Bruce Patton (London: Penguin, 1981, 1991).

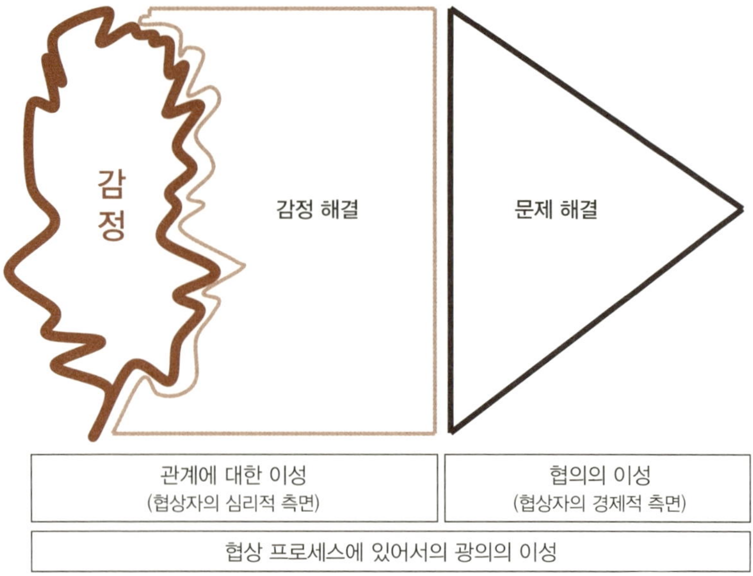

[그림 6-2] 감정을 포함한 협상 프로세스

가장 제한적 의미의 (경제적) 이성으로의 흐름으로 나타낸다. 파괴적인 감정이 폭발하면 그대로 계속하지 말고 감정을 이해한다는 발언을 위한 중간 단계를 통해 관계와 관련한 과제에 대처하는 노력이 필요하다. 이 중간 단계의 목적은 표출되고 있는 감정을 이해하고 관련한 사람들의 체면을 지키는 데 있다. 이런 감정의 인정은 가치 창출의 한 형태이고, 다원적이고 보다 근본적 의미에 있어서 공통가치를 창출한다. 이런 의미에서 커뮤니케이션 기술, 특히 적극적인 듣기가 그 핵심이다.

무엇을 생각하든지 무엇을 신봉하고 싶어 하든지 협상에 있어서 순수하게 이성의 대리인이 될 수 있는 사람은 없다. 협상자의 행동은 제5장에서 논한 심리경제학이 말하는 인지認知 성향의 영향을 받는다.

프랑소아 드 깔리에르[4]와 포르뛰네 드 펠리스[5]는 이 발견이 새로운 것이 아니고, 협상자의 열의가 그 이익을 극복할 수 있다고 지적하고 있다. 각 당사자의 감정이 맞대결할 때, 감정이 폭발하고 긴장이 높아지고 사태는 심화된다.

감정: 협상에 대한 긍정적 또는 부정적 효과

감정(emotion) 또는 고대의 철학자가 말한 격정(passion)이 협상에서 반드시 부정적인 것만은 아니다. 문제는 여러 형태의 감정을 구별하는 것이다. 기쁨과 즐거움은 바람직한 효과를 도출한다. 어떤 실험에 의하면, 협상자가 "당신과 함께 일을 하게 돼 즐거웠습니다."라는 태도로 해결안을 제시하면, 이런 긍정적인 감정을 보이지 않고 중립적 태도로 제시할 때보다 수용될 확률이 높다. 이런 긍정적 감정이 상대로부터도 제시되는 경우에는 협상이 훨씬 쉬워진다. 그러므로 단지 기술적으로 협상에 접근하는 것 이상의 행동이 요구된다. 사람은 생각하는 기계가 아니라, 따뜻한 피가 흐르는 존재라는 것을 인식하자.

감정의 폭은 최상에서 최악까지 이어져 있다. 주의해야 할 것은 최악의 경우다. 긍정적 감정은 개개인 간에 일체감을 조성하지만, 반대로 증오와 악의의 감정은 역으로 작용해 서로의 관계를 소원하게 한다.

---

4. François de Callières, *De la Manière de négocier avec les souverains*, ed. Alain Lempereur (Geneva: Droz, 2002), p. 104.
5. Fortuné Barthélémy de Félice, *Négociations ou l'art de négocier, notice extraite du Dictionnaire de justice naturelle et civile*, Yverdon, 1770; Re-edition Alain Lempereur (Paris-Cergy: ESSEC IRENE), p. 176–197; also reprinted in *Négociations européennes* (ed. Alain Pekar Lempereur and Aurélien Colson, Paris: A2C Médias, 2008).

앞에서 본 실험에서 해결안이 "솔직히 말하면, 당신과 같이 일하는 것이 참으로 어려웠습니다."라는 상황에서 제시됐다면, 수용되기가 훨씬 어려웠을 것이고, 중립적인 상황에서 제시되는 것보다 결과는 더 나빠졌을 것이다. 이 상황이 심화될 것은 분명하다. 상대의 제안과 관련한 부정적 감정이 이쪽의 기분을 해치면, 이쪽도 나쁜 감정으로 반대 제안으로 대응하는데, 때로는 공격적이 되어 교착 상태가 장기화된다.

긍정적 감정과 부정적 감정의 중요성을 인식하게 되면, 협상자는 상대에게서 더 많이 얻어내려고 그러한 감정, 특히 긍정적인 감정을 가장하는 유혹에 빠질 수도 있다. 이런 유혹도 극복하지 않으면 안 된다. 감정의 거짓말은 그 85%가 발각되기 때문이다. 이에 대해, 사실에 관한 거짓말은 50%가 드러난다. 자신의 감정 상태와 관련해 상대를 속이는 것은 어렵다. 다음 절에서 고찰하는 격정의 전략적 용법도 큰 리스크를 부담하지 않고 쉽게 사용되는 건 아니다.

무의식적 감정과 의도적 격정

어떤 감정은 본인의 의도적 생각 없이 표출된다. 이런저런 이유로 우리는 감정에 지배되면 곤란한 사태가 된다. 이것은 감정의 수동적 부분인데, 스스로 통제하지 못한다. 그 감정이 일단 물러가면 "정말 미안합니다. 그런 말을 마구 할 생각은 없었는데, 단지 궁지에 몰린 나머지"라고 말하는 것도 어렵지 않다. 이런 반사적 부정은 접하기 쉬운데, 우리 모두가 경험했을 것이다. 우리는 자신의 감정을 실제 얼마나 통제할 수 있을까? 협상에선 어려운 상황을 극복하기 위해 높은 수준의 자각이 필요하다.

처음의 무의식적 감정 상태는, 어떤 수법을 사용해 고의적으로 상대에게 원하지 않은 감정을 유발하는 음흉한 경우와는 구별된다. 이 수법은 상대를 복종시키기 위해 뒤흔드는 행위다. 제안된 해결안을 받아들이는 데 감정이 얼마나 영향을 미치는지는 앞에서 본 대로다. 격정의 이런 전략은 고대 그리스 시대부터 사용되어 왔다. 아리스토텔레스는 《변론술》의 제2권에서, 자신의 요구를 달성할 필요가 있으면 자신과 상대에게 이로운 격정을 유발하는 것도 가능하다고 쓰고 있다. 예컨대, 측은한 정을 불러일으켜 용서를 구하는 일은 피고와 변호인 간엔 일반적 전술이다. 특정한 요구를 충족하기 위한 감정의 사용은 유아 시절에 생긴다. 어머니에게서 꾸중을 들은 남자 어린이가 아버지에게로 고개를 돌리는 장면을 생각해 보자. 눈물을 흘리면서 아버지의 동정을 구하고 어머니에게 대항할 동맹을 맺어 질책에서 벗어나고 싶어 한다. 물론 이런 행동은 처음엔 의도적이 아니지만, 성공한 경험이 몇 번이나 되풀이되면 제2의 천성이 된다. 감정에 대한 호소는 상대의 의지를 꺾고 상황을 자신에게 유리하게 만들기 위해 자주 사용하는 전술이고, 이치나 구실보다 설득력이 있다. 긍정적이거나 부정적 감정이 단순한 교류에서만 발생하는 것은 아니다. 상대를 특정한 심리상태 속으로 몰아넣는 불균형을 만들어 내고자 하는 한쪽 당사자의 의도에 따른 결과다. 이런 공격을 받으면 자신의 감정을 억제하는 데 강한 자제력을 발휘해야 한다. 그것이 인내이다.

상대가 이쪽을 계획적으로 노하게 하거나 의도 없이 화나게 하는 현상은 직감적이고 반사적 반응을 불러일으키는데, 경험적으로 볼 때 이러한 반응은 효과가 없다. 직감적, 반사적 반응을 분석하고 아울러 그 심리상태를 이해하고, 가능한 대응의 폭을 넓히는 것이 우리의 과제다. 다음 절에서 이 점을 논의하고자 한다.

어려운 협상을 분석하는 6항목

여기서 설명하는 6개 항목은 경험과 교육과 조사에서 얻은 것이다. 저자들은 때로는 공동으로, 때로는 개별로 대립 진영의 대표를 만나고, 교착 상태에 있는 당사자 간에 협의를 촉구하고, 복잡 미묘한 접촉을 통해 이해관계자를 자문하는 역할을 해왔다. 이 같은 상황을 직면하고 있는 여러 공공조직과 민간기업과도 협상 실무와 연수회를 통해 경험을 공유해 왔다. 또 수백 명의 참가자가 조사연구에 관여했다. 한쪽이 협상 테이블의 상대에게 난제를 하나 던지면, 순간적으로 충격을 받지만, 상대도 적절하다고 판단되는 방법으로 대응한다.[6] 대립 상태에 있는 이런 상황에선 상대를 혼란에 빠뜨리고자 하는 한쪽 당사자의 의도적인 행위가 그 특징이다. 이 같은 상황을 바르게 분석하기 위해, 개인별 설문조사와 피드백을 이용해 협상자의 상호작용과 감정변화를 조사했다. 이것을 기초로 해 도출한 것이 어려운 상황을 분석한 6항목이다[그림 6-3].

다음의 네 항목은 흔히 있는 거의 자동적으로 높은 긴장을 일으키는 경우와 관련되며, 협상의 세 가지 목표 달성(결렬을 회피하고, 관계를 유지하고, 주요 과제의 해결을 추구)에는 비효율적이기는 하지만, 협상자 간의 교류에선 자주 사용된다.

1. 공세적 협상자의 도발 행동
2. 도발 행동이 상대에게 유발하는 사고와 감정

---

6. Alain Lempereur, Conflits et humeurs variables: Opportunités pour le dialogue social, *Du Conflit au Dialogue* (Lyon: Missions Globales, 1996), p. 74–90. Alain Lempereur ed., *Modéles de médiateur et médiateur-modèle*, Conference Proceedings of December 14 and 18, 1998, Paris-Cergy: ESSEC IRENE.

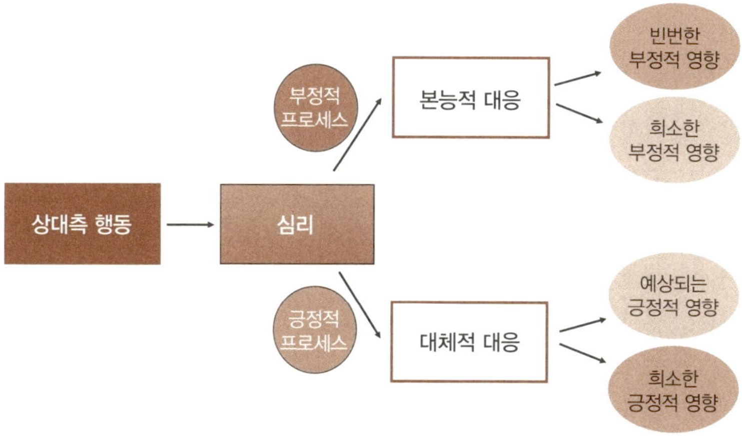

[그림 6-3] 어려운 상황의 분석

3. 도발 행동에 대한 본능적 대응이나 행동
4. 협상 프로세스에 미치는 본능적 행동의 영향

그리고 새 길을 열기 위해 제안하는 두 항목은 다음과 같다.

5. 목표가 되는 협상자가 갖는 대체적 대응이나 행동
6. 대체적 행동이 협상에 미치는 영향

하나씩 상세히 살펴보자.

공격자의 도발 행동

협상자가 공격을 받게 되면 상대의 공격적인 행동과 태도를 지적하기는 비교적 쉽다. 본능적으로 공격받은 측의 주의는 온통 상대측의 행동에 집중된다. 그러나 이때 중요한 건, 공세적 행동이 자신에게 미치는 작용을 사고와 감정의 관점에서 집중적으로 검토하고, 이 상황에서 어떤 종류의 전략적 대응이 효과적일지 생각해 보는 것이다.

협상자는 상대를 적이라고 인식하고 과실과 잘못이 셀 수 없을 정도로 많다고 하면서 비난한다. 하지만 잠시 멈추고, 상대의 행동 중 어느 부분이 공세적인지 생각해 볼 일이다. 아래 항목들은 어려움과 불쾌감이 낮은 순서로 열거돼 있다.

- 듣는 능력이 없다: 상대가 들으려고 하지 않는다. 늘 산만하고, 다른 곳을 보며 이쪽 말에 마이동풍, 이쪽 말에 끼어들고 주장을 무시하고, 펜이나 전화를 만지작거리고, 손가락 관절을 딱딱거리고 꺾거나 시계를 본다. 이 같은 듣지 않는 태도는 공격받고 있다고 느끼는 협상자들이 가장 많이 지적하는 불평불만이다.
- 집요한 반복: 상대가 같은 주장을 되풀이하고, 이미 제기된 과제로 되돌아가서, 몇 시간을 한 가지 문제에 매달리고, 이미 답한 것에 대해 같은 질문을 한다.
- 악의적 행위: 상대가 정보를 왜곡하고, 일반론이나 앞뒤가 맞지 않는 사고방식으로 협상을 진행하고, 이것저것 마구 섞고, 모순투성이로 증거도 없이 이쪽을 비난하고 거짓말하고 허세를 부린다.
- 장소에 어울리지 않는 유머: 이쪽을 놀리고, 말이나 행동을 비웃고, 능글맞게 웃으며 쳐다보고, 사람들 앞에서 모욕적인 태도를 취한다.
- 개인공격: 개인적인 공격을 하고, 이쪽의 직업의식이나 권위를 의심하고, 이쪽의 기량, 직업, 학력, 나이, 성별, 문화, 종교를 경시한다.

- 소리를 높인다: 상대가 소리를 높이고, 고함을 지르고 외치면서 진정하지 않는다. 단호한 태도로 단정적 결론을 내린다.
- 추한 말투: 상대가 이쪽에 모욕을 주고 욕을 하고 쌍소리를 한다.
- 위협: 상대가 협상장을 떠나겠다고 계속 위협, 말썽을 암시하고 양보만 하라고 고집한다. 다른 협상 상대와의 해결책을 자랑하고, 이쪽은 얻을 것이 없어진다고 주장한다. 말로써 시작한 위협이 상황에 따라 물리적인 위협으로 바뀔 수도 있다.
- 물리적 선동: 상대가 가만히 앉아 있지 않고, 몸짓으로 폭력을 나타내고 물건을 난폭하게 다루고, 회담하는 도중에 자리에서 일어나서 문을 거칠게 닫고 방을 나간다.
- 공간의 강제 점거: 상대가 가까이에 접근, 몸에 부딪히기도 하고, 협상장에 집단으로 와서 사무실을 점거, 혼자만을 끌고 가서 인질로 삼는다.

이런 행동과 다른 수많은 행동은 모두 적극적 듣기와 적극적 말하기(제5장)의 정반대 행위다. 이런 행동은 바람직하지 않은 것은 말할 것도 없고, 비건설적이고 파괴적이기도 하다. 의도의 유무와 관계없이 이들 행위는 당하는 사람에겐 고의적으로 보인다. 위에 열거된 상대의 행위는 보기 드문 것이거나 낯선 행위는 아니고, 모두가 잘 아는 것들이다. 당하는 사람 역시 이러한 행위가 전혀 새롭지 않다는 것을 알 수 있다. 그 이유를 아는 것은 쉽지만 자신에게 미치는 부정적 영향을 인정하기는 어렵고 그 영향을 뒤집기는 더 어렵다. 자신의 존재를 결정하는 근본 요소인 인격이 남의 공격을 받고 있다는 걸 느끼면 감정이 크게 악화된다. 상대가 이쪽의 민감한 데를 발견하고 아픈 자리를 압박하면, 이쪽은 그런 공격의 덫 속으로 빠져들어 감정을 폭발하고,

같은 행위는 같은 결과를 낳는다는 걸 알면서도 상대와 "같은 행위"를 연출한다. 그런 상황을 예견한다고 해서 반드시 피해가 줄어드는 건 아니다. 다음 절에서 그런 작용과 결과로 나타나는 감정을 살펴보고자 한다.

공격받은 협상자가 갖는 전형적 사고와 느낌

공격이 협상자에게 미치는 영향은 소리 없이 옮겨지는 경우가 많다. 첫째, 공격에 의해 생기는 생각이나 느낌은 내적인 것이고, 이 내면적 부분을 굳이 표출하고 싶어 하지 않는다. 게다가, 이런 영향을 언급하는 것, 특히 공격을 가한 사람과 이야기하는 것은 패배를 인정하는 것처럼 보인다(적어도 그렇게 믿고 있다). 이런 마음의 동요를 논하고 싶지 않다. 그러나 마음속에 묻어 두면 돌이킬 수 없는 손상을 입을 위험도 있다. 상대의 행위가 아무 일도 아닌 것처럼 가장하면, 상황은 다루기가 더욱 어려워진다. 마치 상대의 공격이 이쪽의 마음속 대화까지를 폐쇄해 버린 것처럼 여러 가지 일들이 일어난다. 그러므로 시간을 내어 그 상황에서 멀리 떨어져, 공격에 의한 영향을 바라보고 생각해 본다면, 커다란 가치를 발견할 수 있을 것이다. 맞는 못에서도 때리는 망치와 같은 갖가지의 변화를 볼 수 있다.

공세적 상황에서 볼 수 있는 마음속의 사고와 감각은 다양할 뿐만 아니라 시간에 따라 변화한다. 그것은 결코 아무렇게나 되는 것이 아니고 하나의 흐름을 형성한다. 위협 행위가 즉각적으로 표출되는 경우를 제외하면, 감정의 연속체는 다음과 같은 전개에 따라 시간과 함께 영향이 커진다.

- 처음에는, 관리할 수 있는 가벼운 느낌인 약간의 놀라움, 불시의 언동, 재미, 모순 등으로 이는 곧바로 지나가 버릴 것이라고 희망적으로 생각하는 협상이다.
- 심해지면, 좌절감이 쌓이고 회담은 공전되는 느낌이다. 분개하고 조바심과 분노에 차, 자리에서 일어나 상대와 헤어지고 싶고, 협상은 끝장났다고 생각할 뿐이다.
- 극단에 이르면, 자제력의 상실, 폭언을 동반한 감정의 폭발로 돌아갈 수 없는 선을 넘고 만다. 협상이 어떻게 되든 상관하지 않는다.

이 변화가 중요한 이유는, 경미한 진동에서 시작해 대지진에 이르기까지 존재하는 심적 갈등의 지표가 되기 때문이다. 감정이 심화되고 있는 동안에 공격의 피해자는 감정 상태의 변화과정을 진단할 시간도 능력도 없다. 실제로 자신의 행동을 조정해 대응하지 않으면 안 되는 경우, 시간과 능력 모두 부족하다. 이렇게 되면 상황이 전면적으로 부정적으로 생각되고 점점 견딜 수 없게 되고 마침내 다룰 수 없게 된다. 이 같은 불쾌한 대화를 하는 대부분의 시간 중에, 희생자는 냉정을 잃고 있는 가운데서도, 이런 일은 지나가는 순간에 불과하고 노해서는 안 된다고 자신을 납득시키고, 심리 상태는 자신도, 상대도 모르게 내버려둔다. 다음은 상대방의 말을 잘 듣지 않는 사람들 사이에 자주 보는 대화 장면이다.

> "조용히!"
> "나에게 조용히 하라니. 난 가만히 있었다. 조용하지 않은 건 당신이야!"
> "내가 조용하지 않았다고? 잘 봐요. 자신을 모르는 건 당신이 아닌가!"

공격을 당했다고 느끼는 협상자가 돌아올 수 없는 선을 넘지 않기 위해선 잘 듣는 것과 자신의 감정이 타임라인의 어디에 있는가를 인식하는 게 중요하다. 누구나 성을 내지만, 그럴수록 자아를 인식하고 감정의 "진도계震度計"에 자신을 자리매김해 볼 필요가 있다. 자신의 내적內的 목소리가 귀머거리가 되면 될수록, 협상의 합리적 동기에 집중할 수 없게 되고, 협상 목표가 눈에서 멀어지고 감정적 동기에 지배되고, 폭발할 리스크가 커진다. 협상 과제는 사라지고 눈앞의 상대가 나서게 되면 감정이 이성을 압도한다. 그러므로 감정의 전조를 발견하는 방법을 아는 것이 요긴하다.

"레인맨" 또는 예고 경보(tell-tale signs)

이 영화[7]에서는 자폐증이 있는 지성적 주인공이 자기통제력을 상실하고 몇 가지 위기에 직면한다. 위기마다 어떤 전조가 있다. 주인공이 "아, 오!"라고 중얼거린다. 그는 이 소리로 "경보, 경보, 위험 상황"을 시사한다. 어려운 협상에서 우리는 같은 방식으로 움직인다. 우리도 처음에 거의 눈에 띄지 않는 우리 자신의 "아, 오!"의 마음속 신호를 가지고 있다. 그러나 참고 견디다가 인내의 한계에 도달하면 작동하기 시작한다. 이 신호는 자기통제력을 상실하는 순간이 다가오고 있음을 알려준다. 이를 알고 귀를 기울이고 소리 높여 외치려고 하는 동안에는 조용하게 있을 수 있다. 자신의 신호를 이해하고 한계가 어디인지 알고 있어야 한다. 이것은 자신이 제시하는 기법을 사용하고, 또 필요하면 위기에 빠지기 전에 이탈하는 타이밍을 알기 위한 불가결한 조건이다.

협상에 있어서 가장 중요한 지표는 상대가 무엇을 하느냐, 이쪽이 어떻게 대응하느냐가 아니고, 내적內的 감정과 이 감정이 쌍방 당사자

---
7. Barry Levinson, Director, *Rain Man*, 1988.

에게 주는 영향이다. 주시해야 할 것은 상대가 무엇을 하고 있느냐가 아니고, 상대가 하는 일이 자신에게 주는 영향이다. 이런 상황에선 외적 요인에 지나치게 마음을 빼앗기게 되고, 자신에게 가장 중요한 문제, 즉 자신의 심적 상태의 중요성을 무시하게 된다. 단지 현관 앞만 쓸 것이 아니라 쓰레기가 집 안에 흩어져 있는 상태를 알고 있어야 한다.

정확하게 고려해야 할 또 하나의 지표는 이런 상황에서의 시간 감각이다. 협상이 원활하게 진행될 때, 시간은 강의 흐름처럼 정상적으로 지나가고, 거의 논의거리가 되지 않는다. 하지만 강한 감정이 작동하게 되면, 생체 시계가 고장이 난다. 시간의 경과가 가속화되고, 여러 가지의 일들이 동시에 밀어 닥쳐, 범람할 것 같은 강의 급류 사태가 된다. 생각하거나 반성할 시간도 없고 말하는 속도도 마음대로 되지 않는다. 시간이 없어 가장 시급한 과제도 논의할 수 없다는 초조한 마음과 동시에 시간이 길어진 것 같은 느낌도 든다. 아이러니하게도 목전의 문제를 시간을 두고 천천히 논의하길 원하면서도 빨리 협상을 마치고 싶어 한다. 결국, 시간이 추가되면 될수록, 빨리 끝내고 싶은 기분이 된다. 수년간에 걸친 작업의 성과를 몇 초 만에 잃을 수도 있기 때문에 감정적 긴장이 있는 동안에는 리스크가 따른다. 최후의 일순간이 오랜 관계에 치명상을 입힐 수 있다. 시간의 정체와 가속 때문에 한 발 물러서서 전체를 바라보는 시간을 갖지 못한다. 시간에 대한 이런 모순적 감각과 그에 대한 사고와 기분 때문에 지쳐 버리고 만다. 강물은 이제 조용히 흐르지 않고, 급류처럼 소리 내며 흐른다. 시간은 짧고 길고 공전한다. 시간을 의식하는 일은 어려운 협상에 있어서는 특히 중요하다.

앞에서 서술한 감정은 모두 일의 진행과 관련해 대단히 중요하다. 감정과 관련된 문제를 무시하면 큰 화가 될 수 있으나, 고려해 대처하면 무엇이든 가능하다. 어쨌든 협상자는 감정이 분출하여 걷잡을 수 없게 되지 않도록 자신의 감정을 주시하지 않으면 안 된다.

공격받은 협상자의 본능적 대응이나 행동

경험도 지식도 없는 협상자가 공세적 상황에 내몰렸을 때 보이는 전형적 반응은 힘써 본다는 말로 요약할 수 있다. 공격을 받은 측이 반응으로 보여 주는 몇 가지 가능한 힘쓰기는 상대에게 말을 시키고, 건설적으로 발언하고, 흔들리지 않고, 귀를 기울이게 하는 것이다. 하지만 이미 말했듯이, 중요한 건 첫째도 둘째도 듣기다. 감정적인 상황에서 그렇게 듣기만 하는 자세는 인내와 무관심만 강조되는 것 같고, 빨리 자신에게 말할 기회를 제공하라는 메시지인 것같이 보이기도 한다. 이건 앞에서 말한 적극적 듣기가 아니다.

듣지 않는 것의 본질은 "당신 말은 다 들었다. 자, 이제는 내 말을 들어라"라는 점이다. 어려운 협상에선 그런 시나리오가 빈발한다. 공격을 당한 측이 협상의 흐름을 되찾으려고, "이치에 맞게 하자"라든가 "내 말을 막지 마세요"라는 말로 상대와 왈가왈부를 시도한다. 옆에서 보면 이런 시도는 부정적 효과를 초래하는 걸 알고 있으면서도 자신이 그 입장이 되면 그렇게 하고 싶어진다.

어떠한 대응을 보여 주든 상관없이 모두가 지쳐 버리고 만다. 상황은 절망적이고 긴장은 고조되어, 당사자는 본능적으로 반응하게 된다. 제1장[8]에서 본 것처럼, 여기서 남은 선택은 물러나느냐, 양보하느

---

8. Robert Mnookin and Alain Lempereur, *Gestions des tensions dans la négociation*, Working Paper (Paris-Cergy: ESSEC IRENE and ESSEC Research Center, 2001).

냐, 싸우느냐, 회유하느냐다.

- 도피한다: 상황에서 벗어나 대립을 피한다. 도피하는 것은 보이는 것처럼 반드시 부정적인 대응은 아니다. 협상자가 도피하는 방법을 알고 있는 경우, 도피하더라도 손해가 되지 않는 경우, 협상 이외의 가능한 해결안이 있는 경우에는 현명한 행동일 것이다. 이 같은 상황에서도, 소리 내어 문을 닫으면서 떠나는 것과 앞으로 더 나은 전조가 보이면 함께 협의를 하자는 제안을 하고 떠나는 것은 전혀 다르다. 자신의 대응이 상대에게 주는 영향을 항상 고려하지 않으면 안 된다. 도피하는 방식은 게임을 계속하는 아래 세 방식과는 다르다.
- 양보하거나 복종한다: 상대의 전략을 전면적으로 수용하고, 모든 손해를 부담한다. 이것은 복종적 접근이다. 이 자세가 계속되는 한, 상대의 공세적 태도는 계속된다. 한쪽이 저항하지 않으면 상대는 같은 방식을 계속 구사하고 싶어 한다. 하지만 이 복종 자세는 오래 지속하는 일이 드물다. 공격을 받은 측이 당면하고 있는 사태를 더 이상 지지할 수 없게 되면, 시한폭탄처럼 마음속에서 폭발하고 더 나은 대안을 찾아 도망가지 않을 수 없다. 공격당한 측이 상대의 심한 행동에 시달려온 나머지, 맞대결하는 방식을 취하게 되면 이 폭탄은 상대의 면전에서 폭발할 수도 있다.
- 싸우거나 맞대결해 상대를 공격한다: 눈에는 눈이다. 공격당한 측이 상대를 넘어뜨리고 이기려는 생각으로 상대와의 게임에 나선다. 상대가 고함지르면 더 큰소리를 지른다. 상대가 주먹을 쥐면 주먹을 흔든다. 상대가 테이블을 치면 이쪽은 문을 난폭하게 닫고 나가 버린다. 이 방식은 틀림없이 위험을 초래한다. 대결이 심

해지면 최종 결과가 손상되고 만다. 또 이 방식은 정당성도 없다. 상대가 같은 식으로 행동하면 상대를 비판할 정당성도 잃는다. 결국 악순환의 함정에 빠진다. 상대가 시작했으므로 잘못이 상대에게 있다고 대응하게 되면, 어느 쪽이 대결의 발동을 걸었는지도 알 수 없게 된다.

- 회유한다: 문제의 핵심에 여유를 주어 형태를 개선하려고 한다. 이 타협 자세가 리스크가 되는 것은 실질적인 양보로써 상대에게서 나오는 관계의 압력에 대응하기 때문이다. 이 방식은 아무런 저항 없이 양보하는 복종과는 다르지만, 상대가 공격으로 얻는 것이 있고 같은 수법을 반복하고 싶은 생각이 들 것이기 때문에, 회유형은 복종형과 같은 결과를 창출할 가능성을 가진다.

공격받은 협상자의 전형적 행동의 효과

위에서 논한 행동의 대부분은 협상의 세 가지 목표를 달성하는 데 역효과적이다. 하지만 다른 대안을 모르기 때문에 그런 행동을 하는 협상자가 더러 있다.

매우 드물게 상황이 양호할 때 성과를 얻고 협상을 궤도에 되돌려 놓을 수 있다. 하지만 대다수의 경우 성과가 없다. 네 가지 기본자세(도피, 복종, 싸움, 회유)가 만족스러운 경우는 거의 없다. 특히 싸움은 사태를 악화시켜 결렬에 이르기까지 위기를 심화시킨다. 협상이 결렬되고 관계가 무너지면 한 순간의 보복의 승리도 장기간의 후회가 되고 만다. 순간적 격분으로 분노가 폭발하면, 그 실책에서 오는 자책으로, "도대체, 왜 내가 참지 못하고 폭발했나?" 하는 실망에 빠진다.

폭발이 주는 통쾌한 기분은 순간적이고, 장기적으로는 파멸적 결과를 피할 수 없다. 본능적 대응에만 의존하면 불만족스런 합의를 강요받게 되고, 교착 상태로 협상이 진행되지 못하면 협상장 밖의 해결책을 찾아야 한다.

보통, 공격을 받은 협상자는 부정적 결과의 원인이 자신의 본능적 대응에 있다는 점을 인정하고 있다. 공격을 당한 측은 본능적 행동에 잠재돼 있는 리스크를 알고 있으면서도 대안을 모르기 때문에 단념하고 있다.

공격받은 협상자가 취할 대응

공격에 대한 가장 일반적인 반응이 본능적이고, 앞에서 논의한 네 가지 자세에 해당한다면, 서론에서 설명한 협상의 기본 목적을 실현하는 대체적 행동은 위의 네 가지 행동과 구별해 고찰해야 한다.

목표는 협상의 목적을 방해하는 모든 것을 제거하는 것이다. 감정적인 상황에서 대응을 시도하기 전에 한 가지 질문을 해보는 게 필요하다. "내가 하고자 하는 행동과 말은 내 목적에 알맞은가?"

여기에 조금이라도 의심이 있다면, 대응이 목적에서 멀리 떨어져 있을 가능성이 있기 때문에 입을 열지 않고 다른 방법을 생각해 보아야 한다. 자신의 목적을 실현하기 위한 긍정적 제안으로 아래 네 가지를 제시한다.

첫째는 적극적인 듣기를 하는 일이다. 상대의 감정, 선입관 그리고 공격성까지를 포함해 상대를 이해하기 위해선, 무엇보다 적극적 듣기를 실천해야 한다. 상대의 부정적 감정을 반복해 듣는다고 하더라도 듣는 노력을 해야 한다. 긴장하고 있는 상황보다 듣기가 더 절실히 필요한 경우는 없다. 듣기는 협상술의 최종적 시금석이 된다. 마음속의 모든 다른 신호가 붉은 색이더라도 이 기술을 가시적으로 사용할 수 있을까? 듣는 것은 상대를 이해하는 것이지, 꼭 동의한다는 것은 아니다. 상대에게 의사 표시를 할 자유를 주는 것은 이쪽이 상황을 깊이 생각해 볼 필요한 시간을 확보하는 수단이기도 하다. 공격받은 측이 문제의 중요한 부분을 포기하지 않고 상대를 이해하고 그 이해력을 보여 주게 되면, 큰 성과를 이룩한 것이다. 상대와 상대의 감정에 집중하는 것이 바로 상대의 인물 그 자체를 중요시하는 것이다. 이 같은 인식은 공격을 초월하고 건설적 프로세스를 향해 되돌아가는 데 필수적인 요소다. 그래서 적극적 듣기는 상대와의 관계를 수립하는 데도 유익하다. 이 경우, 시간은 긴장 완화, 핵심 과제에 대한 재집중에 사용된다.

둘째 대응은 재구성이다. 상대에게서 받는 공격 에너지를 해결을 찾아내는 에너지로 전환한다. 이것은 유도柔道의 테크닉이라고 하는데[9], 언어 흐름의 방향을 건설적 경로를 통해 고쳐 잡는다. 이 방식은 상대의 행위를 무시하지 않고, 상대의 외형적 언동에 좌우되지 말고 보이지 않는 이면의 건설적인 의사를 찾아내기 위해 빈틈없이 대처하는 것이다. 상대의 공격성 이면엔 파괴가 아닌 해결에 기여하는 긍정적 동기도 있다고 상정한다.

이 방식은 개인적인 공격의 방향을 바꾸어 해결해야 할 문제로 향하게 해준다. 공격하는 측의 거친 행동도 주어진 쟁점을 지극히 중시하고 있다는 증거로 본다면, 긍정적으로 보일 수 있다. 그런 공격 에너지가 협상의 네 가지 기본요소를 향하도록 조금씩 방향을 수정한다.

—

9. William Ury, *Getting Past No* (London: Random House, 1991).

분노와 불안의 암시적 표현도 볼 수 있다. 여기에는 이쪽의 조력도 필요하다. 불만의 흐름을 아이디어의 흐름으로 바꾸면, 협상에 의해 쌍방이 수용할 수 있는 해결안과 정당화 기준을 탐색할 수 있다. 그리고 상대가 협상장 밖의 해결안을 평가하도록 도와주어 핵심 문제를 계속 협의하는 데도 관심이 있다는 점을 보여 준다면 유익할 것이다.

이 기법은 공격받은 협상자에게 자기 억제뿐만 아니라 깊은 선의도 짓누르고 억제하게 한다. 그렇게 함으로써 이 순간은 단지 불쾌한 기억으로 해두고, 현 상황을 긍정적 미래를 낳는 변화의 프로세스로 보게 된다. 재구성은 타고나는 능력이 아니다. 이를 잘 실행하기 위해선 최악의 상황에서도 가능한 최고의 성과를 상상하는 것이 꼭 필요하다.

획득해야 할 셋째 대응은 프로세스로의 전환이다. 적극적 듣기가 관계를 회복하지 못하고 재구성도 문제에 대해 적합하지 못하게 되면, 협의를 궤도로 되돌려 놓기 위해 프로세스에 집중할 필요가 있다. 협상의 "방법"인데, 관계와 내용에 초점을 맞추는 것이다. 취할 조치로는 몇 가지가 있다.

출발점은 현재의 협상을 이쪽이 어떻게 느끼고 있는가를 상대에게 알려 주는 것이다. 비난조의 "당신"으로 시작하는 메시지가 아니라, "나(저)는"으로 시작하는 메시지를 사용해 이쪽의 개인적 인상과 실망을 말한다. 이를테면, "내(제)가 공격받았다고 느끼는 동안에는 우리(저희) 문제의 해결안을 찾는 게 정말 어려웠습니다"라고 말한다. 거기에 상황의 복잡함이 결과를 얻는 걸 방해한다는 점을 첨가해도 좋다. 예컨대, "이런 상황에선 저는 효율적인 자세로 계속해 나갈 자신이 없습니다" 또 현재의 움직임에 대한 상대의 목적과 감각을 물어보아도 좋다. 예컨대, "이런 말씀을 했을 때의 목적은 무엇이었습니까?" 마지막엔 다음과 같이 물어서 상대의 행위에 본인의 주의를 환기한다. "제

판단이 잘못된 것인지 모르겠지만, 제가 무능하다고 말씀을 하셨는데, 제가 같은 말을 당신에게 했다면 어떻게 해석하시고 어떻게 느끼실 것인지요?" 상대로 하여금 본인의 모습을 거울에 비춰 보게 하는 것만으로도 상대가 자기의 역효과적 행동을 알게 하는 데 충분하다.

프로세스와 커뮤니케이션의 가이드라인을 협상해야 할 때가 있다. "우리가 협상을 진행하는 다른 방법이 있다면 협의하는 것이 유익할 것 같습니다". 서로 번갈아 가면서 발언하고, 말을 막지 말고, 개인 공격을 금지하고, 감정을 가라앉히기 위해 휴식을 제안한다. 테이블에 앉아 있으면서 냉정을 회복할 수 있지만(선禪의 기법으로 심호흡 세 번도 놀라운 효과가 있다), 잠시 멈추고 신선한 공기를 쏘이는(유리의 말처럼, 발코니에 나가서) 틈을 갖는 단순한 행위도 긴장 상태를 완화한다. 공격받은 협상자가 감정 억제를 할 수 없다고 느껴, 협상을 위태롭게 만들 태도를 취할 정도가 되면, 더 이상 계속해 나갈 수 없다고 의사 표명을 해야 한다. 상대를 비난하지 말고, 현 상황에선 계속할 수 없다는 것만 말하고, 여건이 나아지면 미래를 위한 대화의 문이 열려 있다고 알려 준다.

넷째 대응은 협상 담당자를 교체하는 것이다. 협상 당사자 간에 성격이 맞지 않아 양질의 대화를 저해하는 경우가 더러 있다. 대표단을 재구성한다든가, 새 당사자를 찾는다든가, 역할을 바꾼다든가, 어떤 멤버에게 테이블에서 일단 떠나 달라고 말하기를 주저해서는 안 된다. 물론, 상대에게 그쪽의 구성원을 바꿔 달라고 요청하는 건 신경이 쓰이는 일이다. 신중을 기해야 하지만, 대표에게 개인적으로 접근하거나 그 위의 상사에게 의뢰하거나, 또는 대표단의 규모의 증감을 협의함으로써 그러한 변화의 실행도 불가능하지 않다. 또 다른 이해관계자를 협상장으로 초청해 연합을 확대하는 것도 가능하다. 정확한 회의록을 준비하거나 제3자를 등장시키는 것만으로 당사자 전원에게 이성적 타개책을 촉구하기도 한다. 그리고 중립적 입장의 사람에게 의견을 구하는 것도 회담을 진행하는 데 도움이 된다. 그런 중립적 제3자는 전문·비전문의 조정자[10]이거나 중재인이거나 상관없다.

래리 서스카인드와 패트릭 필드는 6개 원칙을 정립하고 있다.[11]

성난 고객에 대한 대처

성내고 있는 사람을 대하면 상대는 악의를 품고 있거나 감정을 발산하고 있다고 느낀다. 호텔 프런트 데스크에서 성난 행동을 하는 여행자의 예를 생각해 보자. 공항에서 출발이 늦고, 에어컨이 고장 난 무더운 버스로 장시간 흔들려 도착, 가족은 겨우 방에 체크인을 했는데, 방이 문제였다. 그런데, 예약했던 오션뷰가 아니고, 건설 현장만 보이는 1층 방이고 온수도 나오지 않았다. 슈트케이스는 로비에 방치된 채 가지고 오지 않는다. 프런트에 전화를 걸어 불만을 전했더니, 다시 전화를 하겠다는 답이 있었지만 한 시간이 지나도 아무 말이 없다. 아직 가방도 오지 않고 온수도 안 나온다. 아무 연락도 받지 않은 채, 이들은 프런트에 달려가, 기가 찬 나머지 카운터 뒤에 있는 매니저에게 소리 질러 그들의 좌절감을 퍼붓지 않을 수 없었다. 물론, 매니저는 이들에게 해야 할 일을 아무 것도 하지 않았기 때문에 이렇게 됐지만, 무시당하고 좋지 않은 방을 배당받고 호텔 종업원의 태도도 나쁘다고 생각하는 그들의 감정에 대처해야 한다. 이 매니저에게 어떤 조언을 할 수 있는가? 공격당하고 있는 상황이다. 하지만 본능적 반응이나, 이 장에서 언급한 비효과적 행동보다, 고조되는 자신의 감정적 긴장을 인식하고 자신의 감정을 주시하면서, 서스카인드와 필드의 6개 원칙과 아래 열거된 긍정적 대응을 취해야 한다.

- **1원칙: 상대의 관심사를 이해한다.** 이 가족의 주요 니즈, 즉 휴가를 즐기고 싶은 마음을 이해하고 그들의 관점에 서서 충분히 이해하고 있음을 표시

---

10. Alain Lempereur ed., *Modéles de médiateurs et médiateur-modèle* (Paris-Cergy: ESSEC IRENE, 1999).
11. Lawrence Susskind and Patrick Field, *Dealing with an Angry Public: A Mutual Gains Approach to Resolving Disputes* (New York: The Free Press, 1996).

한다. "내가 손님의 입장이었더라도 참지 못했을 겁니다. 전화를 받고서도 답을 못해 드려, 정말 죄송합니다." 이 최초의 언동으로 상대는 겨우 반대편이 귀를 기울인다고 느낀다. 상황을 마음으로부터 공감적으로 이해하면서 대응하면 소리 지르는 행동은 중단하는 게 보통이다.

- **2원칙: 공동으로 사실을 확인한다.** "제가 도와 드릴 일이 있는지요? 문제점을 말씀해 주시겠습니까?" 쌍방이 인정하는 사실을 토대로 상대에게 공통 이해를 추구하도록 촉구해야 한다. "예약 표를 보여 주실 수 있겠습니까? 그렇군요. 예약한 방은 오션뷰가 맞습니다."
- **3원칙: 문제가 발생했을 경우의 영향을 최소화하기 위한 조건부의 약속을 제시한다.** 생각할 수 있으나 의도하지 않은 영향을 보상하는 약속을 한다. 해결안을 제시하기 전에 중요한 일은, 특히 대립 상황에 있어서는, 문제를 해결하고자 하는 진지한 의지를 적극적으로 주장하는 것이다. "가능한 것이면 무엇이든 도와 드리겠습니다."라고 말하여 행동의 리스크를 충분히 하면서 상대에 대한 불쾌한 결과도 줄여야 한다. "건설 현장에서 될수록 멀리 떨어져 있는 방을 마련해 드리겠습니다." 문제를 완전히 해결해야 한다고 생각하는 것보다 상황을 내다보면서 문제를 다루는 게 중요하다. 어려움이 추정되면 상대의 회답을 기다리는 것보다 선제적으로 그것을 언급하는 게 상책이다. 확률은 낮아 보여도 보험이라고 생각해 그 가능성에 대처하는 게 좋다.
- **4원칙: 책임과 실수를 인정한다.** 실수를 했으면, 만일 틀린 방이 배정되었다면 책임을 인정하고 문제를 해결한다. 여기서도 선제 행동의 효과가 크다. 고객이 건설 현장에 대해 불만인 것으로 예측되면, 그가 언급하기 전에, "건설 공사가 귀찮을지 모르겠습니다. 마음에 들지 않으면 알아봐 드리겠습니다."라고 말하는 것도 좋을 것이다.
- **5원칙: 항상 신뢰를 받도록 행동한다.** 이런 상황에서 절대 해서는 안 되는 일은 비현실적 기대를 키우는 일이다. 약속은 꼭 지킬 수 있는 것만 해야 한다. 합의 내용은 잃은 신뢰를 회복할 수 있어야 한다.
- **6원칙: 장기적 관계의 구축에 집중한다.** 불만을 품고 있는 고객과 매니저 간의 상황이면, 매니저는 엄격한 관계성의 논리로 감정을 누르고 고객과의 관계를 바로잡는다. 협상자는 제안된 해결안이 만족스럽지 못한 것으로 판명되면 장기적 관계를 강조하고 협상 상대를 다시 만나도록 간청한다.

어려운 협상을 관리하기 위한 기법이 여러 가지 제시되고 있지만, 단순히 성공을 보증하는 기적 같은 요법은 존재하지 않는다. 수많은 감정적 협상은 그 상황을 효과적으로 관리하고자 하는 선의를 어느 측도 지니지 않을 경우에 발생한다는 점을 주목해야 한다. 조장하는 것에 있어 책임을 져야 하고 무엇보다도 그러한 긴장감을 가능한 한 완화시키도록 노력해야 한다.

대체 행동에 기대되는 효과

적극적 듣기를 바탕으로 하는 대체 행동이 부정적 긴장을 감소하는데 유용하다는 건 경험에서 밝혀졌다. 이 행동은 상대에게 의사 표명할 여유를 주고, 일방적이고 건설적 접근을 실천하고, 상대를 보다 이성적인 자세로 되돌리기 위해 상대의 위세를 소진시키는 것을 목표로 한다. 또한 관계를 파탄시키지 않고 협상 결렬에 대한 책임 전가를 피하는 목적도 있다. 쌍방이 체면을 유지하고, 상호 존경하는 마음을 지닌 채 협상에 임하게 해준다. 따라서 협상자는 교착 상태를 최소화하고, 관계를 최대화하고, 해결의 모색을 최적화해야 한다.

말할 필요 없이, 이런 대체 행동은 결코 만병통치약이 아니다. 어떠한 전략을 취하더라도, 감정적으로 흔들리고 있는 협상자와 마주보는 일은 누구에게나 있는 일이다. 그런 경우엔 자신이 행동을 통제할 수 있는 사람에게만 집중하는 게 좋다. 그건 자기 자신이다. 바꿔 말하면, 상대에게 마음이 팔리지 않고 자신의 행동을 어떻게 바꿀 수 있는지 살펴보아야 한다. 할 수 있는 일을 모두 시도해 소용이 없으면, 그때는 물러서서 협상 이외의 해결안으로 향한다. 이 같은 상황에서도 스스로 할 수 있는 목표가 단 하나라도 있다면, 그건 상대와 똑같은 행동은 절대로 해서는 안 된다는 것이다. 지라드[12]는 거울 효과를 생각해 보라고 권한다. 상대가 수용할 수 없는 행동을 하는 경우엔 자신도 같은 행동을 취하고 싶어진다. 상대가 말을 막고 끼어들면 이쪽도 상대를 밀어내려고 한다. 상대가 소리를 높이면 이쪽도 고함을 지른다. 상대가 이쪽을 비난하고 부정적 감정을 드러내면 이쪽도 똑같이 비난한다. 우리는 이 같은 충동을 누르고, 상황의 해결을 불가능하게 할 것 같은 행동을 취하지 않도록 해야 한다. 이 책의 결론에서 그런 뻔한 사태가 되지 않도록 하기 위해, 비대칭적이고 상이한 형태로 행동할 필요성을 집중적으로 고찰하고자 한다. 이 기본적 비대칭성은 뻔하고 명백한 것에 앞서 중요한 것부터 시작하기 위한 적절한 시간 관리와 더불어 이 책의 핵심이다.

—

12. René Girard, *Le Bouc-émissaire* (Paris: Grasset, 1982).

THE FIRST MOVE

7

복잡성에 직면하기 "전"에 방법론을 심화한다

복층 협상, 다자간 협상, 다문화간 협상을 어떻게 관리하는가

이 장에선 복잡성이 높은 세 유형의 협상을 고찰하고자 한다. (1) 대리인이 본인으로부터 권한을 위임받아 대리로 협상하는 복층 협상, (2) 현장에 세 사람 이상이 참여해, 각자가 서로 다른 동기와 목적을 가지고 있는 다자간 협상, (3) 서로 다른 문화권의 출신자에 의한 다문화간 협상이다.

이 세 유형에는 다섯 가지 공통점이 있다. 첫째, 단일 협상에서 둘 이상의 유형이 결합돼 있는 경우가 많다. 예컨대 CEO(본인)가 부하 한 사람(대리인)을 해외(새 문화권)로 파견해, 두 거래회사와 제휴(다자간)를 재협상하도록 한다.

둘째, 이 유형의 협상은 급속히 증가하고 있다. 뒤에서 설명하겠지만, 대리인이나 제3자를 통한 협상이 점점 많아지고 있다. 특히 외교 분야에서는 다자간 협상이 더 일반적이다. 당사자가 많고 다루어야 할 문제가 다양하고 많기 때문이다. 일개 기업에서도 한 회의에 다수 당사자가 각각 소속하는 부서에서 받은 명령을 지니고 참석하는 일은 드물지 않다. 그리고 교통과 텔레커뮤니케이션의 눈부신 진보와 더불어 글로벌화에 힘입어 다문화간 협상이 일상화되고 있다. 복층, 다자간, 다문화로의 차원 확대는 오늘의 수많은 협상에 있어서 무시할 수 없는 특징이라 하겠다.

셋째, 이 유형의 협상은 공통적으로 당사자 간의 상호교류가 필연적으로 복잡화한다는 점이다. 2자 간의 협상도 복잡한데, 협상장에 세 명 이상이 있으면 얼마나 더 어렵겠는가 생각해 보면 알 것이다. 여기선 지시가 분명해야 하는 것, 성급하게 합의하지 않는다는 것을 늘 확인해야 한다. 직면할지도 모르는 문화의 차이와 언어의 차이는 말할 필요도 없다. 협상자가 두 사람이고 같은 문화권 출신이면, 같은 규범, 가치관, 선호를 가지고 있을 가능성이 높다. 공통점이 차이점보다 많을지 모른다. 그러나 다수 협상자가 참여하되, 각각 다른 변수를 가지고 있으면 상황의 복잡성은 다루기가 쉽지 않다.

넷째, 커뮤니케이션의 과제와 장애다. 적극적 듣기와 적극적 말하기를 차례로 연결하여 커뮤니케이션의 흐름을 만드는 것이 중요하다고 앞에서 설명한 바가 있다. 여러 당사자가 참석할 때는 더한층 중요한데, 그 이유는 참석자가 많으면 모두가 동시에 말을 하고 실제 듣는 사람이 없기 때문이다. 다문화 상황에서의 의사소통에서는 제5장에서 지적한 것처럼 오해와 이해 부족의 리스크가 급증한다. 일방이 무슨 설명을 하더라도 아예 뜻이 전달되지 않으며, 상대의 말도 통하지 않는다. 당사자 수와 같은 수의 언어, 선호, 아이덴티티를 낳는 것은 마치 바벨의 탑과 같다.

다섯째, 무의식적으로 본능적 협상 방식에 의존해 리스크가 증대하는 것이다. 협상의 복잡성 때문에 불안정하게 되면, 협상자는 제1장에서 열거한 입장주의, 경쟁, 타협, "해결안은 하나뿐"이라는 함정, 협상마니아 등 덮어놓고 실천해 온 과거의 습관으로 돌아가는 경향이 있다. 즉흥적 대응이나 충동으로 가벼운 행동을 하지 않는 게 중요하다. 방법론에 입각한 접근을 견지해, 더한층 뻔하고 명백한 일보다 본질적인 것을 먼저 고려해, 중요한 일부터 실행한다. 이 장에선 세 유형의 협상의 특징을 검토하고 주요 과제를 설명하고자 한다.

다단계(multilevel) 협상

직업상의 협상의 대부분은 간접 협상이다. 협상자(대리인, 에이전트)가 다른 사람(본인, 프린시펄), 예컨대 상사, 부서, 회사를 대신해 그 권한에 따라 실무에 임한다. 협상은 여러 당사자가 같은 레벨에서 협상하는 수평적으로 구성될 수도 있고, 복층 협상처럼 수직적으로 구성될 수도 있다. 이들 여러 형태의 상황을 고찰하고, 권한을 정하는 데 요긴한 세 국면을 구별해 본인과 대리인 간의 이해 충돌을 예방하는 데 유용한 기법을 설명하고자 한다.[1]

정의

협상 계약은 대리인(에이전트)이라고 불리는 사람이 본인(프린시펄)이라고 불리는 사람을 대신해 협상하는 경우에 성립된다. 이 계약은 대리인의 목적과 책무를 명시하는 지령에 따른 위임과 수탁으로 이루어진다. 협상 계약은 본인과 대리인의 관계를 효과적으로 관리하는 데 요구되는 많은 상황에 적용된다.

- 외교협상: 정부는 국민의 대표로서 국제조약을 협상한다. 정부는 결정을 실행하는 데 국가로부터 권한을 위임받고 있다. 따라서 정부는 대사에게 지령을 주어 협상을 진행시킨다.

---

1. 이 문제와 관련한 더 상세한 논의는 다음을 참조. John Pratt and Richard Zeckhauser, Editors, *Principals and Agents: The Structure of Business* (Boston: Harvard Business School, 1985) and Robert Mnookin and Larry Susskind eds, *Negotiating on Behalf of Others* (Thousand Oaks: Sage Publications, 1999).

- 정치협상: 선거에 의해 뽑힌 의원이나 공직자는 선거기간 중에 표명된 정책에 대해 책임이 있다는 암묵적 의무를 선거민에게서 받고 있다.
- 기관협상: 이사회는 기업 경영을 CEO(최고경영자)에게 위임한다.
- 노사협상: 인사부장은 CEO를 대신해 노동조합원을 대표하는 조합 지도자와 협상한다.
- 법적협상: 변호사가 의뢰인(클라이언트)을 위해 답변하고 협상한다.
- 부동산협상: 부동산 소유주가 부동산 업자에게 매각을 위임한다.

왜 대리인(에이전트)을 채용하는가?

대리인을 채용하면, 본인은 시간을 절약할 수 있고, 동시에 여러 대리인을 사용하면 여러 협상을 동시에 진행할 수 있다. 다른 이점은 협상의 3요소인 문제·사람·프로세스와 연관되며, 다음 사항도 포함된다.

- 전문성: 대리인은 특정 영역의 전문가(변호사, 부동산업자, 스포츠 대리인 등)이고, 관련 문제를 처리하는 데 있어서 리스크와 기회를 식별하는 지식을 가지고 있다. 기술과 노하우를 이용해 주어진 지령의 실현 가능성에 대해 적절한 정당화 기준을 사용해 조언을 준다. 예를 들면, 변호사는 법적 제약의 범위 안에서 협상하고 "법의 그늘 아래"서 합의를 도출하는 형태로 의뢰인에게 조력한다.[2] 비즈니스상의 계약일 경우, 회사법을 전문으로 하는 변호

2. Robert Mnookin and Lewis Kornhauser, Bargaining in the Shadow of the Law: The Case of Divorce, *Yale Law Journal*, 88, pp. 950–997, 1979.

사는 관련한 상무나 재무의 지식이 의뢰인보다 비교적 우수해, 의뢰인을 보호할 조항을 제안할 수 있다.

- 네트워크: 대리인은 전문 영역에서 얻은 평판에 힘입어, 개방적인 사람과 관계의 네트워크를 구축한다. 예컨대, 단체들이 금융기관으로부터 융자를 얻기 위해 유명한 컨설턴트를 고용하는 것도 그 때문이다.
- 프로세스 지향 기술: 매수와 합병을 전문으로 하는 대리인은 길고 복잡한 프로세스를 관리하는 데 익숙하다. 또 그런 기술을 이용하면 거래 비용을 삭감하기 쉽다.
- 전술적, 전략적 우위성: 어려운 협상에서 대리인은 눈앞의 문제로부터 상당한 거리를 둘 수 있다. 그래서 직접적으로 영향을 받는 본인(프린시펄)보다 덜 감정적으로 되고 특정 문제 때문에 내몰리지 않는다. 그 때문에 본인 같으면 대처할 수 없었을지 모르는 상황에서, 재량을 발휘할 수 있게 되어 가치를 창출하고 실행 가능한 해결에 도달할 수 있다.

이 같은 모든 이유 때문에, 이익이 비용보다 많은 경우에는 협상 계약이 유리하다. 그러므로 계약은 가능한 최상의 조건으로 마련되는 게 중요하다.

지령에 따른 협상의 3국면

협상자(대리인)가 다른 사람(본인)을 대신해 협상할 때는 아래와 같은 흐름이 중요하다.

- 지시 국면: 협상하기 전에 대리인은 본인을 가장 좋은 형태로 대신하기 위해 명확한 지령을 받지 않으면 안 된다.
- 실행 국면: 협상하는 도중에 대리인은 지령의 실행방법은 물론, 필요하면 도중에 본인과 조정하는 방법을 알고 있어야 한다.
- 피드백 국면: 협상이 끝난 후 대리인은 자신이 한 일이 본인의 기대와 일치하고 있음을 확인해야 한다.

지시 국면에선 지령을 명확히 한다

지령에도 계획성, 공식성, 정확성에 레벨의 차이가 있다. 이것은 본인의 책임이다. 예컨대, 주택의 소유자가 매각할 집의 최저가격을 정하면, 이것이 부동산업자의 행동 범위를 규정한다. 대리인으로부터 지령이 나올 때도 있다. 예를 들면, 탈레이랑이 프랑스를 대표해 국외에서 스스로 기안한 지시의 승인을 건의한 적이 자주 있었다.

이 두 가지는 서로 크게 다르지만 본인과 대리인 간의 대화에 의해 중간 방식이 채택되기도 한다. 실은 이 준비 단계도 본인과 대리인 간의 실질적 대화를 통해 이루어진다. 다만 협상이라고 부르지 않을 뿐이다. 여기서 중요한 점은, 대리인이 당면한 협상을 잘 추진하기 위해 책무와 권한의 한계를 명확하게 이해하는 것이다.

실행 국면에선 지령을 협상한다

대리인이 임무를 위임받을 때 즉시 인식해야 할 점은 해야 할 일과 해서는 안 되는 일이다. 협의하는 도중에 범위에 관련한 수많은 과제가 불거져 나온다. 정보가 부족할 때도 있고, 제약이 많아 움직이기 어려울 때도 있다.

- 지령이 과대하다: 본인이 시간이 없거나 특정 문제에 대해 흥미가 없어, 협상에 대응하는 데 필요한 지시를 확정하지 못하는 경우, 성급한 조정을 하게 된다. "당신에게 백지위임장을 준다. 믿는다"라는 말을 들은 대리인은 "거의 정보가 없고, 지시가 전혀 명확하지도 않은 채 결과를 내지 않으면 안 된다"라는 말로 해석할지 모른다. 여기서 대리인은 수탁자로서 스스로의 양심에 따라 판단하고 움직인다. 정확한 지시가 없는 협상에선 이런 잘못된 의사결정이 협상을 교착 상태로 몰고 갈 위험이 있다.
- 권한이 너무 한정적이다: "관리마니아"라고 불리는 본인이 주는 지시에는 대리인의 재량이 거의 없거나 전혀 없는 경우가 있다. 그런 본인의 대리인은 진짜 대행인에 불과하고, 합의안 최후의 구두점에 이르기까지 대리인의 행동을 조정한다. 이렇게 되면 대리인은 숱한 제약에 대처하게 되고 입장주의로 기운다. 대리인은 창의성을 잃고 최초 제안의 문자 하나하나까지 고수해야 하기 때문에 프로세스가 차단되고 만다.

이 두 상황은 양 극단의 예이지만 같은 결과를 낳는다. 대리인이 흐름에 매몰된 채, 엄중한 지령에 발목이 잡히거나 결정하는 권한의 유무도 모르기 때문에 협상은 교착된다. 그렇게 되지 않기 위해선, 목전의 상황을 설명하고 협의하기 위해 필요에 따라 본인에게 정기적으로 "확인"해야 한다.

이런 두 가지의 극단적 상황에 빠지지 않는 최상의 해결책은, 대리인이 창의성을 발휘할 수 있도록 충분한 기동성을 부여해 주고, 동시에 본인의 기본 목적과 협상상의 전략에 의거한 제약이 명시돼 있는 폭넓은 지령을 확정하는 것이다. 대리인에게 그의 재량의 한계를 분명히 밝혀 두는 게 중요하다.

피드백

지령이 처음부터 명확하게 돼 있건 아니건 상관없이, 협상의 종반엔 취한 조치의 승인을 얻기 위해 본인과의 의사 교환을 다시 해야 한다.

제시된 합의안이 본인의 승인을 얻지 못하게 되면, 왜 더 나은 해결안을 얻지 못했는지, 대리인은 상황을 상세히 설명할 준비를 갖추지 않으면 안 된다. 필요하면, 대리인이 협상을 속행할 수 있도록 지령 내용을 수정, 보완, 확대해야 할 것이다.

협상 중, 특히 합의가 임박했다고 생각되면, 대리인은 "이 해결안은 내가 받은 지령의 범위 내에서 이루어졌는가?"라고 자문, 점검해야 한다. 아무리 작은 의문일지라도, 본인에게 확인해야 한다. 본인과 대리인 간에 커뮤니케이션 라인을 열어 두는 것은 쌍방에 이롭다. 그렇게 함으로써 거래 마지막이나 실행 단계에서 발생하는 깜짝 놀라는 일도 회피할 수 있다.

합의안이 지령의 범위 안에서 이루어졌는지 아닌지에 대한 의문점을 대리인이 깨끗이 털어내고 본인과의 더블체크를 마치면, 지령이 정한 바에 따라 합의안의 체결로 나아간다. 프로세스가 목표를 달성한 것이다. 최후의 단계는 본인에게 제출하는 대리인의 보고다. 이것은 목적이 달성됐다는 사실을 확인하는 하나의 공식 절차다.

보수 산정

본인과 대리인의 관계에 대한 논의를 마무리하기 전에 대리인의 수임

료라고 하는 미묘한 과제를 생각해 보고자 한다. 이 문제가 미묘한 이유는 본인과 대리인의 동기의 차이가 대립뿐만 아니고 손해를 가져오는 행동으로 이어질 가능성이 있기 때문이다.[3]

- 본인의 동기는 시간적으로나 금전적으로 최저 비용으로 가능한 최상의 서비스, 계약이나 해결을 얻는 것이다.
- 대리인의 동기는 협상 체결에 의해 얻는 이득과 관계가 있다. 대리인은 이후의 협상 업무를 확보하기 위해 자신의 평판을 유지하거나 높이거나, 시간 및 비용상의 효율도 높이고 싶어 한다.

보수 구조 그 자체에서 발생하는 또 하나의 어려움은 이익의 상충에서 오는 리스크다. 이를테면, 스포츠 에이전트가 특정한 계약을 맺을 때 낮은 보수를 받게 되면, 계약금이 많은 선수들처럼 열심히 일하지 않을지 모른다. 그러므로 수임료 체계를 선택할 땐, 이익의 상충을 예방하기 위해 쌍방의 동기를 검토할 시간을 가지는 게 중요하다. 물론, 모든 수법엔 플러스와 마이너스가 있으며, 긴장이 전무한 것은 없다.

- 시간급: 이 형태의 수임료 구조는 대리인을 자극하지만, 보수 총액을 높이기 위해 시간을 내어 불필요한 행동을 겹치게 하는 작용도 한다. 시간급은 제너럴리스트(다방면의 지식인, 기술인)가 일반

---

3. Robert Mnookin and Alain Lempereur, *Gestions des tensions dans la négociation*, Working Paper (Paris-Cergy: ESSEC IRENE and ESSEC Research Center, 2001), and Alain Lempereur and Mathieu Scodellaro, Conflits d'intérêts économiques entre avocats et clients. La question des honoraires, *Dalloz*, 5(21), 2003, pp. 1380–1385.

적으로 선호하지만, 엑스퍼트는 이런 보수를 받기 싫어한다. 그들은 전문성이 높아 해결에 도달하는 것이 빠르기 때문이다.

- 고정급: 이 제도는 대리인을 효율적으로 움직이게 하는 인센티브가 되지만, 본인에겐 당초의 계획보다 내용을 늘리게 하는 유인이 된다. 예를 들면, 매수 합병의 중개 업무를 하는 컨설턴트가 본래의 계약에 포함돼 있지 않은 작업을 수행하도록 요청을 받는 경우다.
- 성공급: 이 보수 구조에서는 목표 달성이 보수 지불의 조건이 된다. 승소의 경우에만 보수를 받는 변호사가 해당한다. 이 방식은 대리인에게 결과를 낳게 하는 강한 인센티브가 되지만, 결점도 있다. 대리인이 가치를 창출하고 가능한 최상의 해결안을 목표로 시간을 내어 노력하더라도, 본인에게는 최적의 성과에 미달하는 성급한 타협으로 대리인이 내몰릴 수도 있다.
- 혼합급: 대리인이 시간급으로 보수를 받고 성과에 따라 보너스를 받는 방식이다. 하지만 이 보너스가 대립의 요인이 될 수도 있다. 특히 결과에 관한 명확한 기준 없이 대리인의 경험에 의한 판단으로 결정되는 경우다.

협상 계약에 잠재하는 이익의 상충을 관리하는 데는 보수 구조의 적절한 선택이 관건이다. 이 같은 위임제도의 전반적 과제는 최소 비용으로 최대 이익을 실현하는 것이다. 그러므로 본인과 대리인이 대등한 입장에서 신뢰와 투명성의 환경을 보장하기 위해 문제에 접근하는 게 중요하다.

대리인을 견제하는 장치

본인이 대리인을 통제하는 방법은 다양하다. 여기에는 대리인에게 어느 정도의 재량을 허용해 주는 명확한 지령을 확정하고, 커뮤니케이션 채널을 늘 열어 놓고, 필요하면 회담과 최종 결정에 관여하는 일이 포함된다.

그러나 이런 갖가지 규제가 늘어나면 불필요한 경직 상태가 생겨 역효과를 낳는다. 대리인의 독자적 사고를 방해하고 협상장에서의 가치 창출을 저해한다.

지나친 통제에서 생기는 리스크

소송을 처리하기 위해 유명한 법률사무소로부터 변호사를 고용한 회사를 예로 들어 보자. 법무과는 회사의 바람대로 사건에 대처하기 위해, 프로세스를 감시할 수 있도록 사건에 사내의 변호사를 추가하기로 결정했다. 이렇게 되면, 비용이 늘어날 뿐만 아니라 복수의 변호사가 서로의 영역을 침해하는 등의 문제와 긴장의 리스크도 염려된다.

대리인이 언제나 해임될 수 있다는 점은 본인의 이익을 지켜 주는 한 가지 보장이다. 대리인에게 있어서 자신에 대한 평가의 신뢰성은 커리어의 성공을 좌우하는 중요한 요소다. 본인과 대리인 간의 긴장을 완화하는 방법이 여러 가지 있다고 하더라도, 긴장이 완전히 없어지지는 않는다. 그런 긴장을 잘 처리하기 위해선, 그 존재를 인식하고 외부와의 협상에 앞서서 본인(프린시펄)이나 대리인과 내부적으로 충분히 협의를 하는 게 필요하다.

다자간 협상[4]

협상이 "다자간"이 되는 건 언제인가? 논리적으로는 협상장의 당사자가 세 명 이상인 경우다. 옛 속담에 "두 사람이면 좋은 친구, 셋이면 사이가 갈라진다"고 한다. 구조적으로 말하면, 세 사람이 어울리게 되면 두 사람이 남은 한 사람에 반대해 손을 잡는 기회가 생긴다. 2자간의 협상과 비교하면, 복잡성의 수준이 현저하게 높아진다. 다수의 당사자와 협상할 때 명심해야 할 명확한 특징이 몇 가지 있다.

다자간 협상의 과제

프로세스가 교착 상태에 빠지는 리스크

당사자 수와 협상장에 제시되는 과제의 수는 비례한다. 참석자 4명으로 계획된 회의에 8명이 나오면, 잠재적 난이도는 두 배 이상이 된다. 예컨대, 무엇을, 언제 논의하는가? 정보는 어떻게 배부하는가? 발언은 누가 하고, 시간은 얼마나 걸리는가? 이런 상황에서 즉흥적인 언동은 장애가 되고 협상의 핵심에 도달하기 전에 협상을 교착시키는 리스크를 키운다.

프로세스에 애로가 생기지 않도록 하기 위해, 항목마다 시간을 배분하고, 관계자에게 순번을 주고, 중단을 하거나 소모임을 여는 절차의 룰을 정하고, 회담 종료 시엔 서면 보고서를 제출하는 등의 상세한 어젠다를 갖춘 효율적인 조직을 준비해야 한다. 쌍방의 당사자가 이

---

4. 다자간 협상과 관련, 참고문헌 목록에 있는 다음 문헌을 참조. Zartman (1994), Susskind and Field (1996).

런 절차상의 룰에 동의를 미리 하는 예비 협상 단계가 필요한 경우가 많다. 예컨대, UN과 OECD도 다자간 회의를 관리하는 방법과 관련해 규약화된 절차상의 룰을 명문화하고 있다.

로지스틱스도 중요하다. 첫째, 다수의 당사자를 동시에 같은 장소에 소집하는 건 결코 쉽지 않다. 예컨대, GATT 우루과이 라운드는 가맹국이 25개로 된 다자간 협의인데, 18개월 간격으로 끝날 때까지 8년이나 계속됐다. 둘째, 이런 회의의 주최국은 경비, 여행, 숙박, 멀티미디어 설비와 다양한 소모품을 포함해 엄청나게 많은 것들을 준비하지 않으면 안 된다.

참가자의 선택은 결코 중립적 문제가 아니다. 누구를 협상 테이블에 초청하고, 누구를 배제해야 하는가? 그들의 지위는(참석자냐 옵저버냐)? 각 발언자에게 배분되는 시간을 어떻게 관리하는가?

의사 결정의 메커니즘은 다자간 협상에선 완전히 다른 사태가 된다. (컨센서스에 가장 부합하는) 정당성과 (다수결에 가장 부합하는) 능률성 간엔 큰 긴장이 존재한다. 정의에 따르면, 양자 간의 합의란 쌍방의 동기가 협상장에서 얻은 해결안에 가장 부합하다는 걸 확신할 때만 가능하다. 같은 논리로 말하면, 다자간 협상은 다수 당사자 전원이 동의하는 것, 전원 일치를 요구한다. 그것도 불가능하지는 않지만, 도달하기는 확실히 어렵고 시간이 많이 든다. 그렇다면, 한 당사자라도 동의하지 않으면, 잠재하는 해결안은 파기해야 하는가? 일부 출석자가 동의한 해결안도 전원이 동의하지 않았기 때문에 배제돼야 하는가? 그런 합의안에 비동의나 견해의 차이를 "각주"로서 부기해야 하는가? 어떠한 방식이든, 의사 결정 프로세스에 대해선 시간이 걸려도 사전에 합의해 두어야 한다. 시간을 잘 쓰는 것이 시간을 잘 절약하는 길이다.

잠재적 커뮤니케이션의 어려움

다자간 협상에서 협상자는 최종 결과에 대해 발언 요청을 자주 받지만, 의사록에 대한 의견 표명도 요청을 받는다. 큰 집단 앞에서 말할 때, 협상자는 대표 역할을 의식해 자신의 관계자에게 어필하는 말만 하는 일이 많다. 그렇게 되면 입장주의에 빠질 리스크가 크다. 매스컴이 중립적이지 않다는 것을 주목해 두는 것도 중요하다.

매스컴[5]

프랑스 전 수상 미셸로까르는 국제 협상에서 겪은 한 가지 경험을 아래와 같이 술회하고 있다. 참가자 전원이 회의실에 들어왔을 때, 모두가 마이크를 코밑에 대고 있었다. "귀국의 그렇고 그러한 독립성을 귀하께서는 포기할 생각입니까?"라고 기자가 물으니, "물론, 아닙니다"라고 답했다. 협상이 끝났을 때, 그 기자가 또 물었다. "그렇다면, 무엇을 양보하셨습니까?" "물론, 아무것도 없지요!" 이 상황 전체가 구조적으로 교착돼 있었다.

협의가 대중이나 미디어로부터 멀리 떨어진 곳에서 이루어지고 있더라도, 협상자는 복수의 당사자에게 동시에 말을 하게 된다. 이 같은 경우, 효율적이고 적극적 말하기를 어떻게 전개할 수 있을까? 실천은 간단하지 않다. 다른 당사자를 배제하지 않고 한 당사자에게 메시지를 전달할 수 있을까? 이를 도전해 성공하기 위해선, 커뮤니케이션 기술을 완벽하게 하여 여러 당사자를 동시에 설득할 수 있어야 한다. 협상에 출석하는 참가자 수가 많을수록, 기밀성의 수준은 떨어진다. 사소한 것처럼 보이지만, 기밀의 유지는 영향력이 크다. 당사자에게 입

---

5. Michel Rocard, *Le Nouvel Observateur*, 30 août 2001, pp. 5–7.

장주의 접근을 버리게 만드는 데, 상대의 동기를 이해하는 데, 게임에 뛰어들어 문제 해결의 방식을 추구하는 데 기밀성은 불가결하다.

문제의 전략적 복잡성

양자 협상에서도 문제는 복잡했는데, 다자간 협상에서는 당장 그 복잡성이 증대한다. 실제로, 잡다한 동기를 가진 다수의 당사자가 상반되는 입장을 가지고 나선다. 일부 당사자 간에 제휴가 생기면 다른 일부에서는 정반대의 연합이 생긴다. 협상에 의한 해결이 가능하다고 생각하는 일부가 있는가 하면, 아예 논외로 여기는 일부도 있다. 합의안에 도달하지 못할 리스크가 높아지고, 현실적으로 남은 길은 협상 이외의 해결에 의존하는 것뿐이다. 그러므로 쟁점의 복잡성을 줄여서 관리하기가 더 쉬워지도록 할 필요가 있다.

방법론을 활용해 다자간 협상을 효율화한다

이 난제에 대응하는 첫 단계는 방법론을 습득하는 것이다. 까다로운 면이 있지만 다자간 협상도 하나의 협상이다. 앞에서 소개된 양자 간 협상에 사용되는 도구는 다자간 협상에도 유용하다는 점이 증명되고 있다. 방법론의 습득엔 실무와 분석의 시너지가 필요하다 특히,

- 본능적 행동의 함정(제1장)을 철저히 회피한다. 복잡한 상황에선 본능에 의존하는 경향이 강해져 역효과를 낳는다.
- 준비를 위한 10원칙(제2장)을 이용해 신중히 준비한다. 협상 밖의 해결안을 상세히 분석하는 게 중요한데, 다자간 협상의 교착

상태의 명약이 된다.[6] 관계와 관련해 좋은 인맥을 지금보다 더 잘 형성해 두어야 한다.

- 명확하고 정확한 프로세스(제3장)에 따라 회의를 조직한다.
- 건설적 방식에 집중하고 복수의 가능한 해결안을 창출한다(제4장, 제8장).
- 적극적 듣기와 적극적 말하기를 우선하고 중시한다(제5장).
- 자신의 감정을 잘 관리한다. 집단 속에선 단 한 사람의 감정이 상해도 나머지 사람들에게 마이너스가 될 수 있다(제6장). 협상에서 고조된 감정도 휴게시간이 있으면 진정된다. 휴게시간을 가지면 마음이 안정되고 룰을 협상하고, 새로운 협상자를 무대에 등장시키는 시간을 얻게 된다.
- 필요하면, 조정자나 사회자를 구해 진행을 감독하고 방법을 실행하도록 의뢰한다. 중립적인 제3자가 참석하는 것도 좋은 인간관계와 효율적인 프로세스를 유지하는 데 도움이 될 때가 많다.

연합 형성과 제휴 관리

상황을 상세히 진단하기 위한 전략적 분석

다자간 협상에서 성공적 성과를 내는 관건은 다수의 동기를 가능한 한 충족할 수 있도록 내재하는 복잡성을 간소화하는 것이다. 논리적으로, 이 말은 다자간 협상을 두 협상자가 한 가지 과제를 처리하는 양자 간 협상의 연속으로 전환하는 것을 의미한다. [표 7-1]은 준비 단

6. Jeanne Brett, Negotiating Group Decisions, *Negotiation Journal*, 7, 1991, p. 291–310.

[표 7-1] 다자간 협상의 분석

	협상자1	협상자2	협상자n
협상자1	동기 지령 협상 밖에서의 해결안	1부터 2 관계 협상에서의 해결 커뮤니케이션	1부터 n 관계 협상에서의 해결 커뮤니케이션
협상자2	2부터 1 관계 협상에서의 해결	동기 지령 협상 밖에서의 해결안	2부터 n 관계 협상에서의 해결 커뮤니케이션
협상자n	n부터 1 관계 협상에서의 해결 커뮤니케이션	n부터 2 관계 협상에서의 해결 커뮤니케이션	동기 지령 협상 밖에서의 해결안

계용으로서, 각 당사자의 동기, 상호 간의 관계, 협상 밖의 가능한 해결에 초점을 맞춘 분석을 보여 주고 있다.

- 회색의 1에서 3의 대각선 칸은 각 협상자의 세 가지 주요 요소인 동기, 지령, 협상 밖의 해결안을 나타낸다.
- 회색 이외의 가로 칸은 상대와의 접촉에 대한 자신의 지각을 표시하고 있다. 예컨대, 협상자1과 그 상대인 협상자2의 관계는 어떠한가? 협상자2의 동기를 알고 있는가? 이쪽이 제안할 수 있는 해결안은 무엇인가? 공개해야 할 정보, 또 얻어야 할 정보는 무엇인가?
- 회색 이외의 세로 칸은 감정의 이입을 촉구한다. 예컨대, 협상자1이라면 협상자2의 관점에 자신을 두고 상대가 보는 양자의 관계

는 어떠한가? 어떤 유형의 해결안을 꺼낼 것인가? 상대가 이쪽에 알려줄 정보나 이쪽으로부터 구하는 정보는 어떤 것인가?

이 분석은 협상 진행 중에 획득할 수 있는 새로운 정보로써 갱신할 필요가 있다. 이 분석으로 상황의 전모를 볼 수 있으며, 전략적 연합을 용이하게 만들 수 있다.

강한 연합과 약한 연합의 차이를 알아 두는 것이 중요하다. 강한 연합은 당사자가 공유하는 주요 동기를 중심으로 형성된다. 공유하는 우선 항목은 당사자 간의 결속을 조성해 주기 때문에, 이런 연합은 유지하기가 비교적 용이하다. 반대로, 약한 연합은 2차적 동기를 중심으로 구축되지만, 시간이 경과함에 따라 결속이 약화되기 쉽다.

데카르트의 4가지 준칙에 의한 연합 관리

제3장에서, 다자간 협상에 들어가기 전에 정식 협상에 앞서서 비공식 회합을 가져 연합을 만들어야 한다고 말했다. 이런 회합은 계획적으로 관리해야 한다. 하나의 과제를 특정 당사자와 처리하는 방법을 일단 결정하고 나면, 다른 과제를 다른 당사자와 어떻게 처리할지를 정해야 한다. 이 작업이 계속된다. 연합체 내의 균형을 유지하기 위해 당사자 전원과 어려운 쟁점을 확인하고 재확인해 노력을 지속해야 한다.

데카르트가 《방법서설》[7]의 제2부에서 제시한 네 가지의 간략한 준칙은 다자간 협상에 관여하는 현대인의 지침이 된다.

---

7. René Descartes, *Discours de la méthode pour bien conduite sa raison, et chercher la vérité dans les sciences* (Paris: Vrin, Reedition, 1637).

- **준칙1 의심하라:** 협상자는 지금까지 해온 것 이상으로 문제를 모든 차원에서 철저하게 조사해야 한다. 협상자는 자신을 포함해 당사자 간에 존재할지도 모르는 모든 선입관의 진위를 따져 보고, 입장주의의 함정을 피하지 않으면 안 된다. 문제나 갈등을 해결하기 위해 "미리 가정된" 회답은 피해야 한다.
- **준칙2 분석하라:** 다자간 협상에서 다수 당사자가 관여하는 복잡한 상황에선, 어떠한 문제든 다루기 쉽도록 부분으로 분할해야 한다. [표 7-1]의 분석 국면은 유력한 당사자와 자신의 동기를 달성하려고 유력자의 동기에 협력하는 사람이나, 더욱이 종속적인 사람과 독립적인 사람을 구별하는 데도 도움이 된다.
- **준칙3 통합하라:** 협상자는 더 복잡한 과제를 다루기 전에 가장 간단한 과제부터 시작해야 한다. 문제 해결이라는 주 목적을 명심하고, 걸림돌이 될 만한 문제는 뛰어넘는 게 매우 중요하다. 또 더 많은 사람을 불러들여, 연합체를 확대하는 것도 필요하다.
- **준칙4 열거하라:** 최종 단계는 중요한 당사자나 중요한 측면이 협상된 해결안에서 제외되거나 처리되지 않고 남겨지지 않도록 확인하는 것이다. 다양한 사항과 단계를 모두 여러 번 확인하여, 전원이 합의 전체에 관여해 기여하고 있다는 인식을 갖게 하는 것이 중요하다.

다문화간 협상

국제화의 도래와 더불어 다문화 교류는 이미 우리 일상생활의 일부가 돼 있다. 이 책의 다문화간 협상 논의의 일부는 우리의 방법론을 공유하고 정련하는 기회가 된 100개국 이상의 리더와의 논의를 토대로 하고 있다. 물론, 다문화란 주제는 광대하고 깊어, 한 장으로 다룰 수 없으므로 관심 있는 독자는 이 영역의 문헌을 더 읽기를 권한다.[8]

협상의 솜씨는 자주 논란의 대상이 돼 왔다. 어느 협상에서든 X문화권의 두 협상자의 결과가 Y문화권의 두 협상자의 결과와 유사한 경향이 있다. 어떤 문화가 다른 문화보다 협상에 있어서 반드시 더 효율적이지는 않다는 것이다. 그러나 협상장에서 어떤 문화는 다른 문화보다 가치를 창출하는 경향이 높다는 조사[9]도 있다. 하지만 이 "가치"라는 것도 주관적이다. 다른 문화권 출신 협상 상대와 협상을 하게 되면, 동일한 문화적 아이덴티티를 공유하는 상대와의 협상보다 못한 결과가 된다. 문화 간의 우열이 협상 실무에 미치는 영향에 관해서 입증된 바는 없으나, 단일 문화의 협상보다 다문화 간의 협상이 복잡하다는 것은 확실하다.

협상에 있어서의 문화와 국경

《X국에서 협상하기 위한 10개의 교훈》이라는 신간에는 "브라질인은 이렇게 하고, 일본인은 저렇게 한다"라고 하는 문화 차이에 관한 에피소드가 가득 차 있다. 이상하게도 이런 방식을 주장하는 저자들은 그들 자신의 문화에는 결코 적용되지 않는 에피소드를 소개한다. 이 방식에도 이점이 없지는 않으나, 여기선 다른 입장을 이용해 보고자 한다.

---

8. 다문화간 협상과 관련, 다음 저서를 참조. Geert Hofstede (1991), Guy-Olivier Faure (1991), Dean Allen Foster (1995), Jeanne Brett (2007).
9. Jeanne Brett, Wendy Adair, Alain Lempereur Tetsushi Okumura, Peter Shikhirev and Anne Lytle, Culture and Joint Gains in Negotiation, *Negotiation Journal*, 14(1), 1998, p. 55–80.

수렴은 확산보다 낫다

협상에 있어서 문화 차이의 영향은 몇 가지 이유로 과대평가되고 있다. 첫째는 상투적 언어 표현에 의한 문화 묘사다. 다문화간 협상에 관한 논의는 협상자의 행동이 그의 출신국가에 의해 좌우된다는 고정관념에 휩싸이는 경우가 많다. 진부한 상투어구는 실제는 훨씬 복잡한 것을 단순화하기 때문에 상용되고 있다. 이 단순화의 환원주의는 전략을 짜는 데는 편리한 출발대가 된다. 이 출발대는, 한편 도움이 될 것 같으면서도, 본래 존재하지도 않은 "전형적 미국인"이라든가 "전형적 프랑스인"과 같은 틀린 이미지를 바탕으로 하고 있는 것이다. 이런 인지적 편향은 피하는 게 좋다.

협상에서 문화차가 과대평가되고 있는 둘째 이유는 예언의 자기충족(제5장)과 관계있다. 예를 들면, 자신이 어떤 문화권 출신의 협상자를 경합적이라고 생각하고 있을 때, 그 사람과 협상을 하면 자신이 협력적 자세가 아닌 경쟁적으로 되는 경향이 있다. 상대 협상자도, 본래는 경합적이 아닐지 모르지만, 이쪽의 행동에 맞추어 경합적 행동을 한다. 생각한 대로 예언이 충족된다.

셋째 이유는 국제화가 문화적 조화, 심지어 동질화를 수반하는 경향과 관계있다. 협상학 영역에선 미국식 협상 교육 방식의 보급에 의해 이 현상이 뿌리를 내려 협상 용어와 협상 행동은 문화차가 구분이 안 될 정도로 표준화가 진행되고 있다.

우리는 모두 복수의 문화권에 속해 있기 때문에 문화적 변수가 매우 상대적이라는 점을 주목해야 한다. 문화적 국경은 단순한 국경을 초월하고 있다.

복수 문화의 아이덴티티

국적과는 별개로, 지역적 문화 속성을 고려해 보는 것도 중요하다. 미국인이라고 하더라도, 동해안 출신자와 텍사스 출신자는 서로 다르고, 캘리포니아 출신자는 또 다르다. 프랑스의 경우도 마찬가지다. 역사학자 페르낭 브로델은 저서《프랑스의 아이덴티티》에서 프랑스의 다양성을 지적하고 있다. 예컨대, "프랑스인의 협상자"라고 하더라도, 마르세이유의 협상인, 파리의 협상인, 프랑스계 알제리아 협상인 등 각종의 특성이 숨어 있다.

전문직 문화를 고려하는 것도 똑같이 중요하다. 우리가 받은 교육으로부터 직업 경험까지 협상에 접근하는 방식과 관련해 특정의 관점, 선호체계, 기준, 특정 행동을 습득하고 있다. 변호사는 갈등과 법적 리스크에 관한 지식에 따라 어떤 합의이든 조항의 보증에 특히 세심한 주의를 기울인다. 기술직과 판매직 간의 협상에선 아주 다른 전략이 활용될 것이다. 독일 외교관과 영국 외교관의 협상보다 캘리포니아 출신의 기술자와 텍사스 출신 변호사 간의 협상의 "문화차"가 더 클 수도 있을 것이다.

A시와 B시 간의 도로 건설

A시와 B시 간의 최적 통로라는 문제가 제기되면, 두 학자는 최단거리는 직선이라고 말할 것이고, 토목기사는 기술적으로 실현 가능하고 인상적인 다리를 포함해 자신의 전문성을 과시하는 루트를 선택할지 모른다. 경제학자 같으면, 다른 방향으로, 길고 단순하고 비용이 적게 드는 것을 택할지 모른다. 변호사는 구획 규정을 고려해 노선을 변경할지 모르고, C시 시장은 C시의 주민에게도 도움이 되도록 수정을 요구할지 모른다. 시민 단체 대표는 도로가 사유재산을 침범하지 않도록 새 수정안을 요구할지 모른다. 이처럼 다양한 동기를 가진 수많은 당사자 간의 협상은 정작 다자간의 다문화 협상이다.

또한 조직 문화라든가 제도도 자체의 협상 지침을 마련하고 있다. 이를테면, IMF(국제금융기금)에서 10년간 근무해 온 파키스탄인과 스웨덴인은 각 모국의 문화보다 그들의 국제기관의 문화를 바탕으로 한 협상 행동을 익혔다.

끝으로 고찰할 것은 근본적 개별성이다. 출신국, 지역, 직업의 주요 특성을 반영하지 않고 개인의 선호나 성격에 따라 투자적 행동을 하는 경우다.

이런 복수의 문화적 아이덴티티를 이해하기 위해 인간관계에 있어서 격식의 정도를 생각해 볼 수 있다. 협상에서의 격식의 정도를 측정하기 위해 0(격식이 전무한 상황, 높은 정도의 친밀성과 꾸밈없는 행동)으로부터 100(철저한 격식, 높은 거리감, 세련된 예절)까지의 척도를 상정한다. 어떤 문화권은 다른 문화권보다 격식을 더 중시한다는 걸 알고 있으나, 변수가 너무 많아 측정하기는 어렵다. 그래서 가령 다음과 같이 어림잡아 보자. 미국은 20~50, 프랑스는 40~70, 일본은 60~90. 보다시피, 이 수치에는 겹치는 데가 있다. 미국인이 프랑스인보다 덜 격식적이라는 말은 일반론으로서는 수긍할 수 있으나, "평균적" 프랑스인보다 더 격식적인 미국인이 반드시 있다. 특정 문화권의 협상자의 격식 수준은 배경과 인물에 따라 달라지는 경향이 있다.

협상의 문화차를 어떻게 해석하는가

문화차를 단순한 상투적 어구로써 처리하는 건 비논리적이지만, 특히 협상에선 차이점을 분석할 필요성은 인정해야 한다. 예를 들면, 문화인류학자 클리포드 기어츠[10]는 해석의 겉과 속을 구별하고 있다. 겉은 특정한 행동(예: 한쪽 눈의 깜빡거림)의 외면적 기술이다. 속에는 행동의 해석(예: 한쪽 눈을 감는 것은 공모나 동의의 뜻)이라는 의미가 포함된다. 협상에서도, 이처럼 문화 요소의 차이를 식별하는 것이 중요하다.

- 특정 국가의 법적, 경제적, 정치적 제도 같은 명백하고 기술 가능한 요소(겉)
- 해석을 요구하고 습득하기가 더한층 어려운 요소(속)인데, 형태가 명백하지는 않으나 협상 환경을 둘러싸고 있는 가치관, 사람들의 선호, 전통 등

협상을 어렵게 만드는 것은 후자인 “속” 쪽이다. 이를 밝히기 위해선 두 가지의 유형학이 유용하다. 하나는 호프스테드[11]의 연구인데, 문화 변수를 4종으로 분류하고 있다.

- 사회와 조직 내의 파워의 분배: 파워는 불균등하게 분배되어, 사회의 특정 계층에 집중돼 있을지 모른다. 파워가 정당화 기준을 누르고 균형이 결여된 합의가 전체적으로 수용되는 경우가 있다. 협상자에게는 의사결정 권한이 없고 본인(프린시펄)의 지령만 명심해야 한다. 다른 경우는 합의가 합법적인 기준에 부합해야 하는 경우이다. 이때 협상자는 협상장에서 해결안을 제의하는 재량을

---

10. Clifford Geertz, *The Interpretation of Culture: Selected Essays* (New York: Basic Books, 1973).
11. Geert Hofstede, *Culture and Organizations: Software of the Mind* (London: McGraw Hill, 1991).

훨씬 더 많이 가지게 된다.

- 개인주의와 전체주의 간의 균형 또는 개인과 집단의 상대적 비중: 개인을 중심으로 구성되는 사회도 있고, 공동체를 중시하는 사회도 있다. 전자는 사회적 규범이 적고 개인은 자신들의 관계를 하고 싶은 대로 조직한다. 협상의 관점에서 보면, 직접적 대결이 어느 정도 수용되고, 프로세스는 꽤 비공식적이고 인간관계의 구축도 용이하지만, 장기성에 대해선 별 관심을 갖지 않는다. 후자에선, 생활이 집단적이고 체계화된 규범과 규칙을 중심으로 구성된다. 개인은 조직의 일부로 간주되고, 가족, 친구, 선조, 회사, 마을, 국가와 밀접하게 연결돼 있다. 협상에서의 프로세스는 더욱 격식적이고 인간관계가 대단히 중요하고 장기적 관계를 기본으로 한다.
- 불확실성과의 관계: 사회에 따라 리스크, 불확실성, 불안정성의 허용도가 다르다. 불확실성이 높은 사회에선, 협상자는 빈번한 변화에도 불편을 느끼지 않으며 차이점도, 가치도 인정되고 흥미롭게 여겨진다. 그렇지 않은 사회에선, 협상자는 지속성, 조화 그리고 안정된 룰을 좋아한다. 차이점은 위협이 된다.
- 남성적 사회 대 여성적 사회: 호프스테드는 "남성적" 사회란 성별이 명확히 구별되는 사회이고, "여성적" 사회란 성별의 경계가 불분명한 사회라고 구별하고 있다. 전자에서 경쟁과 대립은 긍정적으로 인식되고, 돈과 물질적 측면이 우세한다. 강하고 신속하고 힘있는 것이 가치 있다. 후자는 협력과 조화를 호의적으로 보고, 인간관계와 삶의 질을 추구하는 사회다.

이상의 네 분류에 다섯째를 추가해야 하겠다. 시간과의 관계인데, 모노크로믹 문화와 폴리크로믹 문화로 구별된다.[12] 모노크로믹 문화에선 시간은 선조형으로 인식되며 특정 행위를 중심으로 연속체로 체계화된다. 반대로 폴리크로믹 문화에선 시간은 신축성이 있는 것으로 인식된다. 각각의 순간은 다른 순간과 동시에 증폭한다. 인간관계가 무대의 중심을 차지하고 시간은 완전히 배경일 뿐이다.[13]

친구를 만나다

약속 장소로 가는 도중 한 친구를 만난다. 모노크로믹, 즉 연속적 문화에선 형편이 나쁜 순간이다. 약속에 늦고 싶지 않기 때문이다. 간단한 인사만 하고 이 무인에게는 시간을 정해 나중에 만나자고 말한다("내일, 오후 1시가 어떨까?"). 폴리크로믹, 즉 공시적 문화에선 시간을 내어 친구에게 말을 하면서 약속 시간에는 신경을 쓰지 않는다. 약속한 만남 시간에 늦게 도착하면, 상대도 다른 일로 바쁠지도 모른다고 생각한다. 만남이 예정보다 늦게 시작해도 어느 쪽도 불편을 느끼지 않는다.

이 책에선 이 두 가지의 시간감각을 결합해 행동의 흐름을 바탕으로 하면서 복수의 배열을 병행한다. 예컨대, 협상자가 가치 창출에 집중할 때, 상상력대로 가능한 한 많은 선택지를 꺼내도록 하고, 평가는 뒤로 미룬다. 말하기 전 듣기가 중요하다는 걸 늘 유념해야 한다. 이때 유능한 협상자는 한 가지 일에만 집중하지 않고, 해야 할 행동을 차례로 배열한다.

제2유형은 6가지의 "정당화 영역"인데, 상대의 관점을 전문성과 사

—

12. Edward T. Hall and Mildred R. Hall, *Understanding Cultural Differences* (Yarmouth: Intercultural Press, 1989), p. 13–17.
13. Other authors have described this distinction as sequential cultures vs. synchronic cultures, Trompenaars and Hampden-Turner, *Riding the Waves of Culture* (New York: McGraw-Hill, 1998), p. 123–144.

회 배경[14]에 따라 파악하는 것이다. 이는 각자가 특정 관점에 서서, 자신의 독자적 선호체계를 토대로, 특정의 정당화 기준, 가치관, 소망을 바탕으로 발언한다는 사실을 강조하고 있다. 협상에서도 고려해야 할 분류다.

- 착상의 영역: 개인과 상상력으로 이루어지는 사적인 영역이다. 특별한 콘셉트는 없고, 모든 것은 움직이고 변한다. 키워드는 영감, 직감, 공상.
- 가족의 영역: 인간관계, 안정성, 지속성의 영역이다. 개인은 특정한 계층체계를 통해 서로 연결돼 있다. 키워드는 가족, 전통, 사회적 예절.
- 오피니언의 영역: 미디어가 확산하는 정보의 영역이다. 사람들을 동원하는 걸 좋아한다. 키워드는 명성, 신분 확인, 설득.
- 시민의 영역: 규칙이 지배하는 조직제도의 영역이다. 개인은 권리와 의무를 통해 존재한다. 《법의 정신》에서 3권분립을 주창한 18세기 프랑스 계몽사상가 몽테스키외의 세계다. 키워드는 대의제, 공동체.
- 경제의 영역: 시장에 의해 조화가 보장되는 경쟁의 영역이다. 경제적 이익이 크고 작은 일을 결정한다. 인간관계란 거래다. 《국부론》에서 "보이지 않는 손"의 기능을 지적한 18세기 영국 경제학자 아담 스미스의 세계다. 키워드는 가치, 부, 가격.
- 산업의 영역: 과학적 방법, 생산과 기술의 영역이다. 개인의 존엄은

---

14. Luc Boltanski and Laurent Thévenot, *De la Justification – Les Economies de la grandeur* (Paris: Gallimard, 1991), p. 159–262.

생산 능력과 연계된다. 부의 생산 촉진이 사회의 중요한 임무라고 말한 18~19세기 프랑스 철학자 생시몽의 세계다. 키워드는 능률, 진보, 관리.

이 6개 영역을 통해서 협상 상대의 문화적 배경을 이해할 수 있다. 협상자가 회사를 대리해 말할 때, 경제와 산업에 관련한 자신의 지식을 참고 자료로 사용할 것이다. 호텔의 프런트에서 협상하는 여행자는 가족의 편의와 안락을 위한 일들도 생각해 볼 것이다.

커뮤니케이션의 난점

다문화간 협상에 있어서 큰 난관은 커뮤니케이션이다. 문화적 장벽에 부딪치면, 커뮤니케이션의 유동성은 상실된다. 전문적 용어나 다른 언어가 섞이면 특히 그렇다. 게다가, 어떠한 상황일지라도, 커뮤니케이션에는 음성언어가 들어 있는 언어적 측면과 보디랭귀지가 들어 있는 비언어적 측면이 있다.

언어 장벽

언어가 협상에 큰 장애가 되는 상황이 몇 가지 있다.

- 협상자가 공용어를 가지고 있지 않아, 통역을 사용하지 않으면 안 된다.
- 쌍방 어느 쪽도 상대의 모국어를 말하지 못하지만, 제3언어, 예컨대 영어는 말한다.

- 일방이 상대의 언어를 이해하고, 그 언어로 협상해도 좋다고 한다.
- 모국어로는 아니지만, 쌍방이 상대의 언어를 말할 수 있는 경우는 다음 중 하나를 택한다: 두 언어 중의 하나를 택해 협상한다. 각자가 자국어를 사용한다. 또는 제3의, 더 중립적 언어를 선택한다.

모든 상황에 있어서 회담에 상용되는 언어에 정통한 협상자는 뉘앙스를 활용하고 견해도 정확하게 표현할 수 있기 때문에 상대 협상자보다 경쟁력이 높다. 그러나 이 우위성도 상대적인 것이다. 한쪽 협상자에게 오해가 생기면 쌍방의 협상자에게 문제가 생긴다. 한쪽이 사용하고 있는 언어에 불안을 느끼면, 합의안에 의문이 생겨, 성립이 어려워질 것이다. 언어의 문제는 오해의 리스크를 최소화하는 방향으로 다루어져야 한다. 한쪽이 압도적으로 유창한 언어를 선택해선 안 된다. 그 언어에 정통한 쪽이 자만에 빠지고, 결국 협상을 밀어붙이고 임무의 한계를 일탈한다.

실무용 공용어가 일치하는 게 이상적이지만, 필요하면 통역을 사용해도 된다. 어쨌든, 상대의 모국어를 존중하고 그 언어로 몇 마디 말하는 능력을 갖추는 건 중요하다.

언어와 문화의 다양성

2001년 아테네에서 12개국의 원수를 소집한 회의가 개최됐다. 프랑스 수상은 유명한 언어학자 클로드 아제즈 교수에게 문화의 다양성을 찬양하고, 이를 촉진하는 데 필요한 수단을 제창할 것을 의뢰했다. 아제즈 교수는 참가 12개국의 언어 모두를 사용해 연설을 했다. 영어, 줄루어, 스웨덴어, 그리스어를 포함해, 출석자 전원에게 좋은 인상을 주었다.

관습

커뮤니케이션은 말뿐이 아니고, 보디랭귀지, 행동, 관습과 습관 등 비언어적 측면도 포함한다. 물론, 아래 보기처럼 기준도 다양하다.

EADS

EADS(유럽항공방위우주회사) 창설을 위한 프랑스와 독일의 협상에서 프랑스 측은 상습적으로 지각을 하고 회의 중에 휴대전화를 켜둔다는 평판을 듣고 있었으나, 독일 측은 항상 시간을 지키고 휴대전화를 끄고 있었다.

관습이나 습관의 차이가 협상에서 반드시 극복 불가능한 건 아니다. 충분히 준비하면 대처할 수 있다.

프랑스-일본의 경험

일본에서 온 내빈의 체류 기간 중, ESSEC 경영대학원 전 학장이 선물 교환 행사에 참석했다. 일본의 관습을 잘 알고 있었으므로 받은 선물을 내빈 앞에서 개봉하지 않았다. 그러나 일본에서 온 방문자도 프랑스 관습을 잘 알고 있었으므로 눈앞에서 선물을 개봉해 버렸다.

문화에 적응하려는 노력이 반드시 보답되는 것은 아니다. 저자 중 한 사람은 일본 출장 중 그 이전에 들은 적이 있는 것을 실행에 옮겼다. 우동을 먹으면서 소리를 내어 만족의 뜻을 나타내려고 했던 것이다. 뒤에 가서 알게 된 사실은, 같은 면이라도 스파게티를 먹을 때 소리를 내는 건 품위를 떨어뜨린다는 것이었다.

관습과 관련한 최상의 조언은 "로마에 가면 로마인처럼"이다. 하지만, 그렇게 하되 주의가 필요하다. 아래의 질문을 자문해 보는 것도 좋다. 어떻게 하면 협상 상대의 문화 속으로 융합되어 상대가 좋아하게 될까? 어떤 일을 계속하면 상대가 수용할까? 여기에는 옳은 규칙이 없다. 다만 분별심을 활용하고 예리한 관찰력을 발휘해야 한다.

다문화간 협상과 방법론

중국인을 만나거나 멕시코인을 만나거나 상대는 "사람"이다. 다문화간 협상도 어쨌든 협상이다. 사람과 사람 사이에 이루어지는 일이라면 차이점도 극복할 수 있다. 따라서 지금까지 논한 같은 원칙과 방법은 여기서도 적용된다. 이런 원칙을 습득함으로써 협상자는 다문화간 교류의 복잡성에 대처할 수 있다.

준비하고, 모든 일에 앞서서 잘 듣는다

준비의 10원칙은 어떠한 상황에서도 유용하다. 예측과 준비로써 상대의 문화적 배경에 대한 중요한 정보를 수집할 수 있다. 더 중요한 관습과 습관을 이해하고, 나아가 상대의 언어를 조금 알아 두면 처음부터 좋은 관계를 구축하는 데 걸맞은 분위기를 조성할 수 있다.

적극적인 듣기가 특히 필요한 경우는 다문화의 상황이다. 편견과 인지적 편향에 빠지지 않으려면 잠재하고 있는 상투적 표현이나 고정관념을 떠나서 충분히 경청해야 한다. 말을 잘 하는 것은 자신의 메시지를 명확하게 하고, 커뮤니케이션 갭이 잠재하더라도 오해를 피하는 데 도움이 된다.

부룬디에서의 용어 선택

부룬디에서의 대립해결 세미나 중, 저자 중 한 사람이 "조정자"라는 용어 대신에 현지의 키룬디어 "바싱강타헤"란 단어를 사용하기로 결정했다. 현명한 피스메이커라는 뜻이다. 그것은 서양의 개념을 단순히 수입하지 않고 현지의 옛 제도인 "바싱강타헤"에 대한 존경의 표시였다.

문화와 문화 사이에서 성급한 판단을 하지 않기 위해서는 "5R 도구"[15]가 유효하다.

- 판단하고자 하는 자연스런 경향을 인식한다(recognize). 우리는 "저것은 전형적 독일인의 태도다"라든가, "전형적 보수주의자의…", "전형적 교사의…"라는 발언을 너무나 함부로 내뱉는다. 생각해 보지도 않고 사람에게 꼬리표를 붙이고, 우리를 둘러싸고 있는 복잡성을 처리하기 위해 무의식적으로 행동한다. 이 점을 인식해 "아, 내가 또 단정하는구나" 하며 반성하는 자세가 필요하다.
- 판단을 내리는 걸 억제(refrain)한다. 판단하기 전에 한발 물러서서 상대에게 의심의 기회를 준다.
- 자신 속에 있는 "외국인"을 대하는 태도를 되돌아본다(retrace). 상대를 자신과 꽤 다르다고 단정하는 것은, 상대가 지나치게 격식적이다, 지나치게 경쟁적이다, 예의가 없다는 등 "지나치게, 부족한" 면만을 보기 때문이다. 남을 판단하기에 앞서, 자국의 문화, 태도, 선호를 생각해 보는 게 중요하다. 자국민과 심지어 자신도 지나치게 격식적이고 경쟁적일지 모른다.

---

15. Dean Allen Foster, *Bargaining Across Borders* (New York: McGraw Hill, 1995).

- 자신의 태도를 고친다(reclaim). 자신이 상대와 같은 태도를 취했던 순간을 상기하게 되면 자각이 생긴다. 인정하지 않으면서 판단을 내리는 이유는 이런 태도가 마음에 들지 않기 때문이다. 이런 태도가 때로는 자신의 태도와 그닥 다르지 않다는 점을 받아들이는 순간, 대인관계와 다문화 관계의 발전을 실현하게 될 것이다.
- 새로운 자세로 임한다(resurface). 이상의 조치를 일단 취하고 나면, 새로운 전망을 가지고 협상 테이블에 돌아올 수 있다. 상대는 자신과 크게 다르지 않다는 걸 인식하고 미소로 대한다. 대화를 계속하고 상대와 마음을 통하게 하는 일도 쉬워진다.

이 "5R"은 상대를 잘 이해할 뿐 아니라 동시에 자신도 확신을 갖기 위해서 반드시 필요하다. 요체는 어떠한 상황이든 협상의 항구적 기본형을 숙지하는 것이다.

필요하면 누군가와 동행한다

언어와 관련한 난점의 일부를 극복하기 위해 통역을 동행하는 것은 좋지만, 꼭 성공을 보장하는 것은 아니다. 하지만 고려해야 할 상황이 몇 가지 있다.

- 통역은 (헤드폰을 통해) 동시인가, 순차(통역이 테이블에 동석해 발언 후에 통역하는)인가? 후자는 협상 시간을 두 배로 늘리지만, 통역이 명확하지 않으면 명확성에 대한 문제가 발생한다.
- 몇 사람의 통역이 참석하는가? 당사자가 각각 통역을 데리고 올지 모르지만, 일반적으로 협상에선 호스트 측의 통역이 사용된다. 이 경우엔 통역의 공평성과 재량이 문제가 된다.

• 특히 협상이 전문기술에 관한 것이거나 복잡할 때, 필요한 전문 수준의 능력이 통역에게 없을 경우가 있다.

최고의 통역은 문화의 조정자 역할을 한다. 그런 통역은 쌍방의 신뢰도 두텁고 단순한 말의 번역보다 차원 높은 일을 한다. 그들은 적극적인 듣기를 통해서, 각 당사자가 상대의 메시지를 정확하게 해석하고 있는지를 확인한다.

프랑스어와 독일어 통역

지스까르 데스땡 대통령과 프랑스와 미떼랑 대통령(프랑스–독일어)의 통역을 장기간 맡은 브리지뜨 소제는 말 그대로 "문화의 조정자"였다. 그녀는 뛰어난 솜씨로 프랑스 · 독일 관계를 다루었으므로, 그후 독일의 게르하르트 슈뢰데르 수상의 고문으로 채용됐다.

최종 선택은 문화적 배경을 이해하고 협상장에서 당신을 대변해 줄 사람을 선택하는 것이다.

※※※

끝으로, 많은 협상이 동시에 다층이고, 다자간이고, 다문화간이라는 사실을 강조하고자 한다. 외교계에선 특히 그렇지만, 비즈니스 영역에서도 "코퍼레이트 디플로머시"라는 말이 있다. 프로젝트 경영은 필연적으로 다층이고, 크로스 펑셔널 팀과 사업의 글로벌화의 발전을 통해 더욱 다문화적으로 돼 간다.

직능횡단형 프로젝트 팀

르노 닛산의 까로스 곤 CEO는 프랑스 기업인 르노가 일본의 닛산을 매수했을 때, 문화적 교류와 직능횡단적인 프로젝트 팀을 설치할 것을 우선으로 했다. 프랑스와 일본 기술자, 영업 담당자, 관리직으로 구성된 이 팀은 모든 문화적 경계를 넘어 결성돼 성공을 거두었다.

결론적으로 말하자면, 다문화 상황에서는 "관광객"의 태도를 피하는 게 중요하다. 바꿔 말하면, 철저하게 준비하지 않고 문화적 배경에 대한 이해 없이 협상 테이블에 와서는 안 된다. 해외여행 중 자신의 생활양식을 현지인에게 억지로 내세우는 관광객 같은 행동을 해서는 안 된다. 반대로, 경험이 풍부한 여행자를 모범으로 하는 게 좋다. 새로운 곳을 발견하는 일에 참된 관심을 가지고, 어떠한 새로운 환경과도 조화롭게 생활하고자 노력하는 습관을 습득한 사람이어야 한다. 방법을 배워 응용하는 여행자의 자세는, 협상장은 물론, 협상장 밖에서도 많은 상대와 대면하고 부단히 변화하는 환경에 대처하기 위한 새로운 전략을 개발해야 하는 협상자에게도 필요하다.

THE FIRST MOVE

8

매듭짓기 "전"에 합의를 이룬다

협상의 성과를 어떻게 거두는가

협상을 시작하는 것이 기술인 것처럼, 협상을 끝내는 것도 기술이다. 논의가 길어져 더 이상 진전되지 못해 막다름에 부딪히는 협상도 많다. 할당된 시간이 그냥 지나가 버린다. 할 수 있는 일이라곤 아무것도 없고, 유일한 결정은 쌍방이 협상장을 떠나는 일이다. 협의로 무슨 진전이 있었는지, 무엇이 교착의 요인인지, 무엇을 합의했는지도 모르고 모두가 자리를 뜬다. 모든 문제가 다음으로 미루어진다. 그것도 협상이 재개되는 경우에 한해서 하는 말이다. 이 같은 진행 방식은 협상자의 의욕을 무너뜨리고 협상 실무 자체의 의의를 의문시하게 만든다. 이 경우는 협상마니아의 진짜 예에 해당되는데, 사안의 결정은 염두에 두지 않고 발언을 위한 발언만 하는 방식이다.

반대로, 협상이란 합의안에 찬성하느냐 반대하느냐에 따라 의사결정의 최종 단계를 향해 움직여야 한다. 때로는 한 번의 회의로 최종 단계에 도달하는 데 충분한 협상도 있고, 회의를 거듭하면서 앞서 달성한 것을 활용하지 않으면 합의에 도달할 수 없는 협상도 있다. 그런데, 어떻게 하면 회의의 성과를 거둘 수 있을까? 어떻게 하면 효율적으로 결론을 낼 수 있을까? 이 책의 마지막 장에서는 이 질문을 고찰하고자 한다. 먼저 일반적인 합의안의 형식화를 다루고, 다음에 인간관계를 재검토하기 위한 비공식적 연기의 중요성을 살펴보고자 한다.

협상 세션의 결과를 평가해 격식화한다

협상의 최종 단계에서 세 가지 물음이 나온다. 첫째, 합의안을 검토하는 데 너무 이르지도 너무 늦지도 않은 적절한 타이밍은 언제인가? 둘째, 합의안을 받아들이기 전에 그 내용을 어떻게 평가하는가, 바꿔 말하면 합의안의 질은 어떻게 측정할 수 있는가? 셋째, 합의안은 어떻게 격식화되어야 하는가? 특히 당사자가 책무의 수준을 조정할 필요를 느끼고 있을 때, 더욱이 완전하고 구체적이고 확정적 합의가 그날의 예정사항이 아닌 경우엔 어떻게 할 것인가?

합의를 고려할 타이밍

합의안을 검토해야 할 적절한 타이밍을 제3장에 제시된 "흐름"에 따라 요약한 것이 [그림 8-1]이다. 합의로의 이상적 통로는 깔때기 모양이 된다. 적극적 커뮤니케이션을 통해 동기를 탐색하고 가치를 창출하는

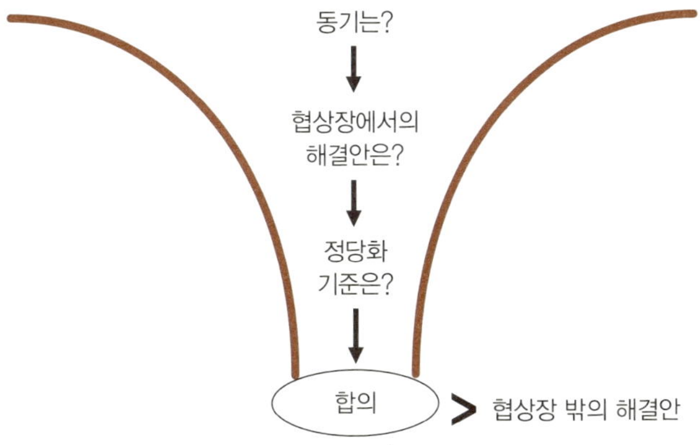

[그림 8-1] 합의로의 이상적 흐름

해결안을 찾아, 그 가치를 분배하고, 최후에 필요하면 정당화 기준을 적용한다. 이 기준은 잠재적 해결안의 양을 줄이고 당사자 전원이 수용하는 질 높은 해결안을 만들어 내는 데 도움이 된다. 이 시점이 오면 내용이 각 당사자의 협상장 밖의 해결안보다 나을 때에 한해서 협상을 마무리할 수 있다.

하지만 이 흐름이 합의에 도달하는 최상의 타이밍을 나타내는 건 아니다. 여기서 필요한 것은 제1장에서 설명한 두 가지의 본능적 함정을 피해서 전진하는 능력이다. 첫째의 본능적 함정은 협상마니아의 편향인데, 합의안 찬성·반대와 관련한 책무를 몇 번이나 보류한다든지 끊임없이 협상을 계속하고 싶어 하는 경향이다. 천박하게 보이는 것을 의식해, 많은 협상자는 "임시방편"의 책무를 경계하고 있다. 그들은 모든 상세한 내용을 전략이라고 생각해 어느 것에 대해서도 "예스"라고 말하기를 거부한다. 그러나 일정한 중간 형태의 합의가 마련되면, 협상자는 마음을 졸이지 않고 협상을 계속해 나갈 수 있다. 이 중간 합의는 결과에 대한 의무를 부담하지 않고 협상이 결실을 보게 하는 수단이 된다.

둘째 함정은 시기상조의 마무리다. 처음에 나온 합의안을 음미해 보지도 않은 채 성급하게 받아들이는 경향이다. 골라인을 허둥대며 밟아서는 안 된다. 상대의(때로는 자신의) 잠재적인 동기를 탐색하지 않고 해결안의 탐구에 창의력을 발휘하지 못하는 것도 큰 리스크다. 분배에 따른 긴장이 증대하고 당사자 간의 관계가 나빠지면, "가치"는 테이블에 그대로 방치된다. 이렇게 되면, 라퐁테의 우화《토끼와 거북이》[1]와 같다. 스타트로 뛰어내리더라도, 준비 없이 방향 코스를 주의하지 않는다든가, 대인관계도 맺지 않고 감정도 억제하지 않고 상대

---

1. Jean de La Fontaine, The Hare and the Tortoise, *Fables* (London: Penguin Classics, 1982).

에 귀를 기울이지 않으면, 전진하기가 어렵고, 뻔하고 명백한 일보다 본질적인 일에 힘을 쏟는 사람에게 간단히 추월되고 만다.

물어야 할 질문은 "협상의 시간이 더 소요되면 그에 상응하는 가치가 더 창출될 수 있을까?"이다. 요컨대, 결의되는 순간에 보다 좋은 가치를 창출할 수 있는 여지가 있는 것인지 아니면 그저 우유부단함 때문에 망설이는 것인지 확실하게 구분해야 할 필요가 있다.

리셀류와 조세프 신부

리셀류는 협상에 창조적으로 임하는 것으로 유명했다. 여러 가지의 가능성을 상정하는 능력을 가지고, 숙고하고 연구를 많이 해 결말을 내지 못한 적도 종종 있었다. 깔리에르에 따르면, 리셀류는 그럴 때 그의 고백을 듣는 조세프 신부와 상의하는 걸 습관으로 하고 그 대화에서 하나를 선택해 실행에 옮겼다고 한다.

우리는 상반하는 두 가지 경향을 주목해야 한다. 하나는 상상에 지배돼 완벽을 추구하는 나머지 우물쭈물하여 구상한 바를 실행하지 못하게 되는 경향이다. 또 하나는 결단을 내리고 싶은 생각에 쫓겨 경솔하게 되는 경향이다. 즉 "정당화"를 검토하지 않고 성급하게 "예스"라고 말하지 않는 것이 좋고, 충분히 고려한 후 적절한 순간에 "예스"라고 말하는 것이 중요하다.

왜 합의안을 수락하는가?

가망성이 있는 합의안을 수락하기 전에 꼭 내용을 평가하는 일은 지극히 중요하다. 이를 위해, "예스"라고 말하는 타이밍, 특히 왜냐고 묻는 타이밍을 판단하기 위한 기준을 열거하고자 한다. 책무에 상응하는 합의인지 아닌지는 제1장의 준비의 10원칙으로 확인할 수 있다.

1. 인간관계: 합의의 가능성은 당사자 간의 관계를 유지 및 향상시킨다. 합의 성립의 전망을 포함해 협상 프로세스 전체가 이에 영향을 미친다. 합의가 장기적 관계를 도모하고 장래의 협상을 용이하게 한다.
2. 권한: 수직 관계가 있을 때, 합의안은 본인과 대리인 쌍방이 구하는 제약을 충족하고, 쌍방 간의 이익 상충을 피하게 한다.
3. 이해관계자의 맵: 협상이 협상장에 없는 사람에게도 영향을 미치는 경우에는 협상 최종안이 그들을 최대한으로 고려하고 있다.
4. 동기: 제안된 합의안은 협상자의 명시적 동기와 묵시적 동기에 응하고, 자신의 동기를 충족하고 상대의 동기도 충족한다.
5. 협상장에서의 해결안: 합의에 들어 있는 해결안은 최대한 많은 가치를 창출하며, 동시에 현실적이다. 기술적으로 실현 가능하며, 필요하면 전문가의 인정을 받을 수 있다는 보장도 있다.
6. 정당화 기준: 예측된 해결안은 명확한 정당화 기준이 뒷받침돼 있어야 하고, 분배의 선택도 올바르게 해줌으로써 인정을 받아야 한다. 최종적 결과가 쌍방 협상자에게 정당화가 가능할 수 있는 것일수록, 각각의 관계자를 "납득"시키는 것이 용이하고, 합의가 더 오래 지속될 수 있다. 합의의 정당성은 당사자가 합의안을 실행할 확률을 높인다.
7. 협상장 밖의 해결안: 당사자가 제안한 내용은 협상장 밖의 최상의 해결안보다 만족도가 높다. 협상장에서의 해결안이 협상장 밖의

해결안보다 마음에 들수록, 가치는 더 높다.

8. 조직: 합의는 그것을 실행하는 여러 가지 절차를 정확히 밝혀 준다. 당사자가 약속을 지키는 데 어려움이 생길 때, 협의를 재개하는 간단한 계획도 정해 둔다.
9. 커뮤니케이션: 당사자 각각의 의무와 권리로서 무엇을 구체화해야 하는지가 합의 내용에 명기돼 있어야 한다. 이 같은 세세한 내용이 오해의 리스크를 최소화한다. 꼭 해야 할 일은 명기하고, 사전에 명문화하는 것이 더 좋다.
10. 로지스틱스: 합의안은 최종적으로는 합의의 격식화를 상정한다. 누구의 서명이 필요한가(대리인에게는 권한이 있는가, 본인을 불러야 하는가)? 언제 서명을 해야 하는가(가장 상징적 타이밍은 언제인가)? 본인의 승인을 기다릴 필요가 있는가? 어디서, 어떻게 서명을 하는가(중립적인 장소가 필요한가, 제3자 앞인가, 공개인가, 미디어 앞인가)?

이 체크리스트는 합의의 질을 종합적으로 판단하는 보조 역할을 한다. 이 중요한 단계에서 합의의 질은 그 지속 가능성에 의해 결정된다. 제안된 합의 내용이 이 10항목 모두를 만점으로 통과하지 못하더라도, 협상자의 선택지는 양자택일이 될 필요가 없다. 다시 말해 "합의안이 완벽하지 않기 때문에, 어떠한 합의도 없다"라고 생각할 필요가 없다. 다시 협상 테이블에 앉아 대화를 하면 합의안이 개선될 수도 있을지 모른다. 이 가설이 맞지 않더라도 협상자는 "전부냐, 전무냐"라는 사고를 피할 수 있다. 책무는 합의 가능한 범위에서 선택함으로써 조정할 수 있다.

어떤 형태의 합의를 할 것인가

책무를 조정하는 데는 여러 형태의 합의가 가능한데, 협상 당사자의 의무와 제약의 정도에 따라 다르다. 아래 리스트는 합의의 주요 유형인데, 내용에 초점을 맞추는 제일 강한 것부터 프로세스에 초점을 맞추는 제일 약한 것의 순서로 제시한다.

조건부 계약

협상이 잘 되어 끝날 때가 되고 합의가 가까워지면, 당사자는 있을지도 모르는 장래의 의견차라든가 미지의 요인을 고려하고 싶을지 모른다. 무작정 변수나 리스크를 꺼내어 합의에 물을 끼얹을 필요는 없다. 오히려 그것들을 함께 모아, 필요하면, 합의의 틀을 재검토할 수 있도록 한다. 이를 위해, 예측 불허의 현실에 미리 대비하는 조항을 합의안에 추가할 수 있다.

- 예비조건: 합의에 따라 조정 조항을 정할 수 있다.

> **가격과 수량**
>
> 공급처와 고객은 상품의 발주량에 따라 가격을 조정한다. 규모의 경제를 바탕으로, 양이 많으면 가격을 내리고 적으면 그 반대가 된다. 계약서엔 일어날지도 모르는 일도 미리 정해 둔다. 예컨대 공급하는 측은 수주량이 적어도 비용을 보장받고 수량이 늘어나면 마진율을 줄이도록 한다.

- 변경조항: 예견할 수 없고 저지할 수 없는, 통제할 수 없는 사건(지진 등)으로 인해 당사자가 자신의 책임을 수행할 수 없는 점

을 고려해, 법은 예측할 수 없는 큰 장애의 발생을 고려하고 있다. 모든 경우에 적용되기 때문에 특별히 이런 종류의 변경에 관한 조항을 넣을 필요는 없다. 하지만 예견 불가능하거나 저지 불가능한 것은 아니지만, 합의의 유지에 파괴적인 영향을 주는 사건도 있다. 이를 위해선 실질적인 부정적 변경을 예측하는 조항을 보탤 필요가 있다. 법률에선 MAC조항(Material Adverse Changes: 중대한 불이익 변경)이라고 한다.

국가 리스크

기업이 해외 근무자를 위해 지불하는 보험료 총액은 제3자인 전문가가 법적, 경제적, 정치적 환경에 근거하여 국가 리스크에 돌발적인 변화가 생기면 재평가한다는 조항이 있다. 예컨대, 테러 공격이 발생해 해당 국가의 등급 평가가 바뀌면 계약을 재협상하지 않고 보험료가 재협상된다.

- 연기조항: 합의가 이루어졌더라도 특정한 일이 생길 때까지, 또는 생기지 않으면 실행되지 않는다.

론(loan)의 취득

부동산의 구입은 일단 가격이 협상된 후, 론의 승인을 조건으로 하는 연기조항을 포함하는 법적 서류를 필요로 하는 게 보통이다. 론이 거절당하면 매입자는 매도자에 대한 어떠한 책무로부터도 해방된다.

- 해약조항: 합의가 이루어지더라도 특정한 일이 발생하면 실행되지 않는다.

리스의 해약

두 가지 부동산의 소유주가 그 중 하나를 임대하기로 결정했다. 다른 하나의 인접지에는 건물이 없어 좋은 전망을 즐길 수 있는 건물이다. 소유주가 그 인접지에 건물을 지어 전망을 방해하는 경우엔 차입자가 일방적으로 해약하는 권리를 인정하는 조항을 계약에 넣어도 좋다.

이 같은 조건부 합의는 환경의 변화에도 불구하고 계약이 당사자 쌍방에게 호혜적 이익을 줄 가능성을 높이는 수단이고, 계약의 견실성과 지속 가능성을 강화한다. 협상자의 딜레마를 상기해 보자. 리스크를 제로로 하는 것만 생각하면 이익이 줄어드는 일이 많다. 계획적으로 리스크를 취해 보는 것도 필요하다. 제4장에서 보았듯이, 이익과 리스크는 균형 있게, 게다가 자주 순서에 따라 처리해야 한다. 먼저 가치를 창출하고 이어서 공정한 분배를 확보한다. 위의 사례는, 조항의 추가가 계약 당초의 이익을 최적화하고 그에 부수하여 당사자가 장래의 변화에서 생기는 큰 리스크에 빠지지 않도록 보조하는 경우다.

공동 제안

때로는 두 혁신적 협상자가 몇 가지 장벽을 넘고 창의성이 깃든 만족적인 합의안에 도달했지만, 본래의 지령 범위를 넘어가 버려 그들 각각의 본인(프린시펄)으로부터 승인을 받아낼 수 있을지 자신이 없다. 여기에도 해결은 있다. 이 합의안을 버리지 말고 각 본인에게 이 합의안의 서명을 구하는 공동 제안을 제출할 것을 합의한다.

합의하는 점과 합의하지 않는 점에 대한 합의

협상 과정에 따라선 어떤 점에 대해서는 의견이 합쳐지면서 다른 점에 대해서는 견해가 뚜렷이 갈라지는 때가 있다. 여기서 중요한 것은, 합의점뿐만 아니라 합의가 안 된 점도 주목해 보는 일이다. 합의와 불합의의 구별을 협상 실패의 신호라고 받아들여서는 안 되고, 이 시점에서의 잠정적 성과라고 생각해야 한다. 집중적으로 토론되지 않아 의견차가 불분명한 당초의 상황과 비교하면, 합의하는 분야와 하지 않는 분야를 식별할 수 있다는 것만으로도 전진하고 있다는 증거다. 이런 과정을 통해서 부분적 합의 범위가 확인되고, 남은 어려운 점은 하나씩 가려내어 타결해 나갈 수 있다. 다시 강조하건대 시간은 중요한 벗이다.

이 상황에서 전진하는 효과적인 방법의 하나는 단일 텍스트를 초안으로 작성하는 일이다. 협상이 이 단계에 이르러 당사자의 동기와 합의점과 의견차가 분명해지면, 합의 초안을 준비하는 게 좋다. 다음 협상 실무 때 합의점을 생략하고, 남은 문제를 처리하고 다른 선택지를 꺼낼 수 있다. 이 단일 텍스트 절차[2]는 의견의 차이점을 줄이고자 하는 희망으로 중동 분쟁의 조정자들이 널리 사용해 왔다.

역사적 사례

완고한 의견차에도 불구하고, 합의안이 비준되는 일이 자주 있다. 1979년의 이스라엘과 이집트의 평화 협정과 1994년의 이스라엘과 요르단의 평화 협정은, 팔레스타인 문제와 예루살렘의 장래를 해결하기 위해 협상이 계속되지 않으면 안 된다는 것을 인식하고서 서명 체결됐다. 다국 간의 경우에, 무엇이 미결이냐보다 누구에 대한 미결이냐가 문제가 된다. 1991년의 유고슬라비아, 슬로베니아, 크로아티아 간의 독립에 관한 합의는 분쟁을 연장하는 리스크를 피하기 위해 보스니아와 코소보는 언급되지 않았다. 부룬디에서는 두 반정부 그룹이 2000년의 아루샤 협장에 서명하지 않았다.

---

2. Roger Fisher and William Ury, *Getting to Yes: Negotiating Agreement Without Giving In*, ed. Bruce Patton (London: Penguin, 1981, 1991).

시기상조로 분쟁 당사자 전원 일치에 의한 합의를 얻을 수 없으면, 부분적 합의를 통해 얻기 쉬운 것부터 해결하는 게 중요하다.

프로세스에 대한 합의

대립이 상당히 깊어져 내용이 교착되면, 프로세스를 초점으로 하는 "2차적" 합의를 얻을 수 있다. 이로써 해결을 향해 어려운 전진 작업을 계속할 수 있다. 이런 식의 합의는 단순히 당사자를 협상 테이블에 나오게 하는 것으로 이해된다.

중동에 관한 회의

저자들은 중동의 평화 프로세스와 관련, 관계자 전원이 출석하는 회의를 파리에서 개최하기를 원했다. 일정에 관해 협의하기 전에, 우선 어떤 회합으로 하느냐를 결정하지 않으면 안 됐다. 누가 참석해야 하고, 각자의 발언 시간과 순서는 어떻게 하는가? 어떤 의제를 넣고, 회의 장소는 어디로 하는가? 절차상의 문제들이 협의가 시작되는 직전까지 논의되었다.

절차의 사전 합의는 서로 다른 입장의 당사자가 프로세스를 자기의 것으로 하여 편하게 문제를 다룰 수 있게 해준다. 이런 소유 의식은 프로세스를 수용할 수 없다는 구실로 어느 한쪽 당사자가 거부를 못하게 하는 데도 불가결하다. 프로세스가 비협력적 술수의 인질이 되지 않기 위해서도, 프로세스를 정식으로 마련하고 합의하는 게 중요하다.

다음 회동을 합의한다

최소한도로 협의를 계속하고 다음 협상 회동을 예정해 두는 것에 대해 동의하는 것도 필요하다. 문제와 관련해 진전은 있지만, 결론을 내기 위해서 시간이 더 필요한 경우가 있다. 또 악화된 관계에서 논의를 계속하려면 달리 조정할 시간이 필요한 때가 있다. 또는 프로세스를 더 확실하게 해야 할 필요가 있다. 모든 상황에서 공통되는 점은 협상을 계속해야 한다는 사실이다. 그렇게 하려면 확실한 날짜에 회담을 다시 가지는 게 중요하다. 실망하지 않고, 특히 협상장 밖의 해결안이 만족스럽지 못하면, 계속적인 대화가 필요하다는 단순한 사실만이라도 동의하는 게 중요하다.

차이점을 문서화한다

문제 해결에 대한 아무런 희망이 보이지 않으면, 모든 차이점을 열거한 서류를 작성하는 것도 좋을 때가 있다. 이 같은 문서화는 합의가 안 된 경우의 리스크를 당사자가 문서를 통해 볼 수 있도록 한다. 협상이 실패했다는 것을 확인함으로써 당사자는 협상장 밖의 최상의 해결안의 가치를 진지하게 고려하지 않을 수 없으며, 과대평가를 하지 않게 된다. 어떤 이유에서든지 관련 당사자의 상황이 변하게 되면, 거기서 논의가 다시 시작될 수 있다.

※※※

마지막에 언급한 점을 제외하면, 이러한 모든 형태의 합의의 문서화는 책무의 강약을 측도로, 강한 것(내용에 대한 초점)에서부터 약한 것(프로세스에 대한 초점)으로의 순서로 이루어진다. 이것을 역순으로 시작하면 동의를 거듭하여 결국 전체적 합의로 이어진다. 일단 합의가 어느 정도 문서화되면 널리 사람들에게 주지시키고 협상 작업을 마무리한다.

비공식적 연기: "최후 인상"을 고려한다

탈레이랑은 "첫 인상을 깊이 조심하고 잘 알고 있어야 한다"고 주의를 환기했다. 사람을 처음으로 대하게 되면 첫인상을 강하게 받는다. 의식적이든 무의식적이든, 첫인상은 그 이후의 관계의 틀을 짜고 그 토대가 된다. 최후 인상도 마찬가지다. 자신들의 관계, 공동 노력으로 이룬 진전, 각자의 책무, 이것들을 기억에 각인하는 건 최후 인상이다. 최후 인상은 협상 후에 일어나는 일에 영향을 주며 합의의 실행을 촉진하기도 하고 저해하기도 한다.

자신이 만들어 내는 첫인상뿐만 아니라, 최후 인상에도 관심을 가져야 한다. 모든 협상 회담은 도입부, 중심부, 결론부의 세 부분으로 이루어진다. 중심부가 가장 깊고, 이 책의 앞 장에서 상술한 문제를 다루는 방법론이다. 그러나 협상 실무는 이 중심부에만 국한되지 않으며, 그 이전부터 시작하고 그 후에도 계속되는 타임라인이다[그림 8-2]. 협상의 방향은 당사자가 바르게 협상을 시작하고 종결할 수 있는 능력에 좌우되는 경우가 많다.

협상 프로세스를 시작할 땐, 최초 실무 회동의 두 가지 목표, 관계의 구축과 프로세스의 틀 짜기에 동시에 집중해야 한다(제3장). 사람과 프로세스를 연계하는 게 중요하지만, 결론부에서도 그렇게 해야

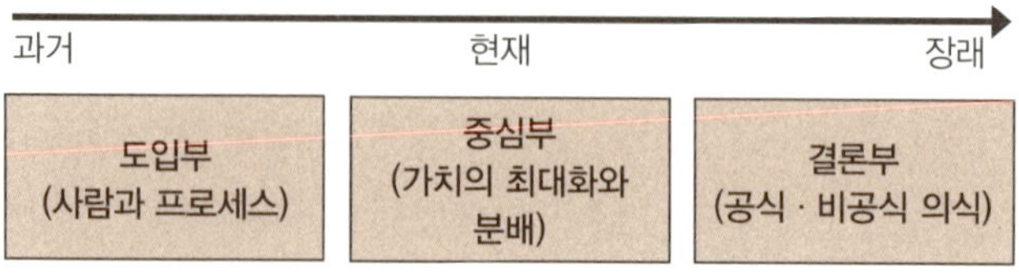

[그림 8-2] 협상 프로세스의 타임라인

한다. 프로세스의 틀은 잠정적인 것으로부터 현실로 나아가, 책무를 구체화하기 위해 합의를 공식화하는 걸 목표로 한다. 관계의 측면을 배려하는 것도 협상을 원만하게 종결하는 데 불가결하다.

합의의 결말이 당사자가 원하는 안도감과 만족감을 가져다주는 건 좋은 일이다. 하지만, 가치를 분배하는 문제가 긴장에 휩싸이고 당사자가 단순히 결말을 짓기만 원하기 때문에, 이 순간이 그렇게 황홀하지 않을 때가 간혹 있다. 두 상황에서, 대인관계를 다시 생각하는 비공식 회동을 마련하는 것도 중요하다. 회동의 형식에는 여러 가지 형태가 있는데, 샴페인 축배, 조인식, 사진 촬영 또는 간단한 만찬 등도 좋다. 각자 선호하는 것이 있겠지만, 주된 목적은 같은 미래를 향해 관계를 강화하는 것이다. 협상 중에 관계는 여러 단계를 밟으면서 변한다. 몇 차례의 응수, 힘든 시간과 견해차를 거쳐, 최후엔 예견하지 못한 합의를 실현한다. 이러한 과정을 극복하고 결렬될 수도 있었던 자리를 수습하고 공통된 문제를 함께 해결한 것을 축하하는 일 역시 중요하다.

THE FIRST MOVE

결론

실천하기 "전"에 이론을 자신의 것으로 만든다

협상 기술의 개선을 계속하기 위해

책을 마무리하는 말을 하자니 어쩐지 일에 물리는 느낌이다. 이런 느낌은 저자뿐만 아니라 독자도 같을 것이다. 독자 입장에선 어떤 점을 좀 더 상세하게, 어떤 점은 간략하게 다루는 게 좋았을지 모른다. 저자는 완벽한 책을 쓰고 싶었다. 그러나 가장 중요한 점은 책은 우리의 삶에 영향을 준다는 사실이다. 이상적으로 말하면, 이 책을 읽기 전에 자기 나름의 협상 방식을 가지고 있던 "당신"이, 이 책을 읽고 난 후에는 협상에 대한 인식을 새롭게 하고, 이 책에서 다룬 논의와 접근 방식에 의해 다소 개선된 개인적인 방법론을 가지게 된 "당신"이 존재하게 됐다고 생각하고 싶다. 그리고 바라건대, 어느 정도의 만족감, 독자 자신의 물음에 대한 해답 그리고 가치를 창출하고 감정을 관리하고 더 복잡한 협상 상황을 장악하는 데 유용하게 쓰이는 툴을 발견했으면 다행이겠다. 무엇보다도, 독자가 협상을 위한 유용한 지침과 원칙을 한층 깊이 인식하게 되었음을 실감할 수 있으면 좋겠다.

책의 마지막 쪽을 넘기기 전에 최후의 질문을 생각해 본다. 책을 책장에 꽂아 놓은 후에는 어떻게 되는가? 가이드라인을 읽는 것은 앞을 향해 내딛는 일보이지만, 그걸 실천한다는 건 전혀 다른 행동이다. 이렇게 말하는 것은 이 책의 목적이 단지 이론을 제시하는 것뿐 아니라, 이론을 실천에 연결하고 개인적 의문을 구체적 대응으로 연결하는 방법론을 제공하는 것이기 때문이다. 이 책의 방법론을 통해 "얼마나 많이 실천으로 바뀌느냐?"에 이 책의 가치가 달려 있다.

이 결론에선 우리의 방법론이 협상의 실용 기술에 어떻게 기여할 수 있는지 설명하고자 한다. 자신의 기술을 정확하게 연마할수록 노력하지 않은 사람과의 격차가 커진다. 효과적인 협상법의 존재에 대해 반신반의했을지도 모르는 이전의 당신과, 협상법의 가치를 깊이 생각하는 이후의 당신은 이미 이 격차를 주목하고 있을 터이다. 앞으로 실제로 당면해 대처해야 할 차이점과 비대칭성을 살펴보자.

당신과 다른 사람들 간의 잠재적 갭

협상의 비대칭성을 쌍방이 가진 수단이나 접근법의 차이나 불균등이라고 정의한다면, 여러 가지 상황을 생각해 볼 수 있다. 한쪽 협상자는 준비가 돼 있으나 그 상대는 준비가 돼 있지 않거나, 한쪽은 관계에 관심을 가지나 상대는 관심이 없거나, 한쪽은 귀를 기울이지만, 상대는 이야기를 멈추려 하지 않거나 하는 상황이 그러한 예일 것이다.

여러 유형의 비대칭성

정보는 동일하지 않다. 비대칭성이라는 개념은 특히 사실적 정보와 관련하여 협상론에서 광범위하게 거론돼 왔다. 한쪽이 상대보다 전략적으로 유리한 위치에 설 수 있는 정보를 가지는 경우가 있다.

자동차의 구입

3000만원을 받고 중고차를 팔려는 사람이, 다른 고급차를 매입하기 위해 당장 현금이 필요하다. 필요하면 2000만원도 받을 생각이었다. 이를 알게 된 매수자는 마지막에 가서 2000만원을 지불하더라도, 2000만원 이하로 내리고 싶은 욕심을 가지고 있다.

일방적으로 정보를 가지게 되면 크게 유리하다는 건 말할 필요가 없다. 일방이 상대의 최저선을 알고 그 가까이에서 결말을 내려고 하면 분배의 긴장이 높아진다. 하지만 여기엔 동전의 양면성이 있다. 첫째, 정보는 파워의 원천인데, 특히 정보가 상대의 협상 밖의 으뜸가는 해결안을 보여줄 땐 결정적이다. 둘째, 우수한 대인관계나 협상 기술을 갖는 것만으로는 불충분하다. 철저하게 준비하고 자신의 정보 수준을 향상시키는 노력을 해야 한다. 정보교환 프로세스에 민감하고 호혜주의 원칙을 존중하는 것도 유념해야 할 관심사다.

협상 기술은 동일하지 않다. 정보 비대칭성의 한 가지 독특한 유형은 협상 기술의 지식이다. 수많은 관리직이 행하는 연봉 협상을 예로 들어 보자. 그들은 문헌과 연수를 통해서 윈-윈 접근법[1]을 익히고, 경합과 협력[2] 그리고 공감력과 주장력[3] 간의 긴장을 효과적으로 관리하는 방법을 배운다. 일반적으로 인사담당 부장들은 이러한 여러 가지 방법을 배우더라도 이를 다른 사원들에게 항상 알려 주는 것은 아니다.

---

1. *Idem.*
2. David Lax and James Sebenius, *The Manager as Negotiator* (New York: The Free Press, 1986).
3. Robert Mnookin and Alain Lempereur, Gestions des tensions dans la négociation, *op.cit.*

그것은 연봉 협상에 있어서 우위에 서기 위해서다.

얼핏 보면 그런 정보를 자신을 위해 재량으로 이용하는 방법을 잘 알고 있는 사람에게 이익이 되는 것 같다. 그러나 이 우위성도 견제돼야 한다. 경험이 없고 교육이 안 된 사람과의 협상이 반드시 효과적인 문제 해결로 이어지는 것이 아니기 때문이다. 더욱이 이 같은 비대칭 때문에 방법론에 입각한 협상자일지라도 완전히 직감적 및 경합적 전술에 빠진다. 특정한 정보를 비밀로 해야 한다는 건 당연하지만, 정보 교환이 건설적인 협상 프로세스의 불가결의 요소임을 인식해야 한다.

협상의 접근법은 동일하지 않다. 앞서 논한 비대칭성은 다른 협상법을 배운 협상자, 특히 경쟁적이거나 기만형인 상대에게도 해당한다. 이런 경우 각 협상자는 자신의 테크닉이 제일 효과적이라고 생각하면서 그것을 사용한다. 상반되거나 상호보완적인 방법에 휩싸여 경쟁적 우위가 상실되는 경우엔 이 비대칭성이 쌍방에 발생한다.

이러한 여러 상황과 인식 때문에 대립하는 당사자들(매입자와 매도자, 경영자와 노조 간부, 반란군과 정부군 등)이 함께 협상을 학습하는 교육의 필요성이 주창되고 있다. 쌍방이 습득하는 방법론은 대칭적이고 호혜적인 것이다. 쌍방에게 유효한 협상법을 제공하고, 비효과적인 방법을 지적함으로써 부적절하고 불안정한 전술의 행사를 예방할 수 있다. 이는 긴장에 대한 불충분한 대처로 인한 교착 상태를 회피하는 데 매우 유용하다.

건설적 태도의 요건은 동일하지 않다. 이 유형은 일방이 상대보다 문제 해결에 있어서 더 많은 책임이 있다고 생각할 때 자주 발생하는 절망적인 비대칭성이다. 널리 알려져 있는 말, “고객은 왕이다”처럼, 성과급으로 일하는 점원이라면 고객으로부터 모욕을 당해도 입술을 깨물어야 한다. 노동조합 측과 정중한 대화 관계를 확립하도록 지지를 받고 있는 인사부장은 조합원의 존경을 받기 위해 강경 태세를 과시하고 싶어하는 노조 대표자 앞에서 침착성을 지닐 필요가 있다. 주목할 점은, 이 비대칭성은 협상자의 역할과 지위와 연관이 있는데, 협상자는 이에 동요하지 않고 그것을 받아들여야 한다는 것이다. 그러나 자신의 관용의 한계를 인정하는 것도 필요하다.

영향력은 동일하지 않다. 지령의 실행에 있어서 비대칭성이 있을 때도 불안정이 발생한다.

비현실적 지령

조달담당부장이 조달선과 예정돼 있는 협상에 CEO로부터 비현실적인 지령을 받고 있는 상황을 상상해 본다. 협상은 교착 상태가 될 것 같다. CEO가 지시를 바꾸면 조달부장은 꼼짝 못하게 된다. 그는 철회하는 인상을 주지 않고 새 지시를 따라야 한다. 이 비대칭성은 결과로 나타난다. 협상이 성공하면 공은 CEO가 차지하고, 실패하면 책임은 부장이 지게 된다.

제7장에서 살펴본 기법은 본인과 대리인 간의 긴장을 줄이는 데 도움이 되기는 하지만, 긴장을 완전히 제거하지는 못한다. 상사 앞에서 불복종하기란 쉽지 않으나, 때로는 무례하지 않게 창의적으로 대하는 것이 가능하다. 프랑스 주재의 한 대사는 프랑스 국왕이 모 국가의 행위에 격분해 몇 가지 파괴적인 행동을 자신에게 명령한 일을 기억하고 있다. 이 대사는 왕에게 불복하지는 않았으나, 다만 명령을 아주 천천히 실행했다.

본인은 부하에 대한 교육 의무를 잊어서는 안 된다. 부하는 궁지에 몰리게 되면 직감적인 협상으로 기울게 되기 때문이다. 그러므로 본인은 대리인에게 주는 지시에 신중한 주의를 기울일 필요가 있다. 마찬가지로, 관리자는 동료들의 편견과 불만을 이해하고 그들에게 새 협상 문화를 주입하기 위해 진정으로 능동적인 경청 기술을 보여 주어야 한다.

자신도 항상 동일하지 않다. 위에서 고찰한 모든 비대칭성은 자신과 상대의 차이점에 관한 것인데, 자신이 새로이 습득한 협상 기술이 어떠한 것인지에 대한 물음이었다. 하지만 협상에 있어서 건설적인 수법을 적극적으로 실천하는 데는 상당한 저항감이 있다. 바로 자기 자신이다. 우리는 모두 건설적인 수법을 사용하기 위해 도움이 되는 책도 읽고 연수에도 참석했다. 하지만 책이나 세미나의 효과가 오래 지속하지 않는다. 생각만으로는 변화를 가져오는 데 충분하지 않다. "오늘은 말하기 전에 듣겠다"라고 스스로 다짐하더라도, 내일은 그렇게 할지 확실치 않다. 실은 기존 습관이 강력해 과거로 되돌아가는 일이 많다. 습관이란 옷을 바꿔 입는 것처럼 그리 쉽게 바뀌지 않는다. 자신의 개인적 성장을 장기적 관점에서 보고 진지한 마음으로 여기에 집중해야 한다. 인내심은 기술을 심화하고 나아가 습관을 형성하여, 이를 협상 상대에게 가능한 대안으로 제안할 수 있는 힘이다.

비대칭 입장의 결과를 상정한다. 협상자는 이런 비대칭성에 대비해 있어야 한다. 모든 것을 내던지고 싶을 땐 특히 그렇다. 실제로 비대칭성은 협상에 있어서 우발적인 사고가 아니고, 협상의 중요한 부분이며 불가피한 것이다. 이런 비대칭성은 어디에나 존재하며 자기 증식하는 성질이 있다. 비대칭성의 상황을 대처해 내는 협상가는 틀림없이 좋은 평판을 받아, 결과적으로 이런 어려운 상황을 더 많이 맡게 된다. 여기서 훈련된 협상자의 경험으로 얻은 제안 몇 가지를 들어 본다.

이것이 "옳은" 방식이라고 생각하지 마라. 비대칭 상황에서 "모든 걸 다 알고 있다"는 태도를 취하거나, 자신이 알고 있는 "옳은" 진행방법을 상대에게 지시해서는 안 된다. 오만한 태도를 지닌 사람으로부터 "이렇게 하라 저렇게 하라"고 지시를 받는 건 참으로 불쾌하다. 교만한 태도를 취하는 협상자는 십중팔구 벽에 부딪친다. 협상론의 저자로서 이런 위험에 빠지지 않도록 하는 것도 우리의 과제라고 생각하고 있다. 선택지를 제시하는 행위와 서툰 협상자보다 아는 것이 많다고 자부하는 행위는 별개 문제다.

행동의 모범을 보여라. 상대에게 행동을 어떻게 하라고 말하는 것을 피하고, 진행 방식을 행동으로 보여 주는 것이 중요하다. 비대칭성을 이해하고 수용하면서 적극적으로 듣기, 상대에 대한 존중, 창의성, 정당화 기준에 대한 신뢰 등으로써 이 책의 방법론을 실천한다. 이 책에서 제시한 방법론은, 느리지만 확실하게 협상장에서의 좋은 협상 습관을 심어 줄 것이다.

아무 일도 하지 않는 인내심도 필요하다. 불에 기름을 붓는 것보다 나쁜 일은 없다. 자신에게 악의적인 전술을 가하는 사람에게 대항하지 말고, 참을성을 가지고 시간의 흐름에 맡겨라. 한발 물러서라. 상대가 힘이 빠질지도 모른다. 개인적인 공격을 중단하고 관심을 당면 문제에 집중함으로써 앞으로 나아갈 수 있다.

비상호주의 원칙의 수용. 전형적인 노력에도 불구하고, 비대칭성이 해소되지 않는 경우가 있다. 이때에는 상대가 그렇게밖에 할 수 없다는 걸 받아들이는 것도 중요하다. 이렇게 이해해 주면, 자신의 협상 방식을 버리지 않고 상대와 그의 방법을 수용하기 쉬워진다.

이 제안은 한 가지 기본적 사고, 즉 어떠한 상황이든, 상대가 누구이든, 어떠한 장단점이 있든, 협상자로서 자신은 상대를 있는 그대로 수용해야 한다는 생각에서 나온 것이다. 목적은 상대를 바꾸는 것이 아니다. 협상의 목적은 자신의 동기를 만족시키고 협상장 밖의 해결안을 기대하지 않게 해주는 가능한 최상의 해결안을 실현하는 것이다. 이 과정에서 문제 해결의 논리에 입각한 자신의 협상 기술로 상대가 인식을 새롭게 하게 된다면, 그야말로 그건 큰 소득이다. 그렇게 되지 않더라도 자신의 방법을 사용해 끈기 있게 전진하는 게 자신이 해야 할 일이다. 자신의 정당한 동기가 해결 과정 속에서 만족스런 반응을 얻을 수 있도록 목적과 수단을 조화시키는 적절한 길을 모색하는 일은 자신의 책무다. 학습 사이클을 부단히 쇄신하는 것도 자신의 임무다.

학습 프로세스를 지속하라

협상을 학습하는 3단계

협상 관련 책을 읽어본 적이 없거나 협상 연수를 받은 적이 없는 사람도 있을 것이다. 그러나 우리는 거의 매일 협상을 한다. 협상을 배우는 첫 단계는 직감이다. 직감은 협상의 알파요, 오메가이며, 무의식적 행위의 왕국이다.

둘째 단계는 협상의 방법과 이론의 학습이다. 이 책은 이 단계에 논의를 집중해, 독자가 기술을 향상시켜, 협상 상황을 구조화할 수 있도록 개념과 툴 그리고 분석과 제안을 다루고 있다. 전체적으로는 심리적·관계적 차원과 구체적·경제적 차원을 결합하는 합리적 프로세스의 길잡이가 될 수 있기를 바란다. 아마 독자는 앞으로는 다르게 협상할 것이며, 이 책의 중심 개념을 명심하게 될 것이다. 명백한 것에 빠져 본질적인 것을 잊어서는 안 된다. 명백한 것에 앞서 본질적인 것을 실천해야 한다. 즉, 무엇보다도 우선 바르게 움직여야 한다.

원칙이 책에선 아무리 좋게 보여도, 실천하기엔 쉽지 않다. 아는 것(지식)과 그것을 실행하는 방법을 아는 것(노하우)의 사이엔 자주 갭이 발생한다. 따라서 셋째 단계는 지극히 개인적인 것인데, 지식에 입각한 실천이다. 실천과 방법 사이를 끊임없이 살펴보면서 현실의 장애물에 대응하는 건 당신의 몫이다.

이 책에선 협상에 앞서서 충분한 준비가 필요하다고 강조했다. 또 중요한 것은, 협상자가 협상에 관련된 여러 측면을 협상 후에 검토하고 분석할 시간을 갖는 것이다. 이것이 자신의 개인적 협상 이론을 심화하는 최상의 방법이고, 바람직한 학습의 순환 과정에 있어서 최종 단계다.

[그림 1]에서 "협상의 실행" 부분이 가장 중요하다고 생각되기도 하지만, 그것은 이 단계가 본 협상의 명백한 현장이기 때문이다. 하지만 이건 잘못된 판단이다. 세 단계 — 준비, 실행, 사후 검토 — 모두가 똑같이 중요하다. 협상은 당사자가 테이블에 앉기 훨씬 전에 시작된다. 과거 협상의 분석에 따라 필요한 도구를 동원하는 협상자의 능력은 협상을 성공으로 이끄는 결정적 요인이 될 것이다. 개인적인 협상 방법은 이론과 훌륭한 실천의 결합으로 이루어진다.

학습은 협상력의 신장에 있어서 끊임없는 요소이며, 학습곡선은

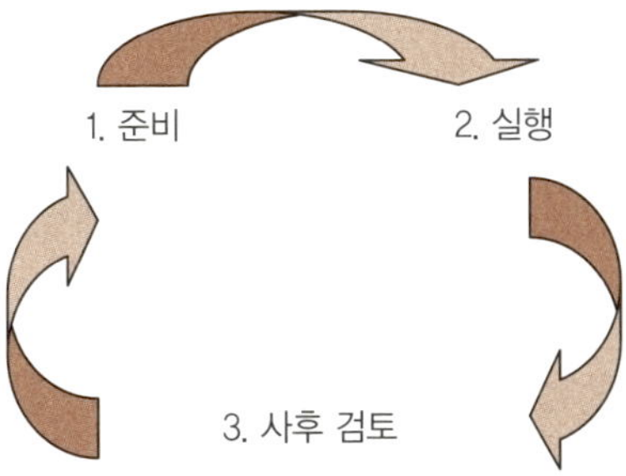

[그림 1] 학습 사이클

네 단계를 밟는다.

- 지식: 제1단계인데, 이론으로 협상 상황을 분석해 협상 행동을 파악한다. 이론에 입각해 협상 행동에 맞부딪침으로써 협상자는 새로운 행동의 지평을 향해 지금까지의 방식을 쇄신한다.
- 노하우: 이론을 이해하게 되면, 현실을 직시하고 개념을 도구로 변환한다. 아무리 억세고 불안정해도 기술은 실행에 옮겨진다. 새 기술을 처음으로 사용할 때 어색해지는 건 자주 있는 일이다. 예컨대, 적극적 듣기도 처음으로 사용될 땐, 경험이 없으면 위화감을 느낀다. 연습 없이는 향상도 없다.
- 자기 존재에 대한 인식: 이런 기법이 모두 협상자의 자연스런 행동으로 나타날 때가 있다. 적극적 듣기는 도구적 기법이 아니라 자연스런 행동으로 발전하므로, 협상자는 별다른 생각 없이 이 기법을 쓰게 된다. 이 수준까지 올라가기 위해선 협상을 다만 의사결정 수법으로서가 아니라, 타인과의 관계 속에 진입하는 일반교양 또는 인생철학으로 생각하는 게 중요하다. 남을 생각하고 함께 가치 창출을 위해 노력하는 것, 여기에 개인의 문화가 있다.

- 지식의 전달: 이는 참으로 상대와 지식이 공유될 때 실현된다. 자신의 행위와 존재 전체를 통해서 새 협상 방식을 학습하고 실용화할 관심을 상대에게 불어넣어 줄 수 있게 되는 경우엔, 이 영역의 높은 수준까지 이르는 데 성공하게 된다. 이 같은 높은 단계는 협상 문화와 평화적 갈등 해결의 길을 우리의 자녀, 학생 또는 옆에 있는 보통 사람에게 전달하는 소박하고도 기초적 일보로부터 시작한다. 이 같은 전수는 협상에 찬동하고 창의적이고 정당한 의사결정 프로세스를 선호하는 동료들 간에 협조적 분위기를 조성하게 돼, 결과적으로 전문 분야의 협상 환경을 새롭게 창출한다. 이 밖에, 무엇보다 우리의 공공사회가, 상반되고 다양한 관점을 서로 존중하고, 모든 당사자를 만족시키는 공정한 균형점을 발견하는 걸 공동 목적으로 하는 평화적 대화를 함으로써 혜택을 누리게 된다.

※※※

마지막으로, 우리는 시간의 패러독스에 직면해 있다. 좋은 해결책에 등을 돌리고 명백하게 알고 있는 낡은 습관에 의존한다면, 시간은 지금까지 우리가 살펴본 좋은 방법론의 최악의 적이 된다. 거꾸로, 새로운 접근법을 향해 힘쓰고, 조금씩이라도 낡은 습관을 버린다면, 시간은 의미 있는 변혁을 돕는 최고의 벗이 된다. 이것은 개인의 선택과 자기 결심이란 단순한 과제다.

결론적으로 말하면, 협상의 학습은 자성적인 실천으로 시작하고, 자성적인 실천으로 끝난다. "명백한 것보다 중요한 것부터"라는 새로운 습관을 배양하고 자신의 방법을 구축하는 데 시간이 필요하다. 우리의 바람은, 이 책이 우수한 협상 행동을 익히는 데 도움이 되고, 독자가 협상 성공으로 보답을 받게 돕는 것이다. 또한 이 책을 통해 독자가 대결의 평화적 해결을 도모하고 상대와 훌륭한 프로젝트를 성공시키고 나아가 진정한 대화의 문화를 실현할 수 있기를 바란다.

찾아보기

라

마

바

자

하

기타

저자 약력

Alain Lempereur | 알랭 랑뻬르

브란다이스대학 Alan B. Slifka 기념강좌 교수, 동대학원 헬러스쿨의 공생·대립관리 전공 학과장 및 하버드대학 협상프로그램 이사. 풀브라이트 펠로로서 하버드대학 로스쿨에서 박사학위 SJD 취득 후, 프랑스 ESSEC 경영대학원 교수로서 1995년 IRENE(유럽협상교육연구센터) 설립. UN조사훈련소(UNITAR) 특별 펠로, 아프리카 국가들의 분쟁 해결 리더십 프로그램, 유럽위원회 등 다양한 국제기관, 국제기업의 협상과 분쟁 해결 영역에 관여하고 있다. 협상, 조정, 리더십에 관한 다수의 저서가 있다.

Aurélien Colson | 오우레리앙 꼴송

ESSEC 경영대학원 부교수. 2009년부터 동대학 IRENE 소장. 켄트대학에서 국제관계학 박사학위 및 파리 소르본느대학에서 정치학 박사학위 취득, 1998~2002년 프랑스 수상 고문 등, 랑뻬르 교수와 함께 프랑스 외무부, 유럽위원회 등 다수 국제조직에서 협상, 조정 연수를 실시하고 있다.

Michele Pekar | 미셸 뻬까(Editor)

하버드대학에서 신학 석사학위 취득, 1997년부터 ESSEC 경영대학원 국제개발 디렉터 및 강사로 활약하고 있다.

역자 약력

박명섭

- 성균관대학교 무역학과 학·석·박사과정수료(ABD)
- 영국 리버풀대학 경제학과(Ph.D)
- 미국 USIS 초청 Summer Institute for U.S. Economic and Public Poilcy for Foreign University Teachers 과정수료
- 부산수산대학교 및 부경대학교 교수(1985.3-2002.2)
- 일본 코베대학 경영학부 외국인 연구원(Japan Foundation Fellow)
- 외교통상부 WTO/DDA (NAMA) 협상회의 정부대표
- 후쿠오카대학 상학부, 오사카시립대 창조도시연구과 객원연구원
- 기획재정부공공기관 경영평가위원, 경제인문사회연구회 기획평가위원·연구윤리위원, 근정포장(제98564호, 2014년 무역의날)
- 성균관대학교 무역연구소장, 대학원무역학과장, (사)한국무역학회장 역임
- 현) 성균관대학교 글로벌경영학과 교수

번역서

국제경제사(형설, 1985), 교통경제학(한국학술진흥재단번역총서57, 대광문화사, 1988), 서비스무역(비봉, 1993), 국제수산자원(수협수산경제원, 1995), 대공황의 세계(부키, 1998), 전자결제 시스템의 구조(부키, 2000), IT와 물류가 만났을 때(시대의창, 2000), 영어로 경영하는 시대(우용, 2002), 영문국제계약(실무)(우용, 2004), 영문 비즈니스 레터 & E-메일 작성법(우용, 2005), 영문계약서 작성의 키포인트(아카데미프레스, 2007), 앙케트조사와 통계해석(우용, 2008), 물류관리론(우용, 2009), 전략물류(아카데미프레스, 2010), 탄소배출권: 거래와 시장(아카데미프레스, 2011), 녹색 공급사슬의 설계와 구축(우용, 2011), 글로벌 경쟁 유교경영으로 뛰어 넘어라(아카데미프레스, 2012), 재생에너지의 정치경제학(아카데미프레스, 2013), 친환경 물류센터 & 물류관리(우용, 2013), 농업과 인간(아카데미프레스, 2015), 원전은 결코 저렴하지 않다(아카데미프레스, 2015)

저서 및 논문

(한국어, 영어, 중국어 및 일어 발표) 다수

글 · 로 · 벌 · 시 · 대 · 의

전략적 협상

THE FIRST MOVE
A Negotiator's Companion

발행일 2015년 8월 5일 초판 발행
저자 알랭 랑뻬르, 오우레리앙 꼴송, 미셸 뻬까 | **역자** 박명섭
발행인 홍진기 | **발행처** 아카데미프레스 | **주소** 413-756 경기도 파주시 문발동 출판정보산업단지 507-9
전화 031-947-7389 | **팩스** 031-947-7698 | **이메일** info@academypress.co.kr
웹사이트 www.academypress.co.kr | **출판등록** 2003. 6. 18 제406-2011-000131호

ISBN 978-89-97544-72-1 93320

값 15,000원